Dein Hund, das unverstandene Wesen

Ulrich Klever

Dein Hund

das unverstandene Wesen

118 Farb- und Schwarzweißfotos

Belser

Gewidmet dem besten Freund des Menschen

Satz und Druck: Belser Stuttgart
Bindearbeiten: Großbuchbinderei Sigloch, Künzelsau
Printed in Germany

ISBN 3-7630-1301-6

Inhalt

Der Hund, die geliebteste Sache der Welt 7

Der Mami-Papi-Komplex 9

Vom doppelten Mißverständnis der ältesten Freundschaft der Welt 10 — Rennen Sie nicht gleich zum Psychiater 11 — Die unverstandene Pudeline 12 — Die armen neurotischen Hunde 14 — Wie man Neurosen bei einem Hund vermeiden kann 16 — Unsere vierbeinigen Gegentypen 16 — Der Mensch, das aggressivste Lebewesen der Erde 18 — Der Dackel, der sein Herrchen biß 19 — Antiautoritär ist ein schönes Schlagwort 19 — Wie erziehe ich meinen Hund? 22 — Die lieben alten Damen 23 — Die Sache mit dem Kindchenschema 25 — Von edlen Weibern der Wollust willen mit viel Liebe gehalten 26 — Seit ich die Menschen kenne 28 — Der Markt der Eitelkeiten 30 — Blick zurück: Sie waren auch verrückt 31 — Die feinen Leute und ihre Hunde 32 — Auf den Menschen gekommen 33 — Nierchen à la wuff wuff 34 — Von Horoskopen und Hotels 37 — Das Geschrei ums Gegenteil 38 — Wink uns mit den Pfoten 40 — Verstand kontra Gefühl 42 — Der Hund als Auto-Ersatz 42 — Wie man sich mit Hunden populär macht 43.

Was das heißt, ein Hund zu sein 47

Die Sprache der Hunde 47 — Wölfe sind bessere Menschen 48 — Der Hund ›sieht‹ die Welt durch die Nase 49 — Gesichtserker kontra Nasenspiegel 52 — Die zweitbeste Schnüffelnase der Welt 57 — Zwischenbemerkung über den Schlaf 60 — Hunde sind gesellige Wesen 63 — Wie der Hund mit uns spricht 65 — Meditationen über den Hundeschwanz 65 — Die Kunst, richtig zu imponieren 69 — Die Mörderhunde 73 — Warum Briefträger so gerne von Hunden gebissen werden 74 — Verhütung von Unfällen durch Hundebiß 76 — Lassie ist an allem schuld 76 — Die Haustürschilder der Hunde 77 — Warum sich die Hunde im Kreise drehen 77 — Wie man seinen Hund glücklich macht 79 — Wie man Hundevater wird 80 — Wie der Mensch zum Artgenossen wird 81 — Im Spiel fürs Leben lernen 82 — Die erstaunlichen Versuche des Dr. Fisher 83 — Wir testen Hundeherren 84 — Hunde sind Individualisten 86.

Ein paar tausend Jahre Hund 87

Was ist ein Haustier? 88 — Ein Tier zwischen Wiesel und Wolf 91 — Wie der Hund zur Brust genommen wurde 93 — Und der Mensch schuf sich den Hund zum Bilde 94 — Von Puwos und Puschas 96 — Der Rotkäppchen-Komplex 96 — Warum Herr Trumler mit Dingos lebt 98 — Fieberhitze ist seine natürliche Körperwärme 100 — Wie die Rassen entstanden sind 103 — Ein Herzog schrieb ein Hundebuch 105 — Das Jahrhundert der Hunde 108 — Was heißt das: Rasse 108 — England erfand den Hundesport 109 — Was gibt es für Hunderassen? 110.

Wo Hunde noch Hunde sind 112

Ein Hauch von Fuchs 112 – Sanfte, goldige Killer 115 – Ein kleiner Rest von Romantik 117 – Das Wild zu parforcieren 118 – Allround-Hunde und Spezialisten 119 – Jagdhunde, das sind Kerle 121 – Vom Nimbus des Nimrods 125 – Brauchen Sie einen Safari-Hund? 126 – Die Hunde haben den Pol erobert 127 – Das weiße 70-Meilen-Rennen 127 – Nase kontra weißen Tod 128 – Was ein Blindenhund alles können muß 131 – Die Wolfshunde von Wolfsburg 133 – Die armen Schweine von Kriegshunden 134 – Wie der Polizeihund geboren wurde 136 – Hüter der Herden 138 – It's just for the betting 140.

Der große Hundegott 143

Der Hund als Kultur-Heros 146 – Die guten Himmelhunde 147 – Wächter des Jenseits: Kerberos 148 – Kleiner Exkurs über das Thema Vieräugigkeit 152 – Die Sache mit den Hundekönigen 153 – Zum Fressen gern haben 156 – Die Chinesen haben alles genau aufgeschrieben 158 – Stiefkind der Musen 161 – Als die Rassen wurden 162 – Der geheime Verführer 163 – Die falschen Götter 164.

Harmonisches Gebäude - was ist das? 166

Auch Hannover kann eine Keimzelle sein 170 – Deutsche Frau, trag Tellerlippen 173 – Vom Hanswurst zum Modehund 176 – Das Ding mit den Dackeln 178 – Am Beispiel Deutscher Schäferhund 178 – Die Sache mit dem Stammbaum 185 – Die Tötung wertvollen Lebens 186 – Vom Überhund und anderen neuen Rassen 188 – Ein Herr namens Dobermann 188 – Herr Essig und sein Spaß an Löwen 189 – Der Stammvater kam mit den US-Soldaten 190 – Der Zufall bestimmt das Schicksal einer Rasse 191 – Der Hovawart ist mehr als nur ein Rassehund 192.

Wie man sich einen Hund anschafft 193

Konsumreiz ist kein Grund zum Hundekauf 195 – Führerschein für Hunde 196 – Hundehandel, ein teils schmutziges Geschäft 197 – Hundekauf per Katalog 198 – Das verdackelte Dorf 199 – Mehr Gewinn als Ferkel 200 – Was man gegen den Versandhandel unternehmen kann 200 – Wie wichtig sind Papiere? 201 – Der Wille zum Hund 203 – Eigentest: Bin ich ein guter Hundehalter? 204 – Wenn Hunde zur Miete wohnen 206 – Hundehaltung in den Großstädten geht zurück 207 – Faustregeln für den Hundekauf 208 – Wie man beim Züchter kauft 208 – Gibt es eine Hunde-Mündigkeit? 210 – Der Hund als Lebensaufgabe 210 – Hunde und Kinder 211 – Warum man sich einen Hund hält 213 – Feste Assoziation: Pudel = Prostituierte 214 – Dackel und Boxer, am positivsten beurteilt 215 – Was ist das: ein Modehund? 217 – Zwischenbemerkung über Bassets 221 – Deutschland, deine liebsten Hunde 222 – Hunde als Souvenir 223.

Hundekaufspiegel 224

Sachregister 255 – Literatur 259 – Fotonachweis 260

Der Hund die geliebteste Sache der Welt

Fangen wir mit einer Frage an: Wie kann man den Hund, unseren besten Freund, der genauso besteuert wird wie ein Mensch, der ganz bestimmt eine Seele hat, eine ›Sache‹ nennen?
Vor dem Gesetz ist er ein Ding: Wer einen Hund tötet oder verletzt, macht sich der Sachbeschädigung schuldig, wer ihn uns stiehlt, des Diebstahls und nicht des Kidnappings. Hierzu ein aktueller Fall: Im Kölner Dünnwald wurde Dackel Purzel von zwei Schäferhündinnen zerbissen. Arztkosten wegen angerissener Wirbelsäule 692,22 DM. Die Schäferhundbesitzer weigern sich aber, mehr als 300,– DM zu zahlen, denn der Zeitwert eines Dackels ohne Stammbaum ist nicht höher als eben diese Summe.
Zeitwert wie für ein gebrauchtes Auto?
Sie werden noch andere Ungereimtheiten in der Beziehung Hund–Mensch entdecken. Denn über die Welt des Hundes, in die ich Sie mit diesem Buch führe, gibt es viel Neues zu erzählen: Erstaunliches, Erschreckendes, Lustiges, mehr jedoch Schizophrenes, Verrücktes und Unvernünftiges. Ich will mit Ihnen den Hund im Hund entdecken, weil ich finde, daß es nicht mehr genügt, Tierfreunden nur beizubringen, wie man aus Hunden gesittete Menschen macht, sondern daß man ihnen zeigen muß, wie anders das Wesen ist, das sie ihren besten Freund nennen. Ein Rudel- und Meutetier, das in einer Welt lebt, in der der Geruchssinn der entscheidende und bestimmende ist. Das im Menschen eine Art Rudelführer sieht, dem er sich unterordnen möchte. So kommt es zu einem doppelten Mißverständnis. Der Mensch behandelt den Hund als eine Art Mensch und denkt nicht daran, daß der Hund in ihm eine Art Hund sieht.
Dies Buch handelt von Hunden, die glücklich sein könnten. Von Hundebesitzern, die das Beste wollen und das Verkehrteste tun. Von einer Gesellschaft, in der die Menschen einander fremd werden, der aber Tierliebe – falschverstandene wohlgemerkt – über alles geht.
Dies Buch handelt von Menschen, die allein in Deutschland 2 Milliarden Mark pro Jahr für ihre Hunde ausgeben, eine Summe, die etwa den Stationierungskosten der amerikanischen Truppen oder zwei Drittel des Defizits von Bundesbahn und Bundespost entspricht.

Bei drei Millionen Hunden (in dieser Zahl ist nicht die Dunkelziffer der Hundesteuerhinterzieher enthalten) sind das pro Schnauze und Jahr 666,– DM, die sich aus Futterkosten, Steuern, Tierarzt, Medikamenten, Versicherungsgebühren, Kosmetik, neuem Halsband und Hundeliteratur zusammensetzen. Diese Menschen verhätscheln ihren Hund als Kindersatz, sie zwingen ihn zu einem Rentnerdasein in Großstadtwohnungen, sie benutzen ihn zum Objekt für ihre angestauten Aggressionen, sie sehen ihn rechtlich als Sache an, sie ernähren ihn falsch, verstümmeln ihn aus Modegründen, halten ihn aus Prestigegründen und sind zu einem Drittel bei aller Liebe potentielle Tierquäler.
Dies ist ein Hundebuch zum Abgewöhnen!
Für alle, denen der Hund ein Spielzeug, Dekorationsstück, Alarmanlage, Fetisch oder ein ›Bruder mit Fell und Krallen‹ ist.
Dies ist ein Hundebuch zum Angewöhnen!
Man lernt daraus den Hund, unser ältestes und treuestes Haustier, richtig zu verstehen. Seine Sprache zu sprechen und ihm in unserer Menschenwelt so viel Hundewelt zu geben, wie es irgend geht.
Das ist der Sinn dieses Buches: zu helfen, daß glückliche Hunde bei zufriedenen Frauchen und Herrchen leben.
Eine Utopie? Ein Versuch!

U. K.

Der von unverstandenen Frauen verstandene Hund geht natürlich nur standesgemäß aus. Mit falschen Wimpern, passender Maß-Perücke und Halsband, auf dem die Steine nur manchmal Straß sind. Dieses Bild ist kein Scherz, sondern scheußliche Wirklichkeit.

Der Mami-Papi Komplex

Je gleichgültiger den Menschen das Schicksal alter Leute, das Elend fremder Kinder und der Hunger und die Not in der Welt werden, desto enger und grotesker wird die Eltern-Kind-Beziehung zwischen Mensch und Hund. Der Hund ist zum Fetisch einer gefühlskalten, durch Status-Symbole markierten Leistungsgesellschaft geworden. Das erschreckt die Kulturphilosophen wie die Verhaltensforscher gleichermaßen, wenn auch aus verschiedenen Gründen. Die einen sehen darin eine fortschreitende Entmenschlichung, eine Entfremdung gegenüber sich selbst, an deren Ende der Verlust der Menschenwürde steht, die anderen bedauern die mißverstandenen Hunde, deren wahres Wesen sie langsam zu erforschen beginnen. Beide Gruppen jedoch haben Angst um den Menschen.

Da ich ein Hundebuch schreibe, geht es mir um den Hund, auch wenn in diesem ersten Kapitel viel von Menschen berichtet wird. Zunächst von einem: *Dr. med. vet. Ferdinand Brunner (43), Doktorarbeit über das Verhalten des Hundes im Großstadtverkehr (1958). Feststellung, daß tierärztliche Meinungen über Verhaltensstörungen von Tieren in Denk- und Ausdrucksweise um 100 Jahre veraltet waren. Deshalb neben tierärztlicher Normalpraxis Gründung einer tierpsychologischen Beratungsstelle, die bis 1970 von jedermann kostenlos besucht werden konnte. Nach Vorschrift der Wiener Tierärztekammer darf diese Tätigkeit nur noch gegen übliches Ordinationshonorar ausgeübt werden. Durch Erfahrung zum ›Tierpsychiater‹ geworden. Durch*

Vorträge bei Tagungen und Publikationen in Fachzeitschriften bemüht, seine Erkenntnisse auch anderen Kleintierspezialisten mitzuteilen. Als Gerichtssachverständiger für tierpsychologische Fragen tätig. Dr. Brunner: ›Da der großstädtische Tierhalter unter einem verhaltensgestörten Tier erheblich leidet, soll es zur Aufgabe eines Tierarztes gehören, diese Verhaltensstörungen zu behandeln oder zu verhüten helfen. In diesem Sinn ist der Ausdruck ‚Tierpsychiatrie' ein, wenn auch etwas hochtrabender, doch immerhin sachgemäß zutreffender Vergleich zur Tätigkeit des menschlichen Psychiaters.‹

Vom doppelten Mißverständnis der ältesten Freundschaft der Welt

In die Praxis des Dr. Ferdinand Brunner in der Großen Pfarrgasse in Wiens zweitem Bezirk kommen nicht nur Hunde, die gebissen wurden oder die an Ohrenzwang leiden. Es sind Tiere, deren Verhalten gestört ist, die aus dem seelischen Gleichgewicht geraten oder schlichtweg verrückt sind.
Da kommen Hunde, die sich plötzlich weigern, über weite Plätze zu gehen, die von heute auf morgen lärmempfindlich und überängstlich werden, die unvermutet Krämpfe bekommen, deren Ursache nicht organisch ist, die mit 6 Jahren anfangen, nicht mehr stubenrein zu sein, oder andere, die auf einmal ihre Besitzer beißen.
Dr. Brunner, der Tag für Tag mit diesen armen Hunden konfrontiert wird, führt diese Neurosen und Komplexe auf das große Mißverständnis zwischen Mensch und Hund zurück und auf die psychische Überforderung durch Großstadtlärm, Enge des Wohnraums, Gewühl in den Straßen und alle anderen Zivilisationsübel, die auch bei uns Menschen die Aggressionslust fördern oder uns in schreckhafte Isolierung drängen.
Das große doppelte Mißverständnis der ›ältesten Freundschaft der Welt‹: Der Mensch sieht im Hund eine Art Mensch und denkt dabei überhaupt nicht daran, daß der Hund in ihm eine Art Hund sieht. Doch wer von den normalen Hunde-Frauchen, die ihre Lieblinge mit einer Liebe überhäufen, die völlig unnatürlich und im Grunde auch keine Liebe ist, weiß schon etwas von der Natur des Hundes? Wir (und damit auch der Hund) leben in einer seltsamen Zwiespältigkeit.

Kleine sprachliche Abschweifung über Fressen und Saufen

Wir vermenschlichen den Hund wider seine Natur, sprechen dabei aber selbstverständlich von ›Fressen‹ und ›Saufen‹, obwohl der Hund wirklich nur trinkt und ißt, ›bis das Bedürfnis der Flüssigkeits- und Nahrungsaufnahme für den Körper gestillt ist‹, was wir von uns nicht immer behaupten können.

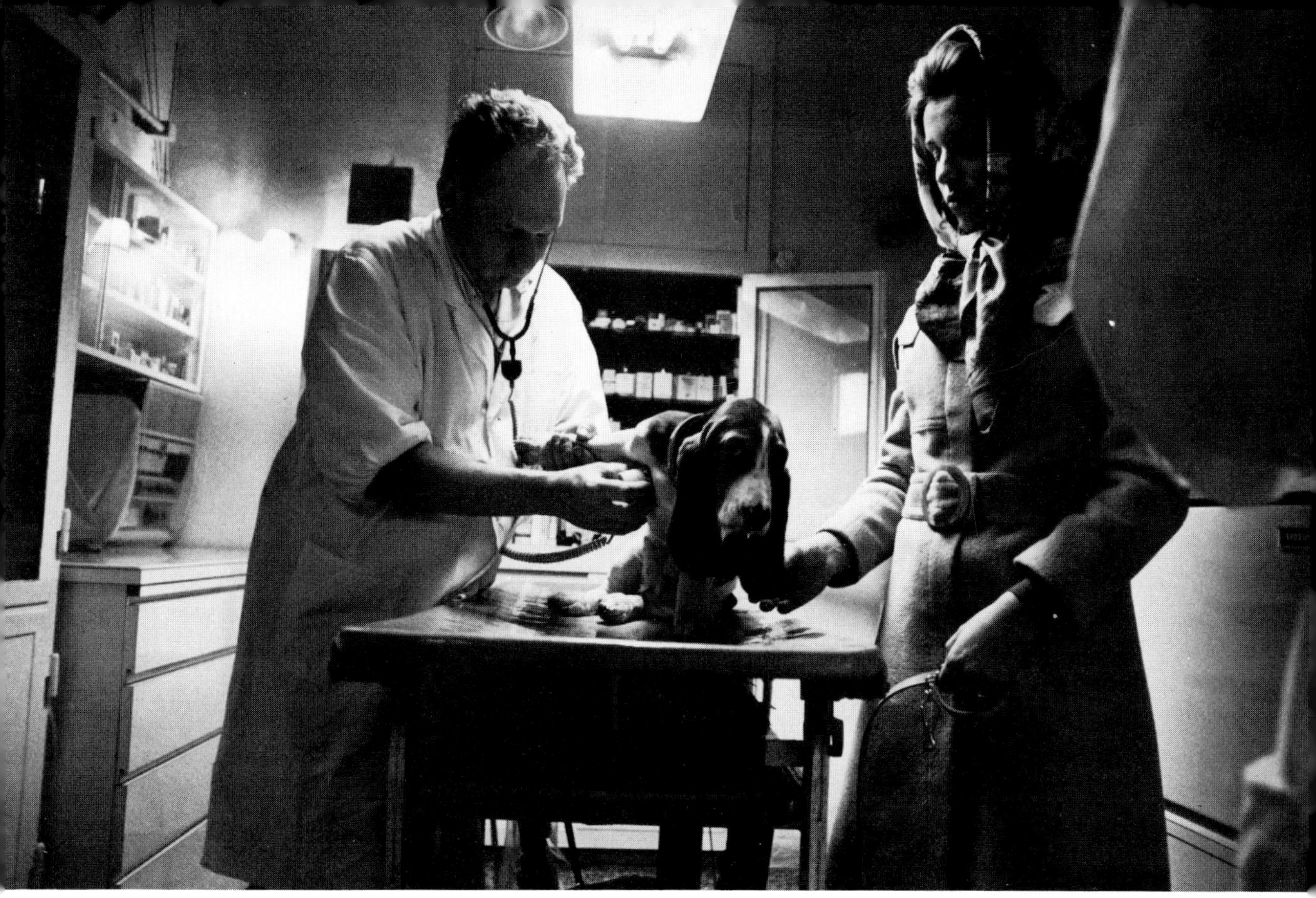

In Dr. Brunners Praxis in Wien liegen die Hunde keineswegs nur auf der ›Psychiater-Couch‹. Sie werden hier auch gegen physische Leiden behandelt.

Eine weitere sprachliche Sonderbenennung – und wenn wir darüber nachdenken, finden wir sicher noch mehr – trifft das Sterben eines Hundes. Gedankenlos redet man von ›verenden‹ oder sogar ›krepieren‹, obgleich sein Sterben das gleiche Bild wie die Todesstunde eines Menschen zeigt. Diese Verunglimpfungen, die die alten klassischen Sprachen nicht kennen, stammen vom Christentum der frühen Jahrhunderte, das eine scharfe Trennung zwischen den ›von Gott geschaffenen Menschen mit Seele‹ und der übrigen Kreatur setzte.

Diese noch immer beibehaltenen Gedankenlosigkeiten sind nur ein Symptom des gestörten Verhaltens zwischen Mensch und Hund: er ›frißt‹, was eine riesige Industrie teuer für ihn herstellt, fast identisch mit dem, wovon wir uns ernähren, nämlich Fertigkonserven.

Rennen Sie nicht gleich zum Psychiater

Dr. Brunner betrachtet es als ein Wunder, daß relativ viele Hunde ohne psychischen Knacks alt werden. Doch das ist dann weniger das Verdienst der Menschen als das der Tiere, deren Natur stärker ist als der menschliche Ein-

fluß. Denn der Normal-Hundefreund und vor allem die Hunde-Mamis und -Papis betrachten natürliche Reaktionen des Hundes als unnormal, wenn sie nicht in ihr Hundebild vom kleinen Bruder passen oder lästig sind.
So braucht man keinen Tierpsychiater aufzusuchen, wenn sich das wohlfrisierte (und vielleicht von Frauchen parfümierte) Silberpudelchen in Scheiße wälzt. Das tun Hunde schon seit Wolfszeiten. Warum sie es tun, hat noch kein Wissenschaftler präzise erklären können. Vielleicht empfinden Hunde das Einschmieren von Kopf-, Hals- und Schulterpartie (das sind die beliebtesten Körperstellen) mit — für uns — stinkendem Dreck so, wie wir ein besonders schweres Parfüm, vielleicht übertönten sie früher einmal damit den eigenen Raubtiergeruch, um sich der Beute unbemerkt nähern zu können. *(Professor Otto Koenig, Institut für Vergleichende Verhaltensforschung der Österreichischen Akademie der Wissenschaften: ›Der Umstand, daß die Vererbung das Nicht-mehr-Zweckmäßige mit so großer Konservativität weiter mitschleppt, ist begreiflicherweise der größte Segen für den Forscher, der die Stammesgeschichte der Lebewesen zu ergründen trachtet.‹)* Fest steht nur, daß Hunde an allem, was unsere Nase als ›Pfui Teufel!‹ empfindet, besonderes Interesse haben. Und dieses Interesse steigt, je ›zahmer‹ der Hund gehalten und gefüttert wird.
Praktischer Ratschlag: Läßt sich Ihr Hund nach intensivem Schnuppern vorn auf die Knie nieder und beugt den Kopf zur Seite, will er sich wälzen, dann ziehen Sie ihn schnell weg. Schlagen Sie ihn nicht — schlagen ist eine dem Hund unverständliche Bestrafung, denn sein Ur-Meutenführer oder seine Mutter hat ihn zur Strafe geschüttelt oder gebissen — sagen Sie beim Wegrucken nur kräftig und bestimmt ›Pfui!‹. Sie unterbrechen dann zwar eine ihm angeborene Gewohnheit, aber Ihr Hund muß ja auch keine Beute mehr einbringen.
Wenn er dagegen am Hinterteil eines anderen Hundes riecht, dann zerren Sie ihn bitte nicht weg. Auch wenn Sie noch so geniert sind, ›weil man das doch nicht tut‹. Unter Hunden ist es nicht unanständig und auch nicht ungezogen, es gehört zum Hundezeremoniell und ist wichtig für das gegenseitige Kennenlernen. Bei Hunden ist der Hintern nun mal eine Art Personalausweis. Über dieses Analgesicht werden wir im nächsten Kapitel noch mehr erfahren. Wer aber seinen Hund von anderen Hunden fernhält, der muß sich nicht wundern, wenn aus ihm ein Fall für den Psychiater wird.

Die unverstandene Pudeline

Bleiben wir noch in Dr. Brunners Praxis, weil sich hier die Folgen des Mami-Papi-Komplexes besonders drastisch zeigen (*Mami-Papi-Komplex = Vermenschlichung des Hundes mit allen ihren Folgen*).

Im Anzug ist ein Hund zur Anonymität verdammt. Er kann sein Analgesicht nicht zeigen und das untergräbt sein Selbstbewußtsein. Dagegen ist gegen eine Rückendecke weniger einzuwenden.

Exerzieren wir den Fall einer Pudelhündin durch, die ihr Verhalten nach Dr. Brunners Kartei mit zwei Cockerspaniel, einem Münsterländer, einem weiteren Pudel und einem Boxer teilt.
Jedesmal wenn die Besitzerin nach Hause kommt, versucht die Hündin ihr das Gesicht zu lecken, springt an ihr hoch und schleppt Spielsachen heran. Wird sie zu wenig beachtet, reißt sie Vorhänge und Tischtücher herunter, bellt, winselt und pinkelt als Höhepunkt auf den Teppich.
Die Diagnose ist einfach: Junge Wildhunde springen an ihrer Mutter hoch und belecken ihre Schnauze, wenn sie um Futter betteln. Mit jungen Wildhunden wird regelmäßig in der Meute gespielt. Es ist eine wissenschaftlich bewiesene Folge der Domestikation (= Haustierwerdung), daß die Haustiere im Sinne der Wildnis nie ganz erwachsen werden. In der Natur macht sich das Tier nach gewisser Zeit (beim Hund ist es etwa mit 9 Monaten) selbständig und verschafft sich seine Nahrung selbst. Der Mensch nimmt ihm diese Aufgabe ab (er verhindert sogar, daß er sich selbst Futter besorgt) und hält die Elternbindung zu ihm aufrecht. Deshalb bleiben Haustiere (vor allem Hunde) zeitlebens in einem Jugendstadium. Auf ein Schlagwort gebracht: Der Hund ist ein nie erwachsen gewordener Wolf.
Unterstützt man diese Neotenie (= Verkindlichung) durch übertriebenes Hätscheln, liest die Menschen-Mami ihrem Kindchen-Hund jeden Wunsch von den Augen ab und wird dieser Wunsch dann zum Befehl, dann gerät der Hund in einen Konflikt: er ist Kind und Meutenboß in einer Person. Wenn sich einmal nicht alles um ihn dreht, dreht er durch.
Die Therapie: Konsequent nicht beachten. Dr. Brunner ließ Familie und Pudelherrin 20 Minuten lang still stehen: der Hund zog sein ganzes Repertoire ab, vom Hochspringen bis zum Häufchenmachen – er fand keine Beachtung. Nach einer Woche war er geheilt.

Die armen neurotischen Hunde

Bei Pudeln wissen wir, daß Übernervosität nicht unbedingt seelisch bedingt sein muß. Sie leiden häufiger als andere Rassen an einer Überfunktion der Schilddrüse, vergleichbar der Basedowschen Krankheit des Menschen. Wie diese Überfunktion zustande kommt, weiß man noch nicht. Man beschäftigt sich aber intensiv mit dem Problem im Animal Medical Center, New York, der größten Tierklinik der Welt. (*Laut Professor Ullrich, Ordinarius der Tierärztlichen Fakultät der Universität München, sind Zwergpudel ›reine Nervenbündel, die zum Beispiel Reisen überhaupt nicht vertragen‹.*)
Sonst aber ist Nervosität ein Zeichen für eine seelische Störung. Da Haustiere in ihrem Verhalten weitgehend von den Umweltbedingungen abhängig sind, unter denen sie von den Menschen gehalten werden, muß sich das beim

Illustration von Eric Gurney: Ein gut gepflegter Hund ist ein glücklicher Hund.

Hund besonders zeigen, da er von allen Haustieren sich dem Menschen am meisten unterworfen hat und mit ihm am engsten zusammenlebt. Einem Bauer mag es gleich sein, ob seine Kühe seelisch intakt oder krank sind, solange ihre Milchleistungen konstant und sie als Schlachtvieh geeignet bleiben. Und über neurotische Hühner macht man sich keine Gedanken, wenn sie ihr Eiersoll erfüllen. Aber man lebt ja auch nicht mit Hühnern und Kühen in Zweizimmerwohnungen zusammen.

Inzwischen wissen wir, daß seelische Defekte kein Privileg der Menschen sind. Auch bei Hunden gibt es Komplexe, Neurosen und Regressions- wie Aggressionshandlungen. Und man entdeckt geradezu verblüffende Parallelen in der Reaktion von Mensch und Hund auf gewisse Konfliktsituationen.

Vor einigen Jahren nahm man das noch komisch. Das Buch von Stephen Baker ›Vom Umgang mit neurotischen Hunden‹ wurde auch wegen der Zeichnungen von Eric Gurney zu einem kynologischen Heiterkeitserfolg. Sätze wie: ›Auch dem selbstbewußten Hund bereitet es einen Schock, wenn er hört, daß er ersetzbar ist‹ oder ›Denk daran: Mit Freundlichkeit erreicht man viel. Ein glücklicher Hund ist hundert unglückliche Hunde wert‹ gefielen vor allem den Alt-Kynologen, die wenig von Psychologie halten (und gar nichts davon verstehen). Doch ein Satz steht in diesem witzigen Buch, der das ganze Problem ausdrückt: *Sei geduldig mit Deinem neurotischen Hund. Versuche die untergründige Ursache seiner Neurose zu erkennen: Du bist es!*

Wie man Neurosen bei seinem Hund vermeiden kann

Es gibt Gewohnheiten des Menschen, die den Hund seelisch beanspruchen: häufige Wochenendausflüge im Auto in immer neue Umgebung, Übernachtungen in Hotels, Urlaubsreisen in ein ungewohntes Klima, Änderungen im Familienleben wegen des Fernsehens, Änderungen im Familienleben durch Scheidung, Ehekrach oder ähnlichem, Wandlungen in den Eßgewohnheiten der Menschen, Umstellung des Hundes auf Fertigkost, wechselnde Schurmoden, die auf gesundheitliche Bedürfnisse der Hunde keine Rücksicht nehmen, Anwachsen des Großstadtverkehrs und des Lärms, ständige Einengung des Reviers (= Raum, der die täglichen Spaziergänge umfaßt). Merke: Hunde sind Gewohnheitstiere. Deshalb ist es für sie auch weniger wichtig, ob sie regelmäßig und ständig schlecht oder gut behandelt werden. Neurosenbildend sind launenhafte, nicht vorhersehbare, wechselnde Stimmungen im Verhalten ihres Herrn. Durch eine Belohnung statt der erwarteten Strafe, durch einen Schlag statt des üblichen Streichelns entstehen verwirrende und unverständliche Erlebnisse, die man in der Psychologie Frustrationen nennt.

Unsere vierbeinigen Gegentypen

Ein Sprichwort sagt: ›Wie der Herr, so's Gescherr.‹ Nun halte ich im allgemeinen und oft im besonderen nichts von Sprichwörtern. Sie drücken immer des Volkes Meinung aus und damit Vorurteile, Klischees und Emotionalitäten. Doch in diesem ist ein Kern Wahrheit, wie sich auch Plutarch als Psychologe erweist, wenn er die Frage untersucht, warum die asiatischen Hunde wilder seien als die europäischen. Seine Schlußfolgerung: nicht nur aus besseren Naturgaben, sondern vor allem durch die Rückwirkung der Völker, unter denen sie leben.

Liest man die große Arbeit von Dr. Brunner, die unter dem tiefstapelnden Titel ›Die Anwendung von Ergebnissen der vergleichenden Verhaltensforschung in der Kleintierpraxis‹ in der ›Zeitschrift für Tierpsychologie‹ (1969) erschienen ist, dann finden wir in seinen Fällen alle die vierbeinigen Gegentypen zu den Menschen wieder, die die Couches der amerikanischen Psychotherapeuten bevölkern.

Die unverstandene Frau, die sich in eine Fülle unüberprüfbarer Leiden flüchtet. Vierbeiniges Gegenstück ist eine Dackelhündin, die in Krämpfe fiel, wenn Ereignisse innerhalb oder außerhalb der Wohnung ihre Besitzer so ablenkten, daß sie nicht mehr im Mittelpunkt des Interesses stand. Die Krämpfe hörten sofort auf, wenn sie allein gelassen wurde, sie lief dann den Menschen nach. Therapie: Bei Anfall nicht bedauern, sondern weggehen.

Der hysterische Autofahrer, der mit Angst im Herzen jedesmal den Wagen kutschiert, in dem er einen Unfall erlebt hat. Das Gegenstück ein Dobermann, der im Auto zu toben begann. Konnte nicht beruhigt werden. Vorbesitzer erzählt, daß der Hund in seiner Jugend einen Unfall erlebt hat. Therapie: Bekam vor jeder Fahrt eine Beruhigungspille, bis der Schock vergessen war.

Die ängstliche Beifahrerin, der es im Auto schlecht wird, wenn ihr Mann fährt. Gegenstück ein Schäferhund, der sich weigert, ins Auto einzusteigen, oder der bei der Fahrt erbricht, wenn sein Herrchen fährt, nicht aber, wenn die Besitzerin am Steuer sitzt. Der Besitzer ist ein nervöser, schlechter Fahrer. Bei Bremsmanövern hat der Hund sich schon häufig den Kopf angeschlagen. Außerdem gibt die Besitzerin dem Hund eine Decke (wenn sie fährt), damit er im blechbeschlagenen Laderaum nicht so herumrutscht. Fährt nur noch mit Besitzerin Auto, seitdem keine Weigerung mehr.

Das nervöse Kind mit medizinisch unerklärlichen Symptomen von Appetitlosigkeit bis Erbrechen, das so auf ein Gefühl mangelnder Geborgenheit reagiert. Der Gegentyp ein Dackel, der mit der Hinterlassenschaft seines verstorbenen Frauchens zu einem neuen Herrn kam und ab sofort nicht mehr stubenrein war. Die Diagnose ›Kränkung‹ stimmte: Er hatte immer im Bett geschlafen und mußte jetzt mit einem Hundekorb vorliebnehmen. Als sein neuer Herr ihn mit zu sich ins Bett nahm, war der Dackel wieder stubenrein. Problem: Das neue Herrchen wollte keinen vierbeinigen Bettgenossen haben. Therapie: Tapetenwechsel (der Hund kam für 14 Tage in eine Tierpension), dann Umgewöhnung (im Schlafzimmer stand ein neues Hundelager, das einem Bettchen ähnlich war). Erfolg: Patient zufrieden und geheilt.

Der streunende Jugendliche, der sich zu Hause ausgeschlossen fühlt, weil seine Familie anders denkt und lebt als er. Gegentyp ein Kuvasz (= ungarischer Hirtenhund), der trotz guter Behandlung und reichlichem Futter immer wieder davonläuft und ziellos kilometerweit wandert (wildert nicht, besucht auch keine läufigen Hündinnen). Grund: Sieht durch die Glasveranda den sozialen Verband der Familie mit den Kindern, muß aber selber immer im Garten bleiben und darf aus Sauberkeitsfimmel das Haus nicht betreten. Therapie: Der Hund darf von Zeit zu Zeit ins Haus. Erfolg: Keiner, da Hausfrau das nicht zuläßt. Ratschlag: Keinen Hund halten!

Der Sportler von extremer Waghalsigkeit, der immer wieder sein Leben aufs Spiel setzen muß. Warum, weiß er selbst nicht. Gegentyp ein Spitz, der jedem Lastwagen zwischen die Vorderreifen lief, um dann den Wagen über sich hinwegdonnern zu lassen. Nicht blindwütig wie autofeindliche Hunde, sondern mit äußerster, wohlkalkulierter Geschicklichkeit. Grund: nicht zu ermitteln. Erfolg: Der Hund wurde bei einem seiner Experimente überfahren.

Sagen Sie nicht, daß das alles Unsinn sei oder psychologische Übertreibungen, wie sie heute so üblich sind. Wir müssen immer daran denken, daß wir, wenn wir einen Hund in unser Haus nehmen, ihn zu unserem nächsten Sozialpartner machen und stark auf seine psychische Entfaltung und das daraus resultierende Verhalten einwirken. Auf einen handfesten Spruch gebracht: Jeder hat den Hund, den er verdient. Leider kann sich der Hund den Herrn, den er verdient, nicht aussuchen.

Aber auch für uns Menschen ist es schwierig, mit einem neurotischen Hund zusammenzuleben, je enger dieses Zusammensein sich abspielt. Dabei sind viele Konfliktursachen vermeidbar, wenn der Mensch seinen Hund und dessen Welt versteht. Und dazu will dieses Buch ein wenig beitragen.

Der Mensch – das aggressivste Lebewesen der Erde

Erschreckender als die vielen hysterischen, ängstlichen und sonstwie seelisch defekten Hunde sind die aggressiven. Ihre Zahl wird immer größer. Jeder Kleinhundbesitzer hat vor deutschen Schäferhunden Angst, die planlos beißend über kleinere herfallen. Es gibt immer mehr Dackel, die Kamikaze-Fliegern gleich tollkühn jeden großen Hund angreifen. Aber noch häufiger gibt es Tiere, die ihre Angriffslust gegen die eigene Familie oder gar gegen ihren Herrn richten. Das ist abnorm, denn Meutegenossen greift man nicht grundlos an. Diese Hunde haben aber einen Grund: Sie fühlen sich ›ihren‹ Menschen nicht sozial unterlegen, sie haben – wenn ich das so vereinfachend sagen darf – einen ›Vater-‹ oder ›Mutter-Komplex‹, und das durch völlig falsche Erziehung. Die krassesten Beispiele gehen in Schlagzeilen durch die Zeitungen: ›Boxer zerfleischt Rentnerin‹ und enden nicht nur mit dem Tod der aggressiven Hunde. Man kann nur die Kulturphilosophen zitieren, die uns Menschen einen angeborenen Aggressionstrieb bescheinigen, eine mörderische Kain-Anlage, die sich in der Weltgeschichte manifestiert. Und da wir die Psyche unserer Hunde prägen – heute stärker als früher, da sie enger mit uns zusammenleben –, kommt auch bei ihnen die Aggressionslust immer stärker zum Vorschein.

Diese Erklärung ist zu einfach und nicht naturwissenschaftlich untermauert. Wir müssen unterscheiden zwischen einem natürlichen Aggressionstrieb, der das Revier verteidigt, der beim Unterschreiten der Wehrdistanz ausgelöst wird (hindern wir ein Tier an der Flucht und nähern wir uns ihm über seine kritische Distanz hinaus – die genau meßbar ist –, dann muß es instinktiv angreifen), und der neurotischen Aggressionslust. Über seine natürlichen Triebe lernen wir mehr im nächsten Kapitel, über die Neurosen wollen wir uns jetzt unterhalten.

Neben Dr. Brunner aus Wien hat sich Dr. Brummer aus Gießen mit den abnorm-aggressiven Hunden beschäftigt. Beginnen wir mit einem typischen Fall.

Der Dackel, der sein Herrchen biß

Ein junges Ehepaar schaffte sich einen Dackel an. Bald verteidigte er sein Futter und biß seine Leute, wenn sie es ihm wegnehmen wollten. *(Dr. Brummer hat die seelisch bedingte Aggression in 7 Funktionskreise eingeteilt: 1. die Feindvermeidung (= Angstbeißer), 2. der Beutebewachungstrieb (= hierher gehört das Verhalten unseres Dackels), 3. das Jungebeschützen (kann auch bei Scheinschwangerschaften auftreten), 4. das übersteigerte Sexualverhalten (= der Mensch wird als sexueller Rivale angesehen, wenn eine läufige Hündin anwesend ist), 5. die alleinige mütterliche Fürsorge = übersteigerte Eifersucht (Hund sieht Besitzer als seine Mutter an, will nicht, daß anderes Lebewesen in diese enge Beziehung eintritt, kann dann aber auch seine ›Mutter‹ beißen), 6. die Territoriumsverteidigung (= Übersteigerung des natürlichen Verhaltens, indem er jeden beißt, der die Wohnung betritt, auch den Besitzer. Tritt häufig bei Hunden auf, die keinen bestimmten Ruheplatz in der Wohnung haben, der nur ihnen gehört), 7. Aggression zur Festigung oder Änderung der Rangordnung (nicht der Mensch, der Hund ist Herr im Haus. Zu diesem Funktionskreis gehören fast alle tödlichen Unfälle, aber auch der zweite Teil unserer Dackelgeschichte).*

Dieses Sich-kein-Futter-wegnehmen-Lassen ist ein natürliches Verhalten. Der Fehler der Hundehalter war, daß sie nicht gleich dem Dackel zeigten, wer im Familienverband der Ranghöhere ist (in der Meute darf der Ranghöhere dem Rangniederen Futter wegnehmen, das hat er ihm mehrfach durch Strafe beigebracht, bis es selbstverständlich geworden ist). Der nichtgestrafte und dadurch sehr selbstbewußt gewordene Dackel suchte sich seinen Ruheplatz unter, später auf dem Bett seines Frauchens. Von nun an durfte sich der Ehemann diesem Platz nicht mehr nähern, er wurde sofort gebissen. Später biß der Hund auch, wenn er nicht mit auf den Spaziergang genommen wurde. Das Ehepaar war verzweifelt: In der Sprechstunde der Veterinärklinik der Universität Gießen wurde ihnen erklärt, wie sie die Rangherrschaft des Dackels durch Strafe brechen konnten. Das gelang innerhalb von 14 Tagen. Es kam noch einmal zu einer Auflehnung, die aber nichts nutzte. Seit 2 Jahren sind Hund und Familie miteinander zufrieden, ein Kind ist auch noch dazugekommen.

Antiautoritär ist ein schönes Schlagwort

In Fragen der Erziehung sind Pädagogen und Verhaltensforscher grundlegend verschiedener Meinung. Während die modernen Lehrer geradezu leidenschaftlich die antiautoritäre Erziehung befürworten, damit die freie Entfaltung der Kinder durch Ge- oder Verbote nicht gehemmt wird – da aus diesen

Hemmungen später Aggressionsgelüste entstehen –, beweisen die modernen Verhaltensforscher am Beispiel der Natur das genaue Gegenteil.
Alle in Gemeinschaft lebenden höheren Säugetiere werden in Kindheit und Jugend autoritär erzogen. Das heißt, innerhalb einer feststehenden Rangordnung wird den Jungen ihr Platz zugewiesen und ihnen Wohlverhalten, notfalls mit Strafen, klargemacht. Diese Rangordnung wird – und das ist für unsere Situation besonders wichtig – um so strenger, je dichter die soziale Gemeinschaft aufeinanderlebt, je kleiner die persönlichen Reviere der einzelnen werden. Die Zoologen Konrad Lorenz und Paul Leyhausen haben bewiesen, daß bei einer Raumüberfüllung die soziale Ordnung zusammenbricht, die Mitglieder sich durch gegenseitige Aggressionen dezimieren, auch wenn noch keine Nahrungsnot herrscht. Das zeigt auch die steigende Brutalität und Gewalttätigkeit in Großstädten, die sinnlosen Zerstörungs- und Roheitsakte Jugendlicher. Frage eines pädagogischen Laien: Ist eine antiautoritäre Erziehung der Großstadtjugend wirklich richtig? Gegenfrage: Wird der Begriff der Anti-Autorität nicht meist falsch verstanden? Antwort von A. S. Neill (›theorie und praxis der antiautoritären erziehung‹): ›Viele Eltern können den Unterschied zwischen Freiheit und Zügellosigkeit nicht begreifen. In einem Heim, in dem Disziplin herrscht, haben die Kinder keine Rechte. In einem Heim, in dem sie verwöhnt werden, haben sie alle Rechte. In einem guten Heim haben jedoch Kinder und Eltern gleiche Rechte.‹
Der Verhaltensforscher Irenäus Eibl-Eibesfeldt sagt zu diesem Problem in seinem Buch ›Liebe und Haß‹: ›Tatsache ist, daß sich aggressive Neigungen unter den verschiedensten Erziehungsbedingungen entwickeln. Sie können stärker oder weniger stark entwickelt sein und die gesellschaftlichen Kontrollen wechseln, nachweisbar sind sie immer. Sicherlich fördert eine Erziehung, die viele Entbehrungserlebnisse setzt, die aggressive Haltung eines Menschen. Man kann Aggressionen aber auch durch Übung fördern, wenn man einem Kind das freie Ausleben aggressiver Impulse gestattet oder diese gar noch belohnt.‹ (*Beispiel aus der Zoologie: Der Amerikaner Scott hat in Versuchen gezeigt, daß man eine Maus durch eine Reihe von Kampferfolgen und Siegen immer aggressiver machen kann, während Niederlagen die Aggressionen dämpfen.*) Die gelegentlich geäußerte Ansicht, solche Kinder würden ihre Aggressionen ausleben und dann zu friedlichen Bürgern werden, basiert auf einem falsch verstandenen Triebkonzept, nämlich auf der Annahme, daß jeder Mensch ein bestimmtes Quantum an Aggressionen mitbekomme, das er ausleben könne.
Gewiß kann man Aggressionen abreagieren. Die Völkerkundlerin Margret Mead berichtet von den Arapesh auf Neuguinea, daß sie schon die Kinder unterweisen, ihre Wut nie an anderen Kindern, sondern an Objekten auszulassen. Geraten Kinder in Streit, werden sie von Erwachsenen getrennt. Der

Angreifer wird weggeführt und darf mit den Füßen um sich treten, schreien, sich im Dreck wälzen oder Holzstücke auf den Boden werfen. Er darf nur nie ein anderes Kind schlagen. So bleibt die Gewohnheit, seine Wut an leblosen Dingen auszulassen, ein Leben lang erhalten. Ein zorniger Mann hackt auf seine Palmen ein oder schlägt eine Stunde lang seinen Gong.
Bei den Hunden leitet man Aggressionen am besten durch Beschäftigungstherapie ab, wenn sie nicht aus Rangordnungsschwierigkeiten stammen. Denn gerade im reizarmen Großstadtmilieu (was bietet eine Wohnung schon einem Hund an Reizen?) kann es zu gefährlichen Stauungen kommen, besonders bei Tieren, die eigentlich beschäftigt sein wollen.
Da gibt es den Fall von einem Jagdhund in Frankfurt, der einen Rehpinscher totschüttelte und auffraß. Dr. Brummer meint dazu: ›Wahrscheinlich lag bei dem Hund eine enorme Stauung des Jagdtriebes vor, so daß er den kleinkaninchengroßen Artgenossen nicht als solchen erkannte. Möglicherweise merkte er seinen Irrtum zu spät, kam in eine Konfliktsituation und verzehrte das Opfer (was ein Jagdhund mit seiner Beute ja eigentlich nie tun darf).

Ergänzende Bemerkungen zum Thema Aggression

Dr. Brunner aus Wien hat festgestellt, daß bei verschiedenen Rassen die Neigung zu einigen Formen der Aggression häufiger ist als bei anderen. So gibt es unter Cockerspaniels und Pudeln Individuen, die sich im Gegensatz zu ihren Geschwistern schon im Alter von 3 Monaten besonders aggressiv zeigen, wenn man ihnen etwas wegnehmen oder sie hochheben will. Haben die Eltern ähnliche Erscheinungen gezeigt, muß der Züchter aufpassen. Dann gibt es unter den Dackeln Tiere, die keine Beißhemmung gegenüber dem eigenen Herrn haben und aggressiv gegenüber anderen Hunden sind, danach kommen in Dr. Brunners Liste die Deutschen Schäferhunde. Sie sind in den Händen unkundiger Hundehalter gefährlich. Genauso wenn von den sozial relativ unverträglichen Rassen Foxterrier, Jagdterrier oder Dobermannpinscher ein besonders selbstbewußtes Individuum in die Hand eines nachgiebigen Hätschel-Herrchens oder inkonsequenten Frauchens gerät: Das Tier wird aggressiv bis bösartig bis gefährlich werden.
Äußere Gründe der auftretenden Aggression können sein: Ankunft eines neuen Familienmitglieds menschlicher oder tierischer Art, Abreise oder Tod eines vertrauten Hausgenossen, Besitzerwechsel, Heirat des Tierbesitzers, einschneidende Lebensumstellung, Ehekrisen, in denen die menschlichen Aggressionen gegen den Ehepartner in ostentativ konträren Erziehungsmaßnahmen am Hund ausgelebt werden, oder das Vorhandensein einer alles und jedes unter Kontrolle und ihre Obhut haltenden Person, einer, wie die Psychologen sagen, ›*overprotective mother*‹.

Wie erziehe ich meinen Hund?

Für den Hundehalter wird die Frage eindeutig beantwortet: Wer mit einem natürlichen, nicht neurotischen Hund zusammenleben will, wer einen glücklichen Hund haben möchte, der muß ihn autoritär erziehen. Nun ist Hunde-Autorität etwas ganz anderes als die Untertanen-Obrigkeits-Autorität, die das Christentum und damit die abendländische Gesellschaft auch im Vater-Kind-Verhältnis so perfektioniert hat. Der schöne Satz vom Hund, dessen größtes Glück die Anbetung seines Herrn ist, ist genauso ein Unsinn wie der Spruch von der Verehrung von Vater und Mutter. Unter Menschen ist das Geheimnis gut miteinander auszukommen, dem anderen gegenüber tolerant und freundlich zu sein. Beim Hund ist, wie Verhaltensforscher Eberhard Trumler bei seinen Versuchen mit Hunden und Dingos (= australische Wildhunde) festgestellt hat, die Autorität das Geheimnis des Erfolges, zu überleben, und dazu noch ein notwendiges Bedürfnis.

Eberhard Trumler (49), in Wien geboren und Schüler von Konrad Lorenz. Mitbegründer der biologischen Station Wilhelminenberg bei Wien. Zuchtexperimente seit 8 Jahren mit Dingos und Hunden. Lebt mit 40 Tieren in seiner Forschungsstation Grubmühle bei Rott am Lech. Hervorragender Tierzeichner. Vor kurzem erschien sein Buch ›Mit dem Hund auf Du‹, von dem Konrad Lorenz sagt: ›Ich glaube Hunde selbst ziemlich gut zu kennen und habe sogar gewagt, ein allgemeinverständliches Buch über sie zu schreiben. Trumler aber kennt sie noch unvergleichlich besser.‹

Der junge Hund sucht und erkennt die Autorität des Vaters an und überträgt sie nachher auf den Rudelführer.

In der Wildnis war es so: Rudelführer, die keine Autorität hatten, wurden vom Rudel zerrissen. Ein Mensch ohne Autorität wird von seinem Hund mit Protest behandelt: Er gehorcht ihm nicht oder bekommt Neurosen.

Praktische Anmerkung: Wir erziehen unseren Hund mit wenig, aber bestimmter Strenge und viel liebevollem Einfühlungsvermögen. Dabei bedienen wir uns weitgehend seiner natürlichen Anlagen und Verhaltensweisen, die wir für uns arbeiten lassen und gegen die wir nie etwas unternehmen. Er soll auf das Kommando ›Platz‹ auf einer Stelle verharren, es ist aber völlig unnötig, daß er dabei blitzartig zusammenfällt und mit flachgelegtem Kopf zwischen den gleichmäßig ausgestreckten Füßen daliegt. Gewiß ist Angst eine starke Bindung, wie man an der blinden Gefolgschaftstreue zu tyrannischen Führern sieht. Aber so soll die Beziehung zwischen uns und unserem Hund nie sein. Das ist autoritäre Erziehung, wie sie abzulehnen ist. Sie zeigt, daß der Hundeherr neurotisch ist, ein machtbesessener Dressurtyrann, der sicherlich in seinem Beruf oder von seiner Frau unterdrückt wird. Er ist das genaue Gegenteil des ›Mami-Papi-Herrchens‹.

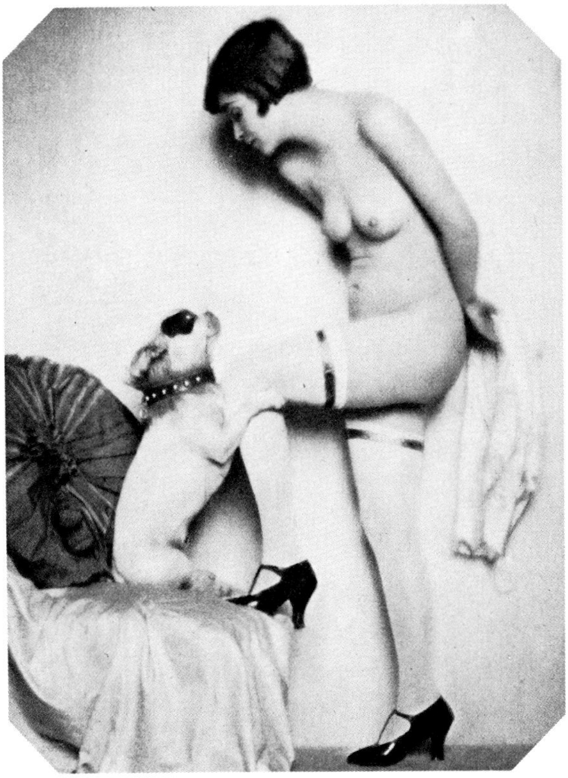

Der Hund als Maskottchen ist keine Erfindung unserer Zeit. 1929 ließ sich die Tänzerin Ossi aus Wien mit ihrem Boston-Terrier (beachten Sie den Monokel-Fleck auf dem rechten Auge!) lichtbildnen: ›Brav sein, Frauchen muß zur Probe . . .‹

Wie ein Kind im Haus

Tag für Tag werden bei uns einige zigtausend graue und schwarze Pudelchen, langhaarige Dackelchen und andere Hunde permanent gequält. Aus lauter Liebe, Egoismus und Unwissenheit vermenschlicht man sie als eine Art Kind-Ersatz. Gepflegt und geschmückt, falsch und zu reichlich ernährt, von anderen Hunden abgesondert, sind sie zum Fetisch einer Scheinwelt der Tierliebe geworden. Und sie führen, betrachtet man es von der Hundenatur aus, ein noch erbärmlicheres Leben als der Kettenhund, dessen Schicksal so gern öffentlich angeprangert wird. Nur: Kettenhunde gibt es in Deutschland vielleicht 5000, Wohlstands-, Fetisch- und Prestigehunde bestimmt eine halbe Million. Die Tierquäler sind unter uns.

Die lieben alten Damen

Hier wird es tragisch: Von Menschen im Stich gelassen, suchen sie Trost bei Tieren. Hunde kennen keinen Unterschied zwischen ›alt‹ und ›nicht alt‹, für sie ist der alte ›Kaum-noch-Mensch‹ unserer vom Jugendlichkeitswahn befallenen Gesellschaft, der ›Lebensbescheinigungen‹ für die Rente erbringen

Angeklagt wegen fortgesetzter Anstiftung zur Tierquälerei

Lassie – Rasse Collie –, wohnhaft in Hollywood. Züchter und Trainer Rudd Weatherwax. Seit 1942 Film-, seit 1953 Fernsehhund. Sammelname für mindestens 4 Hundegenerationen. Hat durch verkitschte Vermenschlichung wesentlich dazu beigetragen, daß täglich Hunde aus Liebe gequält, völlig falsch gehalten, krank gemacht und zu Tode gebracht werden, weil man in ihnen bessere Menschen sieht, die nur zufällig vier Beine und ein Fell haben. Hat verschuldet, daß sich Kinder einen Hund wünschen, den sie, da er ihrem Vorstellungsbild vom Fernsehschirm nicht entsprach, vernachlässigten, wieder abgaben oder aussetzten. Merke: Wer an Lassie glaubt, ist ein potentieller oder praktizierender Tierquäler!

muß, der der Familie immer lästiger und deshalb ausgesondert wird, ein Meutegenosse wie jeder andere Zweibeiner. Nur sind alte Damen selten Rudelführer. Sie machen aus lauter Liebe und Fürsorge in ihrer Hundehaltung Fehler über Fehler und quälen damit das Wesen, das ihnen oft die letzte Bindung ans Leben ist. Der Hund reagiert auf seine Weise: Er wird zum unerbittlichen Haustyrann. So hat oft im Zusammenleben alter Mensch – kleiner Hund ein Dackel, ein Rehpinscher oder ein Bastardel das unbeschränkte Sagen. Vielleicht ist es aber gerade die fordernde Unerbittlichkeit eines solchen Hundes, die die Lebenskraft dieser Einsamen stärkt, weil ›ja noch immer ein Herr im Hause da ist!‹ Um wieder sozialkritisch zu werden: Der Philosoph Wilhelm von Humboldt beurteilte die ethische Reife eines Volkes danach, wie es seine Tiere behandelt. Wir haben allen Grund, den Grad der Menschlichkeitsentfremdung danach zu beurteilen, wie wir unsere Alten behandeln. Gut kommen wir dabei nicht weg. Überlegen Sie einmal: Welche Schlagzeilen, welche Empörung, welche Schreie nach Todesstrafe rufen Tierquälereien hervor – wie schnell jedoch geht man bei Altersheimskandalen zur Tagesordnung über.
Deshalb soll man alten Menschen ihre Hunde lassen: Sie sind die Geschöpfe, die sich seit ihrer Kindheit nicht verändert haben, die sie zu verstehen scheinen und die ihnen immer zuhören. Und wenn ein Vermieter verlangt, daß ein alter Mensch seinen Hund abgeben muß, oder wenn er deshalb nicht in ein Altersheim aufgenommen wird, sollte man diejenigen, die diese Forderung stellen, wegen Menschenquälerei verurteilen. Aber dafür gibt es in unseren Gesetzbüchern ja keine Paragraphen.

Die Sache mit dem Kindchenschema

Professor Lorenz hat 1943 festgestellt, daß wir blind auf Attrappen reagieren, das heißt, daß wir mit angeborenen Auslösemechanismen ausgerüstet sind, die automatisch in uns zum Beispiel den Brutpflege-Instinkt wecken. Er wird durch eine Reihe von Merkmalen ausgelöst, die ein Kleinkind charakterisieren: großer Kopf im Verhältnis zum Rumpf, hohe vorgewölbte Stirn, relativ große Augen, kleiner Mund, Pausbacken und rundliche Körperformen.
Dieses ›Kindchenschema‹ ruft in uns das Gefühl ›herzig‹ hervor, was heißt, daß wir das so ausgerüstete Wesen aufheben, zu uns nehmen und herzen wollen.
Da sich der Mensch mit dem Natürlichen nicht zufriedengeben kann, pervertiert er es, indem er es seinem Erscheinungsbild anzupassen versucht oder aber sich passende Erscheinungsschemata schafft. So wurden für die vielen Mamis, die keine Mütter sein wollen oder sein können, Ersatzkindchen erzeugt, die genauso den Brutpflege- und Hätschel-Herz-Trieb wecken: die

Schoßhunde. Betrachten wir Pekinesen, Möpse, Toy Spaniels und sonstige Zwerge, so entsprechen sie alle mit ihren Hauptmerkmalen dem Kindchenschema. Und sie wurden immer verwöhnt und vermenschlicht.

Von edlen Weibern der Wollust willen mit viel Liebe gehalten

Die Geschichte der Schoßhunde zeigt, daß der Hunde-Fetischismus in gewissen Gesellschaftsschichten schon immer verbreitet war.

Schon Plinius berichtet, daß Schoßhunde von den römischen Damen mit ins Bett genommen wurden und ausgezeichnet gegen Leibgrimmen halfen. Bestätigt wird diese Geschichte durch die Inschrift auf dem antiken Grabstein des Hündchens Myia, Mücke, genannt: ›Essen hat sie und Bett stets mit der Herrin geteilt.‹ Wärmflaschen waren auch die haarlosen Schoßhunde Mexikos. *(Die Familie der Nackthunde, über Südamerika, Afrika und China verteilt, ist eine Landrasse, von der noch nicht geklärt ist, ob man sie reinerbig züchten kann. Die in ihrer Heimat mehr kommunen Tiere gelten bei uns – besonders die sog. Chinese crested dogs – mit Haarbüschel auf dem Kopf – als versnobte Rarität.)*

In Mexiko waren sie der Maisgöttin gewidmet. Durch ihre hohe Körpertemperatur – etwa 40° C – hielten sie ihre Frauchen warm. Zusammen mit den Vorläufern der heutigen Chihuahuas entsprechen sie dem Kindchenschema und waren Kuscheltiere. Gleichzeitig hatten sie aber auch mythische Bedeutung: Sie wurden ihren Herren mit ins Grab gegeben, um ihnen den Weg über die sieben dunklen Flüsse ins Jenseits zu zeigen. Die Tiere, die um die Tempel lebten, wurden systematisch gemästet und den Göttern geopfert, das heißt, die Priester aßen sie auf. Zeitweilig waren sie wie Meerschweinchen und Truthahn die Fleischquelle der präkolumbischen Mexikaner. Ob die lebensgroßen, realistischen Plastiken dieser Fett-Hunde aus rotem Ton – dem Stil von Colima etwa 600 n. Chr. zugeordnet – religiöse Bedeutung haben oder nur der darstellenden Lust der Künstler entstammen, wissen wir nicht.

Zurück in die Schlafzimmer Europas, in denen sich die Schoßhunde vor allem tummelten. Der hundesachverständige Doktor Cajus (Cambridge-Professor, von seinem naturforschenden Kollegen Konrad Gesner aus Zürich 1560 um Auskunft über Englands Hunderassen gebeten) schrieb folgendes: ›Es ist noch eine kleine Rasse hochgezüchteter Hunde unter uns, nur gesucht als Luxusspielzeug für Frauen. Je kleiner sie sind, desto vollkommener sind sie für den Zweck, auf dem Busen im Schlafzimmer oder in den Händen auf der Ausfahrt getragen zu werden. Sie haben keinen Nutzen, nur daß sie auf dem Magen getragen oder auf der Brust eines Kranken hin und her bewegt, wegen des Unterschieds der Temperatur, gut für die Verdauung sind. Ja, es wird sogar geglaubt, daß Krankheit vergeht durch die Krankheit und den Tod dieser

Runder gewölbter Kopf, große Augen und kleine Figur wecken in uns den Hätschel-Trieb. Dieses ›Kindchen-Schema‹ ist bei einem Mops besonders gut zu erkennen. Deshalb war dieser Hund stets ein begehrter Schoßhund.

Hunde, als ob das Böse in sie hineinginge wegen der Ähnlichkeit der Hitze.‹ Die vielzitierte Liselotte von der Pfalz sieht das weniger medizinisch, als sie im Winter 1701 berichtet: ›Von einer Eiderdaunen-Decke habe ich mein Leben noch nichts gehört. Was mich recht warm im Bett hält, sind sechs kleine Hündchen, so um mich herumliegen. Keine Decke hält so warm als die guten Hündcher.‹ Man nannte sie nicht umsonst ›Comforter‹.

Stimme aus dem 20. Jahrhundert: *Hunde im Bett sind eine große Schweinerei, und ich habe den Eindruck, daß die Hunde das auch empfinden. Der Hund braucht in seinen Ruhestunden sein eigenes Reich, eine Zimmerecke oder einen Sessel, in dem er sich allein als Herr fühlen kann* (Professor Wolf Herre, Institut für Haustierkunde in Kiel).

Die Wonne des weiblichen Geschlechts

Sie standen auf sehr vertrautem Fuß mit ihren Hunden: die Patrizierinnen, die holden Frauen, die Marquisen und die Ladies. Die Hündchen waren erotische Spielzeuge, Attribute und Akteure in der erotischen Literatur, Unterpfänder der Liebe und Boten Amors, in deren Halsbändern Aufforderungen zum geheimen Stelldichein und glückverheißende Gewährung die

Besitzer wechselten. Sie waren aber auch Trost für einsame Stunden, eben, wie der Chronist sagt, ›die Wonne des weiblichen Geschlechts‹. Das muß man nicht unbedingt wörtlich verstehen, der Hund wird damals – so wie heute aus vielen Psychiater-Praxen bekannt – auch schon Ersatzobjekt gewesen sein, die Verlagerung einer enttäuschten, übersättigten oder nie vorhandenen Liebe. Klassisches Beispiel ist der Mops.

In einer fast dreihundertjährigen Schoßherrschaft war er der Liebling der Damen und Könige. Und weil er so lange das Vorrecht adeliger Damen war, übernahm ihn das saturierte Bürgertum als Symbol des Wohlstandes. Auf den Biedermeiersofas entartete er und wurde fett und faul: der mürrische, unzufriedene Hund der mißvergnügten, unbefriedigten Jungfern, die sich eben als Ersatzobjekt (und für Psychologen aufschlußreich) den heiteren Gefährten der lebenslustigen Marquisen auserkoren hatten. Es schien, als ob er für seine galante Vergangenheit büßen mußte, ihm tat die neue Gesellschaft nicht gut: Von Fachleuten verachtet *(Alfred Brehm: ›Die Welt wird nichts verlieren, wenn dieses abscheuliche Tier mitsamt seiner Nachkommenschaft den Weg allen Fleisches geht.‹)*, von Witzzeichnern verspottet, starb er fast aus.

Seit ich die Menschen kenne

In ihrem Buch ›Petishism‹ (ein Wortspiel aus *pet* = Hündchen und *Fetischismus)* – der sachlich falsche deutsche Titel heißt ›Wie man einem Tierfreund das Fell über die Ohren zieht‹ – sagt die Autorin Kathleen Szasz: ›Auf der Suche nach seiner Identität und in seinem Kampf gegen eine totale Entfremdung durch eine Zivilisation, in der Maschinen zu Menschen und Menschen zu Maschinen werden, hat der *homo neuroticus* erneut seine Bindung zur Tierwelt verstärkt. Doch kann er sich mit dem Tier an sich nicht zufriedengeben, er sucht es seinem eigenen Bild anzupassen, er vermenschlicht es oder setzt es in Bereiche paradiesischer Sentimentalität.‹ Deshalb schocken die Fernsehberichte von Horst Stern die Zuschauer, während Emil Schuhmacher und Professor Grzimek so gefallen.

Beginnt aber ein Mensch den Ausspruch Friedrichs des Großen ›Seit ich die Menschen kenne, liebe ich die Hunde‹ so wörtlich zu nehmen, daß er seine Kontakte zu anderen Menschen durch die zu Hunden ersetzt, daß er ihnen mehr Beachtung schenkt als Kindern, daß er alte Leute in Heime abschiebt, weil sie lästig werden, für Hunde aber Zeit hat, dann gehört er zu denen, über die sich der Hundefreund und ›Vater der Verhaltensforscher‹, Konrad Lorenz zornig erregt: ›Wer aber von menschlichen Schwächen enttäuscht und verbittert ist, seine Liebe der Menschheit entzieht und sie an Hund und Katze wendet, begeht zweifellos eine schwere Sünde. Eine soziale Sodomie sozu-

Professor Konrad Zacharias Lorenz (68), Direktor des Max-Planck-Instituts für Verhaltensforschung in Seewiesen, legte die Fundamente der vergleichenden Verhaltensforschung (= Ethologie). Diese neue Wissenschaft versucht zu klären, warum Tiere und Menschen sich bei einer Tätigkeit gerade so und nicht anders verhalten. Professor Lorenz liebstes Studienobjekt: das Familien- und Liebesleben von Graugänsen. Sein größter populärer Bucherfolg: ›So kam der Mensch auf den Hund‹.

sagen, die ebenso ekelerregend ist wie die geschlechtliche.‹ Und viel, viel häufiger! (*Laut Kinsey haben etwa 3,6 Prozent der erwachsenen Frauen in irgendeiner Form sexuellen Kontakt mit Tieren, davon drei Viertel aller Fälle mit Hunden.*) Die Beispiele sozialer Sodomie kann man fast jeden Tag in den Zeitungen finden. Da unterzeichnen in einer englischen Stadt 6000 Menschen eine Petition, in der sie sich für das Leben eines gefährlichen Hundes einsetzen, den der Stadtrat töten lassen will. Im gleichen Jahr werden in der gleichen Stadt 250 Fälle von Kindsmißhandlung verhandelt. Ein anderer Zahlenvergleich: In der Bundesrepublik haben die Tierschutz- und Hundehalterverbände mehr als 600000 Mitglieder bei 3 Millionen Hunden; der Deutsche Kinderschutzbund hat kaum 20000 Mitglieder bei 14 Millionen Kindern. Da erhält in München eine Doggenzüchterin Morddrohungen, weil sie von den 21 Welpen, die ihre Hündin ›Blue Bonnie‹ warf, 15 gemäß den Satzungen des ›Deutschen Doggenclubs‹ töten ließ. Vielleicht von den gleichen Leuten, die voller Lust beobachteten, wie bei einem Bankraub ein Räuber und eine Geisel erschossen wurden. Und immer wieder sehe ich das Illustriertenfoto vor mir, auf dem Münchner Taxifahrer um eine von der Stadt getötete Taube (notwendige Maßnahme gegen die überhandnehmende Taubenplage) stehen. Einer weint. Auf seinem Taxi ist ein Schild mit der Aufschrift: ›Wir fordern die Todesstrafe!‹

Wie günstig sich ein Hund auf ein Kind und das Kind auf den Hund auswirkt, werde ich Ihnen auf Seite 211 ganz praktisch beweisen. Denn, und jetzt möchte ich Siegmund Freud aus seinem ›Totem und Tabu‹ zitieren: ›Das Verhältnis des Kindes zum Tiere hat viel Ähnlichkeit mit dem des Primitiven zum Tier. Das Kind zeigt noch keine Spur von jenem Hochmut, welcher den erwachsenen Kulturmenschen bewegt, seine eigene Natur durch eine scharfe Grenzlinie von allem anderen Animalischen abzusetzen. Es gesteht dem Tiere ohne Bedenken die völlige Ebenbürtigkeit zu; im ungehemmten Bekennen zu seinen Bedürfnissen fühlt es sich wohl dem Tier verwandter als dem ihm wahrscheinlich rätselhaften Erwachsenen.‹

Das große ABER: Wird die Zuneigung zu einem Tier zum Ersatz für Elternliebe, wird das Kind gezwungen, ein Tier anstelle eines Menschen zu lieben, dann kann diese Liebe zu einer ›Liebe gegen die Menschen‹ werden. ›Wärme und Güte gegenüber den Tieren können durchaus Hand in Hand gehen mit einer kalten und abweisenden Haltung gegenüber den Menschen‹, schreibt US-Psychiater Sherwin M. Woods. Krassestes Beispiel: der liebevolle Tierfreund Heinrich Himmler.

Der Markt der Eitelkeiten

Die Scheinwelt der Tierliebe nimmt immer groteskere Formen und Ausmaße an. Man schmückt sich nicht nur mit einem Hund, man schmückt auch ihn. Das Motto einer ganzen Industrie (Umsatz etwa 80 Millionen, für Fertigfutter weitere 200 Millionen) lautet: ›Nur das Beste ist gerade gut genug für des Menschen besten Freund, den Hund.‹

Auf der ›Interzoo‹, der Fachmesse für den Tierhandel, sieht man den ganzen Unsinn komprimiert: Schlafanzüge aus Flanell oder Frottee, Hundepullover in allen Farben und Qualitäten, Hunde-Anzüge aus Pepita oder Schottenstoff, Trachtenjanker aus Loden, durchsichtige Regencapes, Regen- und Wintermäntel, Bademäntel, Hundebrillen gegen Sonne und Wind, Hundebade-

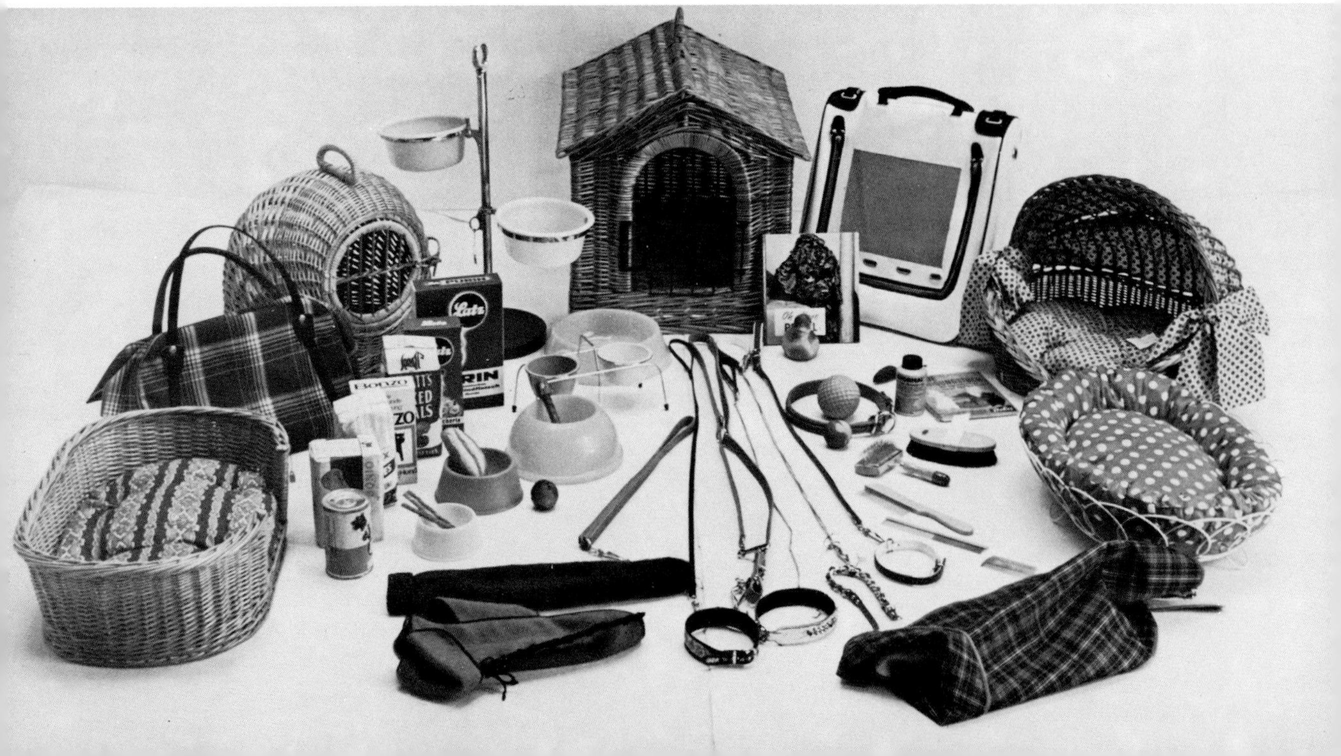

Zubehör für die Hundehaltung: Körbchen verschiedenster Konstruktion (Hunde haben gerne ein Dach über dem Kopf), Tragtaschen für die Reise, Freßnäpfe für Langohren oder ein Janker im Trachten-Look.

anzüge, Hundepartykleidung, Höschen für heiße Hündinnen, Halsbänder mit Brillanten (Talmi oder echt). Tierausstatter bieten in ihren Katalogen an: ›Hundeschuhe, schwarz, mit geriffelter Sohle, rutschfest‹; ›Curry-Wurst, mit Stimme‹ oder ›Schmucksteinkettenband, 24 Karat, goldplattiert‹, sie nennen sich ›Supermarkt für den Hund und Ihre Katze‹, und im 42 Seiten starken Angebot werden rund 250 Hunde-Artikel vorgestellt, vom Abführmittel bis zur Zahnpflegecreme. Es fehlen nicht die Haarsprays, die Hundeschokolade oder die ›schwere, vierkantige Hundepeitsche‹.
In den Prospekten wird die Vermenschlichung der Hunde ganz deutlich: *›Er läßt uns unsere Sorgen und unsere Einsamkeit vergessen, schafft Freude und Zufriedenheit für Herr und Hund, Hunderttausende amerikanischer Hunde sind schon lange glücklich damit. Selbst die ganz Vornehmen unter uns, die beim Präsidenten Eisenhower wohnen oder beim König in Norwegen, und die vielen anderen ‚adeligen' Hunde besitzen ihn‹*, und dann folgt der Name eines Nylon-Knochens. Ein Appell an alle Hundemamis, ihrem Liebling doch auch so etwas Feines zu kaufen und ihn und sich damit auf höchste gesellschaftliche Ebenen zu heben. Verrückte Zeit — werden Sie sagen. Und doch ist alles schon dagewesen, heute ist es nur weiter verbreitet und kommerzialisiert.

Blick zurück — sie waren auch verrückt

Schon der Hund des Alkibiades trug ein goldenes Halsband, und lange vor ihm hatten Edelsteine aus dem seidigen Fell der Pharaonenhunde geleuchtet. Der achtjährige Ludwig XV. gab an einem Tag eine Handvoll Goldstücke (fünf Jahresgehälter eines damaligen Lehrers) für silberne Hundehalsbänder aus.
Im vorigen Jahrhundert ließ man seine Lieblingshunde porträtieren, schickte sie auf teure Hunde-Akademien, um ihnen feine Lebensart beizubringen, die sie dann auf Banketten zeigen konnten, wie z. B. die Mops-Tee-Party, die William D. Bromley 1850 in London gab, oder das Japan-Chin-Fest der Mrs. Clark 1893 in Chikago.
Hundeschönheitssalons in der Londoner Bondstreet manikürten die vornehmen Tiere, badeten und parfümierten sie, ondulierten ihre Locken und schoren schließlich den Pudeln das Wappen des Besitzers ins Fell. Im Palais Royal in Paris dagegen verkauften ›Tailleurs pour Chien‹ neben Mänteln, Jacken und Capes auch graue Badekostüme für das Seebad. Im Laden der Madame Albert konnten sich die Vierbeiner an einem Büffet mit Hundekuchen gütlich tun, während ihre Herrinnen im ›Hundemoden-Magazin‹ blätterten, um die neuesten Modelle auszusuchen. Im Berliner ›Bazar für Hundemoden‹ waren Mopsbrillen in jeder Schärfe zu haben, und im Schau-

Als ›eine widerliche Verirrung des menschlichen Geistes‹ kommentiert ein zeitgenössischer Reporter dieses Bild, das in der Gartenlaube von 1905 mit einem Bericht über die ›Internationale Hundeausstellung‹ in Berlin erschien.

fenster präsentierte sich ein ausgestopfter Mops mit einer Hornbrille auf der Schnauze. Es gab in London Hundeschuster, die feine Juchtenstiefelchen für schlechtes Wetter herstellten, und in Dresden wurden kleine Gummistiefeletten für alle Schoßhundrassen angeboten. Spezialtaschentücher, mit denen die Damen den süßen Lieblingen das Schnäuzchen putzten, trugen in feiner Stickerei den Namen des Hundes in der Ecke, und während die Modeindustrie zunächst die Farben der Kleiderstoffe auf die Farben der Modehundfelle abstimmte, ging man später dazu über, das Fell des Hundes passend zum Kleid des Frauchens einzufärben. Diese Erfindung wurde 1899 in London gemacht.

Da die Mamis und Papis bereit waren, jede Summe für ihren Liebling auszugeben – kostete doch die Grundausstattung eines Hundes von Stand runde 400 Goldfranken (*Stundenlohn eines gelernten Arbeiters 40 Centimes*) – und für das tägliche Parfümbad, blühte auch der organisierte Hundediebstahl. In Paris wurde allein im Jahre 1902 der Pudel des Baron Rothschild dreimal gestohlen und jedesmal fürstlich zurückgekauft. Die Diebe lockten die Hunde mit einer Schleppspur, der kein Rüde widerstehen kann, in einen stillen Winkel und brachten ihn dann, auf die Verloren-Anzeigen in den Zeitungen oder an Straßenecken, als gefunden zurück. Meldete sich niemand, färbten sie ihn um und verkauften ihn auf dem Hundemarkt.

Mit fortschreitender Brutalisierung sind die Methoden rauher geworden: heute wird man mit dem gekidnappten Hund erpreßt, zahlt man nicht, muß der Hund sterben.

Die feinen Leute und ihre Hunde

Wer sich vom gemeinen Volk abheben will, das z. B. Hundezubehör im Versandhaus kauft, kann es gediegener haben. Er läßt nach Maß arbeiten, beim Londoner Hundeschneider Campbell Macdonald, der auch Maßkonfektion hat und diese in eine Anzahl Länder exportiert. Seine ›De Luxe Coats aus Wollvelours erstklassiger Qualität, mit nachgeahmten Persianer- oder Ozelotkragen‹ gibt es von Chihuahua-Minigröße bis zu 40 cm Länge, Übergrößen für Doggen sind auf Lager. Natürlich werden auch Mäntel in exklusivem Stoff geliefert, Cashmere-Mäntel haben echten Nerzbesatz: ›Jeder Mantel wird individuell von unseren erfahrenen Leuten angefertigt; viele von ihnen arbeiteten für erstklassige Modehäuser.‹

So kann der Pelz über dem Pelz aus schlichter Nylon-Imitation sein oder aber aus Nerz. Wer's besser will: In New York (und sicher auch in anderen Metropolen) werden Zobel- und Leopardcapes in Preislagen zwischen 500 und 1000 Dollar angeboten. Sie gibt es in Spezialgeschäften, wie ›Pink Poodle Saloon‹ oder ›Poodle Pavillon‹ (in USA ist immer noch der Pudel Modehund), oder in der ›Dogs Toggery‹ des piekfeinen Kaufhauses Saks an der Fifth Avenue. In Paris und Frankreich (mit seinen 4,7 Millionen Hunden, nach England, mit 5 Millionen, das hundenärrischste Land der Welt) heißen solche Läden ›Le Chien Elegant‹, ›Au Bonheur des Chiens‹, ›Toutou Chic‹ oder anglophil ›Dogs House‹.

Halsbänder, Perlenketten und Ohrringe kauft man bei seinem Juwelier, mag es nun Cartier oder Tiffany sein. Pomelato in Mailand lieferte ein Weißgold-Halsband für runde 4000 DM. Kunde und Hund wollten inkognito bleiben, was bei Jet-Set-Leuten recht selten ist.

Auf den Menschen gekommen

Wenn so ein armer Hund ganz auf den Menschen kommt, dann ist es aus mit ihm. Dann wird er, weil er zu sehr nach Hund riecht, mit wohlriechenden Essenzen eingerieben, mit einem speziellen Hundeparfüm bestäubt, das ›Chiencha‹ heißt und — natürlich vor Fernsehkameras — von der Prinzessin von Croy, ›einer großen Hundefreundin‹, vorgestellt wurde, indem sie einen Yorkshire Terrier damit taufte. Phantasielosere Tierquälerinnen nehmen das eigene Parfüm und wundern sich dann, wenn ihr duftender Liebling sich aus lauter Nasenverzweiflung in ordinärem Dreck wälzt. Was macht's? Er wird zum drittenmal in einer Woche gebadet (mehrmals im Jahr würde genügen und ist zuträglicher für den Hund) und gleich beim Friseur ein bißchen nachgefärbt. Ob rosa- oder aquamarin, ob blond oder nur spitzengebleicht, Frauchen ist nie um ein Färbchen verlegen.

Wenn Madame unverstanden ist, ist ihr Hund vor keiner Modetorheit sicher: Er muß mit seiner Mami Schlankheitskuren machen, sich die Nägel lackieren, sich mit Schmuck behängen lassen (der klimpert und stört), Perücken tragen und falsche Wimpern. Alle die Bilder, die als Kuriosa immer wieder in Zeitschriften erscheinen, sind für die Hunde bittere Wirklichkeit.

Einige dieser Damen kamen in ›Jasmin‹ zu Wort. Hier Kurz-Zitate. *Carita, französische Star-Friseuse: ›India (die Zwergpudelin) bekommt das gleiche Essen wie ich. Morgens Toast, Orangensaft und Milch, mittags gegrilltes Fleisch und Gemüse, abends ein wenig Lachs und Fruchtmarmelade. Da wir beide Feinschmecker sind, gönnen wir uns auch manchmal etwas Kaviar und Champagner.‹*

Sylvia Haase, Modehaus Maison Haase: ›Zu Babys (Zwergpudel) Ausstattung gehören auch verschiedene Mäntelchen. Er hat einen weißen Plastic-Regenmantel, rot eingefaßt, ein goldenes Python-Schlangenmäntelchen und für die Jagd, zu der ich ihn immer mitnehme, einen grünen Trachtenlodenmantel. Im Ski-Urlaub trägt er rote Wollpullover mit Rollkragen wie die roten Teufel von Kitzbühel. Aber zum Spazierengehen in der Stadt nimmt er lieber einen schwarzen Pullover — das ist dezenter.‹

Hannuschka Friedrich-Cavendish: ›Cavendish (ein Yorkshire Terrier) ist ein vollwertiges Mitglied unserer Familie. Zu Weihnachten bekommt er sein eigenes kleines Bäumchen. Einmal im Jahr fahre ich mit ihm nach St. Moritz, denn uns beiden tut die Höhenluft gut. Leider ist Cavendish sehr wetterempfindlich. Deshalb habe ich ihm einen Zobelmantel für tausend Mark gekauft. Es mag wie Verschwendung aussehen, aber es ist wirklich kein Luxus, sondern eine zwingende Notwendigkeit. Yorkshires muß man vor der Kälte schützen.‹ Kommentar überflüssig.

Der Inhaber eines Schönheitssalons für Hunde berichtet von einer Dame in seiner Kundschaft, die hintereinander 3 Dackel zu Tode gefüttert hat. Und jedesmal, wenn einer gestorben war, trug sie ein Jahr lang schwarz, inklusive Schleier über dem Hut. Sie wird weiter Hunde zu Tode mästen. Denn das ist das Schreckliche an diesen ganzen komischen Geschichten: Sie sind nur die Spitzen eines Eisbergs an Unverständnis, falsch geleiteter Liebe, Eitelkeit und unbewußter Grausamkeit, unter der Tag für Tag viele Hunde zu leiden haben.

Nierchen à la wuff wuff

Noch nie gab es so viele fette Hunde wie heute (auch hierin müssen sie ihren Mamis nacheifern), und noch nie wurden so viele Hunde falsch ernährt. Was für Frauchen und Herrchen gut ist, muß noch lange nicht für unseren Hund gut sein. Deshalb sind weder die Reste des Wohlstandsmahls geeignete Hundenahrung noch Kuchen oder feine Wurst. Der Hund ist kein Müllschlucker, kein Resteverwerter und kein Allesfresser wie der Mensch. Er ist von Natur aus zum Fleischfresser angelegt. Ein Carnivore verdaut in seinem Magen und kennt Omas Regel ›Gut gekaut ist halb verdaut‹ nicht. Deshalb schlingen Hunde. Sein Verdauungsapparat ist einer konzentrierten, eiweißreichen

Manche Rassen müssen mindestens alle 6 Wochen zum Hundefriseur, der ihnen mit Schere, Trimm-Messer und Rupf-Kamm das im Standard vorgeschriebene Aussehen verschafft.

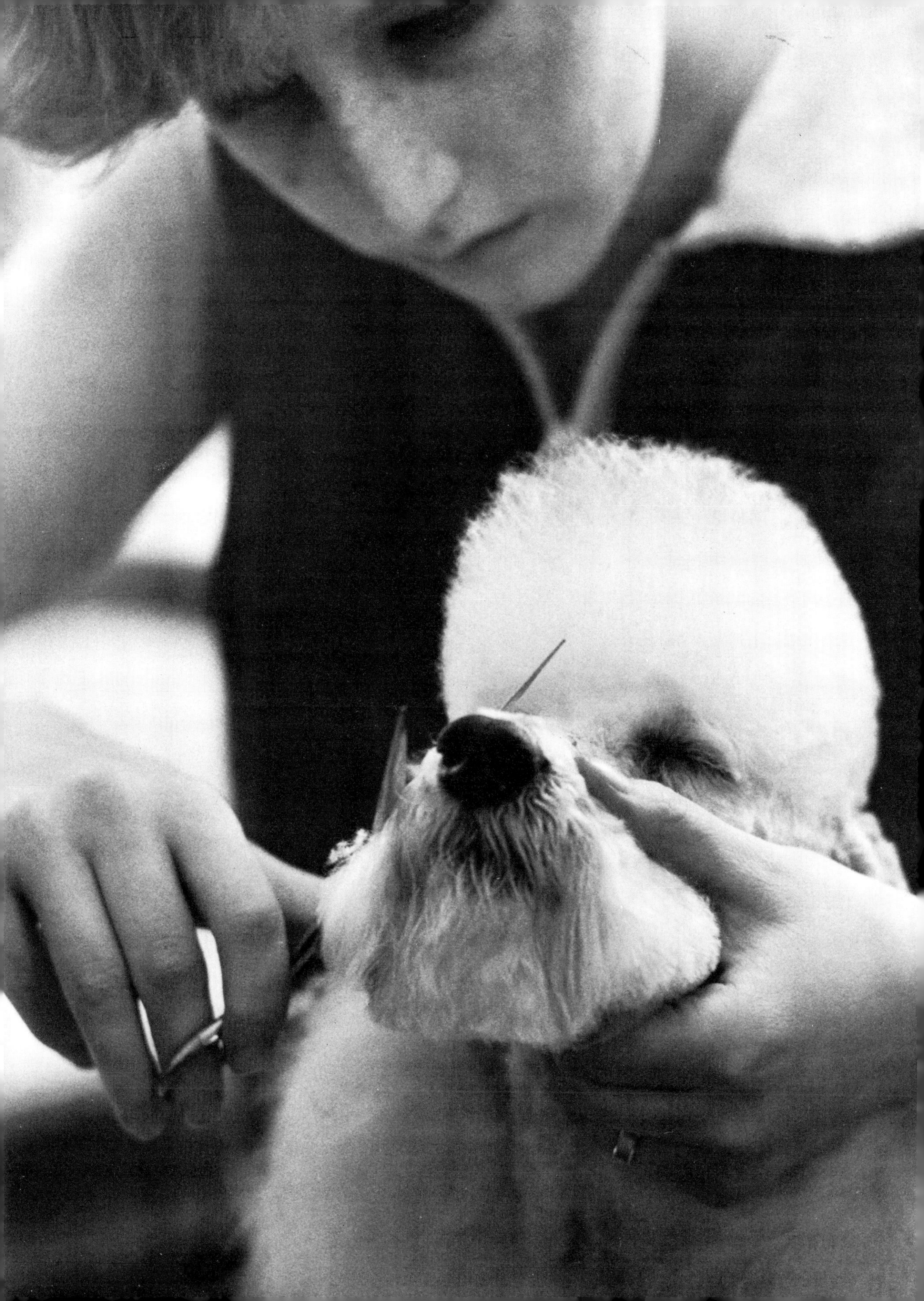

Nahrung angepaßt, die in größeren Zeiträumen in größeren Mengen anfällt. Deshalb macht einem Hund ein Hungertag nichts aus, so wenig wie uns, wenn wir einmal 4 Stunden lang nichts essen. Wegen der Hochverdaulichkeit darf seine Nahrung nicht zu voluminös sein, Zellulose kann der Hund gar nicht verwerten, Kohlehydrate nur in aufgeschlossener Form (Kartoffel im Stück geht unverdaut durch ihn durch, von Kartoffelbrei hat er ein bißchen).
Frage eines Alt-Kynologen: Früher hat man um die Ernährung des Hundes nicht soviel Aufhebens gemacht. Warum also heute?
Früher hat es in den Haushalten weder Konserven noch Tiefkühlkost noch Schnitzel ohne Abfall gegeben. Früher waren die Haushalte noch nicht so naturfern und hatten genügend Milchreste, Fleischabfälle oder Knochen.
Zwischenbemerkung: Es ist ein Aberglaube, daß Käse dem Geruchsinn des Hundes schadet. Er ist für seine Darmflora sogar besonders förderlich.
Mit dem Spezialfutter für Hunde hat es um 1866 begonnen. Damals stellte der Bäcker James Spratt Hundekuchen her, die ihm ein junger Mann namens Charles Cruft von Tür zu Tür an Hundebesitzer verkaufte. Dabei stellte Cruft fest, daß Hundebesitzer mehr für Futter ausgaben, wenn ihnen ihre Hunde wertvoll waren. Also begann er Ausstellungen zu organisieren. Die nach ihm benannte ›Cruft's Show‹ ist noch immer die größte und wichtigste Hundeausstellung der Welt. Sie findet alljährlich Anfang Februar in London statt und zählt mindestens 50000 Besucher.
Vom Hundekuchen zur heutigen Fertignahrung in verschiedenen Geschmacksrichtungen und mit Milliarden-Umsätzen war ein weiter, wenn auch gerader Weg. Die ersten Konserven wurden während des Ersten Weltkriegs in Amerika hergestellt. Zwei englische Brüder hatten von dort Pferdefleischkonserven nach Belgien exportiert. Die Abfälle verkauften sie als Hundekonserven, und als dann nach dem Krieg eine produktionstüchtige Fabrik dastand, aber kein Mensch mehr Pferdefleisch wollte, verlegte man sich ganz auf Hundefutter.
Heute geben die Amerikaner für Hundetrockenfutter 244 Millionen Dollar, für Dosenfutter 385 Millionen und für halbfeuchtes Hundefutter 110 Millionen Dollar im Jahr aus. Traumzahlen für den deutschen Markt, der Mitte der sechziger Jahre vom US-Zuckerwerk-Konzern Mars Inc. erschlossen und heute von 5 großen Firmen beherrscht wird. Der Umsatz liegt schätzungsweise bei 200 Millionen, etwas mehr, als für Konservennahrung für Säuglinge ausgegeben wird.
Auch hier beginnt schon die Vermenschlichung. Es werden nach dem Slogan ›Haben Sie schon darüber nachgedacht, daß Ihr Hund ein bißchen Abwechslung auf der Speisekarte braucht?‹ verschiedene Fertiggerichte angeboten. Trotzdem haben diese Produkte den Vorteil, daß sie alles an Eiweiß, aufgeschlossenen Kohlehydraten, Fett, Vitaminen und Spurenelementen enthalten, was ein Hund braucht. Er wird, füttert man ihm genug davon, keine

Mangelkrankheiten bekommen. Häufigste Folge neben Fettsucht durch falsche Ernährung sind zuckerkranke Hunde. Natürlich gibt es spezielle Hundekochbücher (*The happy Dog Cookbook von Roy Ald; The Secret of Cooking for Dogs von Martin A. Gardner und Pet Cookbook von Richard Rochemont*), die der falschen Ansicht huldigen, Hunde liebten abwechslungsreiches Futter. Hier ein typisches Rezept aus dem Gardner-Buch, das zeigt, daß der Autor wenig von Hunde-Ernährung versteht.

Fleischklößchen-Stew

1/2 Dose Hühnercremesuppe, 1/2 Tasse Wasser, 1/2 Pfund Hackfleisch, 1/4 Tasse Gemüsereste. Suppe mit Wasser vermischen. Aus dem Fleisch Klößchen formen, die man der Suppe zufügt. Zum Kochen bringen, Gemüse dazu geben und 12 Minuten köcheln lassen. Lauwarm servieren.
Bisher fehlt ein Schlankheitsbuch, in dem steht, wie Hunde am besten abnehmen können. Ein richtig ernährter Hund braucht pro Kilo Körpergewicht 88 Kalorien, die er vornehmlich aus Eiweiß gewinnen soll. Dafür hat ein Zoohändler in Bad Vilbel den ersten Hundemassage-Salon eröffnet, in dem man für ein Honorar von 8 bis 10 Mark ›beseitigen lassen kann, was zuviel ist. Die Massage macht Erschlafftes wieder fest und beschwingt den Kreislauf‹.
Kreislaufschwierigkeiten gehören zu den Zivilisationsschäden der Mami-Papi-Hunde wie die Zuckerkrankheit (auch durch ständige Überreizung und Unruhe hervorgerufen), Bandscheibenschäden (durch Bewegungsmangel, zuviel Auto fahren, Schlafen in zu weichem Bett oder durch Überzüchtung) und Zahnschäden (durch falsche Ernährung oder mangelnde Beißmöglichkeit = bei Dosenfutterernährung den Hundekuchen oder Knochen nicht vergessen).

Von Horoskopen und Hotels

In meinem Hunde-Archiv bewahre ich ein Inserat aus einer Tageszeitung auf, das so lautet: *Bernhardiner-Hund, große Rasse, braun und weiß gefleckt, Geburtszeit Tierkreiszeichen Widder 1960, männl. Geschlechts, gesund, sof. zu kaufen gesucht.*
Es gibt ein Horoskopbuch für Hunde, das die Amerikanerin Liz Tresilian leider nicht ironisch schrieb: ›Sowohl für den weiblichen wie männlichen Wassermann-Hund ist Sex ein Problem. Solange er jung ist, sucht er das Verhältnis, nicht die Freundschaft, wird er älter, mag er keine Beziehung zu einem anderen Hund, die länger als einige Tage dauert. Er mag kurze Affären, aber keine Verantwortung. Sogar die Hündin hat keine Zeit für ihre Jungen.‹
Astrologen haben versucht, Charaktereigenschaften von Hunden, die unter

einem bestimmten Tierkreiszeichen geboren sind, zu erforschen. Sie sind damit nicht weitergekommen. Den Pferden geht es dagegen astrologisch besser (und den Astrologen, die diese Aufträge erhalten, finanziell): für Fohlen berühmter Rennpferde werden Horoskope erstellt, die ihre Erfolgsaussichten oder drohende Unfälle voraussagen sollen.
Sinnvoll dagegen ist die Aufgabe, die sich ein Hundefreund aus Krefeld gestellt und vorbildlich gemeistert hat. Es ging ihm um das Problem: Wo kommt man im Urlaub mit seinem Hund unter. Gerd Deussen begann zu schreiben und zu suchen. Der heute 65jährige schrieb 110000 Hotels und Pensionen an, um kinder- und hundefreundliche Unterkünfte auszumachen. Sein ›Urlaubsführer mit unseren Kindern, mit unserm Hund‹ im Selbstverlag umfaßt inzwischen 31300 europäische Adressen, 15 Strandbezirke, 161 Tierheime und 2400 Campingplätze, die Leute mit Kindern und Hunden mögen. Das ist in der Welt eine einmalge Veröffentlichung. Es gibt in Frankreich annähernd vergleichbar den ›Guide Mi Chien‹, der die Anschriften französischer hundefreundlicher Hotels enthält.

Das Geschrei ums Gegenteil

Je mehr eine Gruppe von Menschen den Hund zum Mensch machen, ihn vergöttern und verwöhnen, desto erbittertere Hundegegner rufen sie auf den Plan. Und da im Augenblick der Begriff ›Umweltverschmutzung‹ jedermann geläufig und es ›in‹ ist, darüber zu reden, wird sie den Großstadthunden angelastet. In New York hat man ausgerechnet, daß die 500000 Hunde täglich die Stadt mit 50 Tonnen Hundedreck und 10000 Liter Urin verunreinigen. Wer gerade den Rechenstift zur Hand hat, rechnet gern weiter: im Jahr sind das 17 Millionen Kilogramm und 3 Millionen Liter! Darunter muß die Stadt ersticken, verpesten, zerstinken. (Die Abgase der Autos, den Müll der Haushaltungen, die weggeworfenen Zigarettenstummel, -schachteln, Kaugummis, Zeitungen und was man sonst noch alles auf den Straßen dieser großen Stadt finden kann, hat noch keiner gezählt.) Wortführerin der Anti-Hund-Bewegung ist die Journalistin Fran Lee, die in ihren Kolumnen schrieb: ›Ich habe es jetzt wirklich satt. Ich bin fertig mit einer Gesellschaft, die ihre Hunde mit Erdbeeren und Schlagsahne füttert und den Tieren diamantbesetzte Gürtel um den Hals hängt, und dann dürfen die Hunde den Platz vor meinem Haus verdrecken. Der Hundedreck überall hat auch verhindert, daß sich der Maxi als Moderichtung durchsetzen konnte.‹ Die streitbare Dame war sich des Beifalls sicher, denn jeder hat schon geflucht, wenn er auf der Straße in Hundedreck trat – obwohl es ja Glück bringen soll –, und manche Hundebesitzer machen es sich zu leicht, indem sie ihren Hund nur bis zum nächsten Laternenpfahl oder an die Hausecke führen. Überlegung der Stadtväter: Jeder Hunde-

Die englische Königin – Hundehalter wie Sie und ich – mit den Royal Corgis ›Heather‹, ›Buzz‹, ›Foxy‹ und ›Tiny‹ bei der Ankunft in der Liverpool Street Station nach einem sechswöchigen Ferienaufenthalt in Sandringham.

halter muß einen kleinen Spaten und Kunststofftüten mit sich führen, um damit die Verdauungsreste an Ort und Stelle zu beseitigen.
In London hängen an Laternen oder anderen hundestrategischen Punkten Schilder mit der Aufschrift: Mit 5 Pfund Strafe wird geahndet, wenn Ihr Hund den Bürgersteig beschmutzt! Und das in einem Land, das für seine Hundenarretei berühmt ist, 5 Millionen Hunde zählt, und in dem man nur 37 1/2 Pence Steuern im ganzen Jahr bezahlen muß (= etwa 3,12 DM)? Nun, die Schilder hängen schon seit Einführung der Hundesteuer da — das war 1878 —, und niemand nimmt sie ernst. In Reykjavik (Hauptstadt von Island, knapp 90000 Einwohner) ist die Hundehaltung jetzt endgültig verboten worden. Ausnahme: Sie bleiben im eigenen Garten. Dafür hat Frankreich das Gegenteil getan, es hat generell die Hundesteuer abgeschafft, der Gleichheit wegen. Denn warum soll der Hund der einzige besteuerte Vierbeiner sein? Die teuersten Hundestädte in Deutschland sind übrigens Hamburg und Berlin mit je 120,– DM Hundesteuer im Jahr. Die billigste Großstadt ist München mit 30,– DM.
Frage: Und was geschieht mit den toten Hunden?

Wink uns mit den Pfoten

Auf dem großen Tierfriedhof in Washington (30000 Hundegräber) steht ein Grabstein mit dem Spruch: *FIFFI 1957—1968. Auf bald! Auf Wiedersehen! Wart auf uns, liebe Fiffi, am himmlischen Tor der Toten. Damit wir den Weg nicht übersehen, wink uns mit den Pfoten!*
Kitsch? Vermenschlichung? Echte Zuneigung und Glaube? Oder unbewußte Erinnerung an die alten Religionen, in denen die Hunde die Führer ins Reich der Toten waren? Ich will hier nicht urteilen, da auch ich meinen Hund nie der Tierkörperverwertungsstelle überlassen werde.
Etwa 200000 Hunde sterben bei uns pro Jahr. Die meisten werden ›abgeholt‹ oder direkt vom Tierarzt der Tierkörperverwertungsanstalt übergeben. Der Gesetzgeber sagt:
Der Hundebesitzer kann den Körper auf eigenem Gelände, doch nicht in der Nähe der öffentlichen Wege und Plätze, oder auf besonderen, von der Ortsbehörde zugelassenen Plätzen mit niedrigem Grundwasserstand begraben, soweit nicht in Stadtkreisen die Ortspolizeibehörde die Verbringung der Tierkörper in Sammelstellen anordnet. Die Körper müssen so vergraben werden, daß sie von einer unterhalb des Randes der Grube mindestens einen Meter starken Erdschicht bedeckt, aber nicht im Grundwasser liegen.
Für Hundebesitzer, die kein eigenes Grundstück besitzen, das geeignet ist, gibt es Tierfriedhöfe. Der bekannteste ist der in Paris, die groteskesten Formen kommen in USA vor, wo uns allerdings auch der menschliche Totenkult

merkwürdig erscheint. So gibt es für Hunde das gleiche wie für Herrchen: Begräbniszeremonien von 15 bis 100 Dollar, Kremationen für 20 Dollar, Särge aller Preisklassen, Einbalsamierungen und natürlich Grabstätten und -steine aller Art. Wir haben hierzulande nur zwei Hundefriedhöfe mit Grabsteinen, Holzkreuzchen und Pflanzenbewuchs. In Berlin-Lankwitz (2400 Gräber) wird der Friedhof vom 129 Jahre alten ›Tierschutzverein für Berlin und Umgebung Corporation‹ betrieben: Preis für ein Hundegrab 780,— DM. Als Särge sind nur noch Pappkartons oder Plastikbeutel erlaubt, um die Verwesung zu beschleunigen. So kann ein Grab schneller wieder belegt werden, denn der Friedhof bringt dem Tierschutzverein Geld für andere Aufgaben.
Bei Hamburg, Lindhorster Heide, unterhält Klaus-Dieter Hannmann, mit Unterstützung von Tierschutzverein und Kommunalverwaltung, auf einem 5000 qm großen Grundstück einen Tierfriedhof (bisher 170 Hundegräber). Der Platz kostet 50,— DM plus 3,— DM Jahresmiete. Liegezeiten werden nicht festgelegt. Beerdigt werden kann im Karton, Korb oder Sarg, es gibt keine Vorschriften. Auch die Ausgestaltung des Grabes ist nicht genormt, ›solange sich die anderen Grabbesitzer nicht an gewissen Schmuckstücken stören‹, hat Herr Hannmann keine Einwände. In Bochum gräbt Tierarzt Dr. Müller auf Wunsch die toten Tiere auf eigenem Gelände ein, unterhält aber keinen

Tierfriedhof in Berlin. Grab Nummer 998. Warum soll man mit Hunden weniger Totenkult treiben als mit Menschen?

Friedhof mit Gräbern. In der Schweiz ist es wegen Grundwasserverschmutzung seit 1. Juli 1966 generell verboten, Hunde zu begraben. Es gibt in Nürensdorf, zwischen Zürich und Winterthur, ein Tierkrematorium, in dem seit der Eröffnung 1969 bisher 300 Einäscherungen vorgenommen wurden.
Zurück zu den lebenden Hunden, die von ihren Mamis und Papis vermenschlicht werden. Wobei hier die Humanisierung eine Ent-Hundlichung bedeutet, etwas Böses und Grausames, unter dem die Hunde leiden.

Verstand kontra Gefühl

Auch wenn es mir schwerfällt, hier und jetzt vom menschlichen Verstand zu sprechen, da es um die Unverständigkeit vieler Hundebesitzer geht, es muß sein. Der Hund hat, obwohl er keine Lyrik absondert oder sich gefühlsduselig benimmt, ein viel differenzierteres Gefühlsleben als die meisten Menschen. Das ist keine sentimentale Behauptung, sondern hat einen biologischen Grund. Gefühl entsteht im Zwischenhirn, das die Forscher das ›alte‹, ursprüngliche Gehirn nennen. Bei uns Menschen hat sich dann die Großhirnrinde stärker entwickelt und uns den Verstand, präziser vielleicht den Intellekt, gegeben. Doch vor lauter Intellekt vergessen wir zu oft unser Gefühl. Beide Hirne sind im Prinzip ähnlich gebaut. Wir nutzen nur unser Zwischenhirn, im Gegensatz zum Hund, immer weniger. Daher haben wir auch so wenig Einfühlungsvermögen, daher haben wir weitgehend die Psi-Kräfte (= zusammenfassende Bezeichnung für alle psychischen Fähigkeiten, die außernormalen Vorgängen und Wahrnehmungen zugrunde liegen) verloren. Daher behandeln wir ›unsere besten Freunde‹ so falsch, und deshalb, glaube ich, leiden auch die Hunde so darunter.
Merke: Wenn Sie sich einmal dabei ertappen, mit Ihrem Hund von sich als Mama oder Papa zu sprechen, wird es kritisch, auch wenn Sie sonst ein noch so guter Hundehalter sind. Lachen Sie nicht, auch mir ist das schon passiert!

Der Hund als Auto-Ersatz

Genauso unnatürlich wie die Affenliebe zum Hund ist seine Verfremdung zum Statussymbol. Wer sich kein großes Auto und nur wenig Pferdestärken leisten kann, kauft sich einen großen oder teuren Hund. Er verleiht Macht und Selbstvertrauen und ist ein lebendiger Ausdruck der modernen Lebensregel: Haste was, biste was! Deshalb geht der Trend auch immer mehr zum Rassehund, und bei den feinen Leuten muß es ein international preisgekröntes Tier oder zumindest dessen Abkömmling sein. Aus diesem Grund werden immer wieder Rassen zur Mode erklärt, und je ausgefallener der Hund ist, desto stärker ist sein gesellschaftlicher Pluswert.

Die Doggen des Fürsten Bismarck nannte der Volksmund ›Reichshunde‹. Bei einem Spaziergang im Park von Friedrichsruh wurde dieses Foto gemacht. Der Kanzler verließ sich auf die ›Menschenkenntnis‹ seiner Hunde.

Wie man sich mit Hunden populär macht

Seit rund 500 Jahren haben sich viele Große dieser Welt mit Hunden darstellen lassen. Da sitzen, stehen oder liegen sie neben ihren Herren als wilde Leibwächter, mutige Jagdgenossen oder spielerisches Symbol der Treue und Ergebenheit. Und sie helfen dem aufmerksamen Betrachter, ihren Herrn richtig zu sehen und zu deuten, denn mehr noch als intensive Quellenforschung kann das sorgfältige Porträtstudium historischer Persönlichkeiten den Kern ihres Wesens enthüllen. Man schaut und vertieft sich in ein von Meisterhand dargestelltes Gesicht und erkennt auf einmal, fern aller höfischen und geschichtlichen Attribute, den Menschen, der sich dazu noch zusammen mit einem Hund darstellen ließ, einem Wesen, das Rückschlüsse zu ziehen erlaubt. Da sind die Packerhunde und Doggen mit drohendem Gesichtsausdruck, die die Macht des von Tizian dargestellten Kaiser Karl V. unterstreichen und den Beinamen ›der Fromme‹ des von Cranach gemalten Heinrich Lügen strafen. Karl von Navarras Hund nagt an einem Knochen, genauso gierig wie sein ›der Böse‹ titulierte Herr auf die Ländereien der Champagne, Brie und Burgund war. Die schwächlichen blutarmen spanischen Habsburger hat Velasquez nicht nur als Kontrast mit gesunden, starken Hunden dargestellt, die Bourbonen des Goya wollten den Spiegel der Hunde nicht, nur Karl III. läßt sich durch eine Bracke zum leidenschaftlichen Jäger stempeln.

Die Großen von heute haben sich nach der Kinder-Küß-Phase, der Hitler und Stalin genauso huldigten wie Roosevelt und Churchill, Kennedy oder Adenauer, dem Hund zugewandt. Die Corgis der englischen Königin sind ein Begriff, Lyndon Johnson trat ins Fettnäpfchen der Tierfreunde, als er seine Beagles Hi und Her vor der Kamera an den Ohren hochzog, und Nixon rettete sich als zweiter Mann Eisenhowers durch eine rührselige Fernsehrede. (Man hatte ihm Anno 1952 vorgeworfen, früher politische Gelder für private Zwecke verbraucht zu haben.) Er erklärte dem Wahlvolk, er habe in seiner gesamten politischen Laufbahn nur ein einziges Geschenk angenommen: einen schwarzweißen Cockerspaniel, den sein dreijähriges Töchterchen Chequers getauft habe und der heute der Liebling der Familie Nixon sei.

Und so tauchen die Hunde der Politiker immer wieder in Zeitschriften auf, mögen es Kiesingers Dackel Waldi, Brandts ungarischer Hirtenhund Huszar, Scheels Rauhhaardackel Mücke oder die Langhaardackel Zwick und Zwack von F. J. Strauß sein. Beliebt sind auch Hunde im Show-Geschäft, kein Starlet, das nicht mit mindestens einem posiert. Brigitte Bardot macht Publicity mit 15 herrenlosen Hunden, die sie adoptiert hat, und Elizabeth Taylor ließ, um ihren Pekinesen die englische Quarantäne zu ersparen, die Yacht ›Beatriz of Bolivia‹ chartern und benutzte sie als Hundezwinger. Sie ankerte am Tower Pier, und die Tiere brauchten englischen Boden nicht zu betreten. Es kam zu einer Unterhausanfrage wegen vergeudeter Steuergelder, da Polizeibeamte überprüften, ob die Tiere wirklich auch an Bord blieben. Diese Taylorsche Tierliebe brachte ihr natürlich viel Presse für ›Caesar und Cleopatra‹ ein.

Schließlich verwendeten auch die Beatles Hunde für ihre Imagepflege: der Song *A Day in the Life* endet mit einem Ultraschallpfiff. Dazu Paul McCartney: ›Ich betrachte das als eine Botschaft für Martha (*so heißt seine Sheltie-Hündin*) und für alle anderen Hunde in der Welt. Ich wollte, daß sie alle etwas haben, das ihnen ganz allein gehört.‹ Häufiges Schicksal aller Prestige-Hunde: sie sind austauschbar wie andere Statussymbole auch.

Dazu noch ein Zitat, das von K. F. Finus, Präsident des ›Bundes gegen den Mißbrauch der Tiere‹, aus dem Jahre 1958 stammt: ›Der ernsthafte Tierschutz

Kanzler Willy Brandt im Zwiegespräch mit seinem ungarischen Hirtenhund ›Huszar‹.

hat mit jenem weinerlichen, sentimentalen und den Tieren abträglichen Getue, das unter der Flagge ›Tierliebe‹ immer wieder einige Verwirrung in der Öffentlichkeit anrichtet, nicht das geringste zu tun. Wir wollen und meinen Tierschutz, aber nicht Tierkult! Wo Tiere vermenschlicht werden und die Grenze zwischen Mensch und Tier naturwidrig gezogen wird, beginnt in Wahrheit bereits die Tierquälerei. Lassen wir die Tiere doch Tiere sein. Wir wollen nicht, daß im Wege einer Vermenschlichung des Tieres schließlich das Tier über den Menschen gestellt wird.‹

Schreckliches Beispiel aus der Praxis: 1933 wurde das fortschrittlichste Tierschutzgesetz der Welt in dem Land erlassen, in dem wenige Monate vorher die Verfassung außer Kraft gesetzt, die Menschenrechte mißachtet und wenig später die Judengesetze verabschiedet wurden. Bei uns in Deutschland.

Das Rezept, wie man nun Hunde halten soll, ist der Satz, den man nicht oft genug wiederholen kann: Versuchen, dem Hund in der Menschenwelt soviel Hundewelt zu lassen, wie es eben geht.

Wie diese Hundewelt aussieht, versuche ich Ihnen im nächsten Kapitel zu schildern.

Richard Nixon begrüßt seinen Setter ›King Tim‹.
Gerade der amerikanische Präsident weiß um die Wirkung von Hunden.

Wenn Dr. Zimen seine Wölfe zusammenholen will, dann braucht er nur zu heulen. Und alle kommen und vereinen ihre Stimmen zu einem Konzert, das an eine urweltliche Zauber-Zeremonie erinnert.

Was das heißt ein Hund zu sein?

Hunde sind gesprächige Wesen, man muß sie nur verstehen. Fast jede Bewegung der Ohren, jedes Wedeln, jede Mimik und Geste hat eine bestimmte Bedeutung. Das ist ihre Sprache, die keiner Worte bedarf. Wortsprache ist typisch menschlich, für die Mitteilung gefühlsmäßiger Zustände brauchen auch wir sie nicht: große Freude oder schweres Leid läßt uns sprachlos werden.

Um die Sprache der Hunde zu verstehen, müssen wir uns zuerst mit ihren Stammvätern, den Wölfen befassen. Besuchen wir einen, der seit fünf Jahren mit den Wölfen lebt.

Ein bärtiger Mann heult im Bayrischen Wald. Mit rundem Mund und in den Nacken geworfenem Kopf schickt er seinen langgezogenen Schrei in den Himmel. Er heult mit seinen Wölfen, um sie wieder zusammenzuholen. Denn dieser klagende Chorgesang bindet das Rudel, er gibt ihm einen sozialen Zusammenhalt, ähnlich unseren Männerchören oder dem ›Ein-Lied-drei-vier‹ der Marschierer.

Dieses Geheul, das wir so fürchten und das uns wie eine Todesdrohung erscheint (Aberglaube: ein heulender Hund kündigt einen Todesfall an), ist keine Drohung und auch keine Klage. Die Wölfe verständigen sich damit, es ist Kommunikationsmittel, das verirrte Wölfe zum Rudel zurückleitet; sie stimmen es auch oft an, um sich als Gruppe zu fühlen. So ein Heulkonzert, das zwischen 20 Sekunden und 2 Minuten dauern kann, macht den Eindruck

einer Rudelzeremonie. Die Stimmung ist freundlich, die Tiere sind stimuliert und ihre direkten Kontakte sind stärker als sonst. Man könnte fast von einer Gruppentherapie sprechen.
Der amerikanische Zoologe John B. Theberge hat die ›Sprache und Musik der Wölfe‹ auf einer Langspielplatte aufgenommen und vergleicht die außerordentlich harmonischen Strukturen der Wolfslaute mit der menschlichen Stimme.
Unser Mann mit Bart ist der in Berlin geborene Schwede Dr. Erik Zimen, der bei Waldhäuser im Bayrischen Nationalpark das Verhalten der Wölfe (und damit auch der Hunde) erforscht. Seine wichtigste Erkenntnis: Ein Wolfsrudel ist die differenzierteste und komplizierteste soziale Organisationsform im Tierreich. Das heißt, in diesem Zusammenleben ist nichts zufällig. Alles ist aufeinander für das Miteinander abgestimmt. Wer Großwild wie Elche, Hirsche, Rentiere oder Wildschafe zur Strecke bringen will, muß im Rudel jagen. Als Einzelgänger wäre der Wolf dazu ungeeignet. Rudelleben aber erfordert gegenseitige Verständigung, Organisation und Zucht.
So finden wir im Wolfsrudel eine sorgfältig abgestufte Rangordnung vom Rudelchef (das kann auch eine Wölfin sein) bis zum Prügelknaben, eine gemeinsame Kindererziehung, und biologisch bedingte Geburtenkontrolle. Nur der ranghöchste Wolf darf sich mit der ranghöchsten Wölfin paaren. Im Fachjargon der Verhaltensforscher nennt man sie Alpha-Tiere (*alpha* = erster Buchstabe im griechischen Alphabet). Folgerichtig heißt der zweite in der Hierarchie Beta-Wolf (*beta* = zweiter Buchstabe), er ist der Stellvertreter des Alpha-Wolfs und beaufsichtigt die Routine-Arbeiten im Rudel, zum Beispiel wenn im Frühjahr die Alpha-Wölfin Junge geworfen hat. Er ist in dieser Zeit auch eine Art stellvertretender Ehemann, aber nur für die Erziehung. Zeugen darf nur der Chef. Dadurch wird verhindert, daß es zu viele Wölfe gibt, die zuviel Wild fressen. Nachfolgende Wolfsgenerationen müßten dann hungern. So ist in den von Wölfen besiedelten Gegenden das Gleichgewicht zwischen Wölfen und Beutetieren aufs feinste geregelt. Es kommt zu keiner Überbevölkerung und damit zu keinem Futtermangel. In nördlichen Zonen, wo der Mensch dieses Gleichgewicht noch nicht gestört hat, erwies sich das Verhältnis 1 Wolf auf 30 Elche als arterhaltend für beide Tierarten.

Wölfe sind bessere Menschen

Würden wir in einen Tierkult verfallen, müßten wir die Wölfe für Menschen ohne Erbsünde halten. Sie machen alles so richtig. Der Alpha-Wolf überträgt bewußt einen Teil seiner Aufgaben auf den Beta-Wolf, um in der Überwindung kritischer Situationen nicht behindert zu sein und um einen erfahrenen Rudelführer nachzuziehen, falls ihm einmal etwas zustoßen sollte.

Es gibt regelrechtes Babysitting, bei dem rangniedrigere Wölfe auf die Jungen aufpassen, wenn die Alpha-Mutter mit auf Jagd geht. Verschiedene Generationen der gleichen Familie leben hier miteinander in einem System, das vor allem darauf abgestellt ist, das Rudel zu schützen. Man kommt leicht ins Vermenschlichen, betrachtet man so ein Wolfsrudel genauer, und man fragt sich, waren unsere Vorfahren auch so gut organisiert, als sie noch in Gruppen und Großfamilien um das Überleben unter wechselnden Umweltsbedingungen kämpften? Lebten sie innerhalb ihrer Familie so friedlich miteinander wie diese ›reißenden Raubtiere‹?

Wer so gut organisiert zusammenlebt wie die Wölfe, muß über deutliche und unterschiedliche Verständigungsmittel verfügen. Da Wildtiere leise sein müssen, sind es vor allem eine Vielzahl von optischen Signalen: Haltungen und Bewegungen einzelner Körperteile, besonders von Schwanz und Ohren, eine deutlich ausgeprägte Gesichtsmimik und die Möglichkeit, einzelne Haarpartien aufzustellen und flachzulegen. So können feinste Regungen und Stimmungen mitgeteilt werden. Sie alle gehören zu einem genau festgelegten Zeremoniell, zu streng beachteten Umgangsformen, durch die sich oft die Rangordnung entscheidet. Wie Erik Zimen sagt: ›Einem Wolf sieht man an, was er meint.‹

Wir müssen also vom Verhalten der Wölfe einiges auf unseren Hund übertragen, denn vieles von dem, was er tut und wie er sich ausdrückt, stammt aus seiner Wolfszeit. Bei der Domestikation, die nur allmählich vor sich ging, hat der Hund eine Menge Wolfsverhalten aufgegeben und eine Menge Menschenverhalten dazugelernt. Manche glauben sogar, daß das Hundegebell eine Nachahmung unserer Sprache sei. Sicher ist es ein verhältnismäßig spät erlerntes Ausdrucksmittel, denn Wölfe und Wildhunde bellen nicht.

Leider muß man sagen, daß der Hund in diesem Zusammenleben mehr gelernt hat als der Mensch, denn der versteht ihn meistens immer noch nicht. Doch das soll nun anders werden.

Wenn wir unseren Hund verstehen wollen, dann müssen wir uns zunächst einmal klar werden, daß er in einer ganz anderen Welt als wir lebt. Obwohl er neben uns und mit uns lebt, ist er im Wichtigsten, im Wahrnehmen und Erkennen dieser Welt, von uns so weit entfernt wie der Bewohner eines fremden Sterns.

Der Hund ›sieht‹ die Welt durch die Nase

Der größte Unterschied zwischen uns und unserem Hausgenossen, den wir nur allzugern als einen Bruder mit Fell und Krallen oder gar als eine Art besseren Menschen sehen, ist die Wahrnehmung der Umwelt. Während wir unser Erleben hauptsächlich durch optische und haptische (= Tastsinn und

Gefühl) Eindrücke formen – wir sehen klar, wenn wir etwas erfaßt und begriffen haben –, geschieht dies beim Hund fast ausschließlich durch Gerüche. Er lebt in einer Geruchswelt, er ›sieht‹ diese Welt sozusagen durch seine Nasenlöcher.

Das ist für uns schwer vorstellbar, weil uns der Sinn dafür fehlt. Es ist auch schwer zu beschreiben, da unsere Sprache – Ausdrucksmittel geruchsunterentwickelter Lebewesen – keine Worte dafür hat. Deshalb haben wir auf Seite 54/55 versucht, ein Stückchen Hundewelt ins Optische zu übersetzen, Gerüche so darzustellen, wie der Hund sie vielleicht erlebt. Auch das bleibt ein Versuch, denn die Hundenase ist viel feiner als unser Auge. Es ist so, als würden wir die Welt durch eine Art Fernrohr-Mikroskop betrachten, bei dem wir erkennen können, aus welchen Grundstoffen sich die Dinge zusammensetzen. Wir könnten auf einem Bild alle verwendeten Farben erkennen, beim Papier die Faserstruktur und bei den Pflanzen die einzelnen Zellen. Gleichzeitig sähen wir Wiese und Wald. Das heißt, wir könnten winzige Einzelheiten und das Ganze gleichzeitig wahrnehmen.

So erlebt der Hund seine Welt in einer Vielzahl von Riechbildern: Für ihn blüht und wuchert eine graue Straße in einem bunten Konglomerat von leuchtenden Duftlinien, Wellen, Wolken, Schlieren, Schleiern und Strömungen. Aus der Einkaufstasche einer Frau fallen bunte Bälle von Hackfleisch-Rindsknochen-Leberwurst-Ruch, ihre Fußstapfen sind wabernde Wolken von

Gespannte Aufmerksamkeit und ganz Nase ist dieser Schäferhund auf einer heißen Spur.

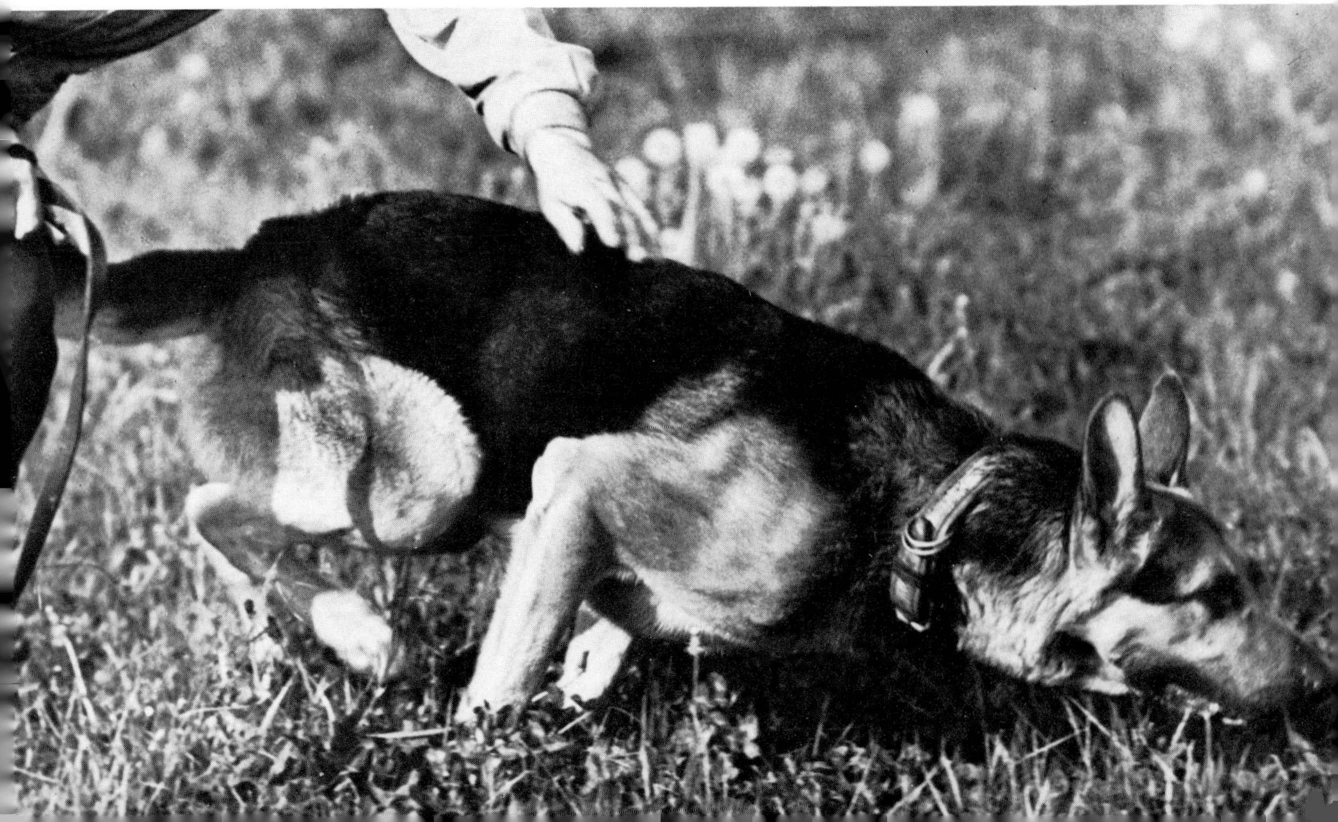

Buttersäure, ein Laternenpfahl sendet eine Unmenge farbiger Nachrichten aus, Spuren und Witterungen kreuzen sich kunterbunt, hier sind die Tupfen horniger Spatzenkrallen, dort die flachen Platten einer alten Hundespur und vom Fahrdamm her wälzt sich der bleierne, schwarze, eklige Autodunst, der jeden normalen Hund zu Reiz- und zu Warnnießen veranlaßt. (*Warn-Nießen:* kurzes scharfes Nießen mit einem Kopfschüttler verbunden. Wird von Wildhunden, manchmal auch von Haushunden benutzt, um etwas Fremdes, Gefährliches anzuzeigen. Das Tier nießt sich den bösen Reiz aus der Nase und zeigt gleichzeitig den Meutegefährten an, woher er kommt.)

So bizarr mag unserem Hund eine Großstadtstraße vorkommen. Versuchen wir aber noch einen Vergleich: Ein Mensch mit Kunstsinn steht in der Münchner Pinakothek vor Altdorfers ›Alexanderschlacht‹ und kann sich an den unzähligen Figuren, Farbabstufungen, der Komposition und dem Aufbau des Gemäldes richtig glücklich sehen. Dem Hund bedeutet das Bild nichts als eine Sammlung uninteressanter, alter Mineralgerüche. Dagegen ist ein Metzgerladen für ihn eine Explosion von unzähligen Düften, eine Art poppsychedelisches Feuerwerk. Er kann nicht nur einzelne Fleischsorten unterscheiden, sondern auch ihr Alter, ihre Würzung (Salz ist für uns geruchlos, der Hund riecht es noch in einer Verdünnung von 1 zu 10000) und Fremdstoffbehandlung bestimmen. Ein Hund kann die Östrogenspritze beim Kalb noch im Schnitzel riechen. Noch ein Beispiel: Wenn wir, poetisch gestimmt, über Land wandern, dann begeistert uns das flammende Braunrot eines Laubgehölzes, die bizarren Äste eines Baumes, die sich gegen den seidenblauen Himmel recken und anderes, was Stifter besser beschreibt als ich. Für den Hund ist der Maulwurfshaufen, über den wir achtlos stolpern, wichtig. Er ist ein kleiner Vulkan an Aromas, Düften, Gerüchen (schon fehlen uns die Worte), dessen Geruchs-Eruptionen ihn in Erregung versetzen. Eine Wagen- oder Treckerspur ist ein Komplex von Erdruch, zerquetschten Grashalmen, Gummimolekülen, in dem die Duftspur einer Wühlmaus sich mit der eines Laufkäfers zu einem bunten Spektrum mischt. Dieses Duftbild kann er in seine Bestandteile zerlegen, und dank eines umfassenden Geruchsgedächtnisses, um das ihn der Koch Klever ebenso beneidet, wie jeder Teeprüfer oder gar Parfümeur, der immerhin einige tausend Geruchsabstufungen unterscheiden können muß. Wenn Sherlock Holmes sagt, daß ein guter Detektiv imstande sein muß, 75 verschiedene Gerüche zu unterscheiden, dann ist er ein Waisenknabe gegenüber den Japanern, die ein Gesellschaftsspiel praktizieren, bei dem es gilt, 200 Standardgerüche zu erschnüffeln. Ein geübter Weinkoster kommt auf etwa 400 Wohlgerüche, ein Parfümeur sogar auf 30000. Ein Hund aber kennt soviel Düfte, wie es Menschen, Hunde, Katzen, Kaninchen und andere Lebewesen auf der Welt gibt. Für ihn riechen keine zwei Menschen gleich, nicht einmal eineiige Zwillinge.

Stellen Sie sich einmal vor: Hundert Personen in Schuhen oder Gummistiefeln marschieren eine Straße entlang. Einen Tag später kann ein Spürhund eine von diesen Spuren genau verfolgen. Ein minimaler Bruchteil der Fettsäuren unseres Fußgeruchs dringt durch die Schuhsohlen. Das ist etwa ein Tausendstel. Wenn wir nun laufen und unsere Füße berühren jeweils eine Viertelsekunde lang den Boden, dann sind die auf der Straße haftenbleibenden Fettsäuremoleküle eine Million mal mehr, als der Hund braucht, um sie riechen zu können. Außerdem kann er dabei das Alter und die Richtung der Spur erkennen. Wissenschaftler nehmen an, daß er mit seiner Nase die Richtung feststellt, in der sich die Moleküle bewegen.
Ein vielzitiertes, recht abstraktes Beispiel ist die Sache mit dem einen Gramm Buttersäure, die in unserem Schweiß vorkommt: Wenn wir in einem zehnstöckigen Bürohaus in allen Räumen gleichmäßig 1 Gramm Buttersäure verduften lassen, dann können wir den Geruch gerade noch wahrnehmen. Bauen wir nun über die Stadt Hamburg eine Glasglocke von 100 Meter Höhe und lassen wir in diesem Raum das Gramm Buttersäure verduften, dann kann es der Hund noch immer riechen. Das bedeutet, daß ein Hund etwa eine Million mal besser riechen kann als der Mensch, obwohl die Zahl der Geruchssinneszellen bei weitem nicht um so viel größer ist. Schauen wir uns einmal die Menschen- und die Hundenase an.

Gesichtserker kontra Nasenspiegel

›Warum hast du eine so große Nase?‹ fragt im Märchen Rotkäppchen den als Großmutter verkleideten Wolf und seine Antwort lautet: ›Damit ich dich besser riechen kann.‹
In Wirklichkeit aber haben wir Menschen die größeren, in die Gegend ragenden Nasen. Dieser Vorbau ist eigentlich nur eine Attrappe, ein Vorwärmer für die kalte Luft und ein Brutkasten für Schnupfen, weniger aber ein Riechorgan. Ganz tief innen in diesem Kaminsystem haben wir ganze 5 Quadratzentimeter Riechfläche mit 5 Millionen Sinneszellen darauf. Plastisch ausgedrückt: Die Fläche ist so groß wie die Vorderseite der Schieblade einer Streichholzschachtel. Die Hundenase hat eine meist schwarze, stets feuchte und sich leise bewegende Kuppe, die stark gefurcht ist und wie eine Riesenbeere aussieht. Die Verhaltensforscher nennen sie den ›Nasenspiegel‹, weil sie gleichzeitig eine optische Funktion hat. Wenn sich zwei Hunde begegnen, die sich noch nicht kennen, so gehen sie mit vorgestreckter Schnauze aufeinander zu und versuchen so Witterung vom anderen zu nehmen. Sie stoßen mit der Nase fast zusammen und beschnuppern sich von Nase zu Nase. Das ist eine Art Austausch der Visitenkarte, denn Hunde, die sich kennen, machen das nicht. Bei dieser Haltung ist jeder vor einem Überraschungsangriff des

Wer die Hundesprache versteht, der weiß, daß dieser beinhebende Dackel selbstbewußt ›markiert‹: Hoppla, hier war ich!

Gummi, Öl und Straßendreck: Hier ist ein Auto gefahren. Stinkt!

Blei, Ruß und Kohlendioxyd – Abgase, die sehr giftig riechen

Spur von Boxer. Feind! War noch vor kurzem hier. Hat markiert

Duftmarken vom Boxer, mir, dem alten Mops und der Pudeline

So sieht der Hund die Welt durch die Nase: Wenn wir den Geruchsinn des Hundes hätten und diese Gerüche sehen könnten, dann wäre eine Straße für uns noch viel bunter als dieses Bild. Zusammen mit Grafikern und Bildredakteuren des STERN hat der Autor erstmals auf der Welt die Geruchswelt des Hundes dargestellt, die hier der Übersichtlichkeit wegen stark vereinfacht wurde.

Dreimal Mensch: fremder Mann, Nachbarskind; Frau – ganz frisch!

Hackfleisch, Rinderknochen, Leberwurst. Riecht gut! Spüre Hunger!

Katze kreuzt Boxerspur. Ist schon lange her. Uninteressant

Pudelines Spur. Noch ganz frisch. Läufig! Muß sofort hinterher!

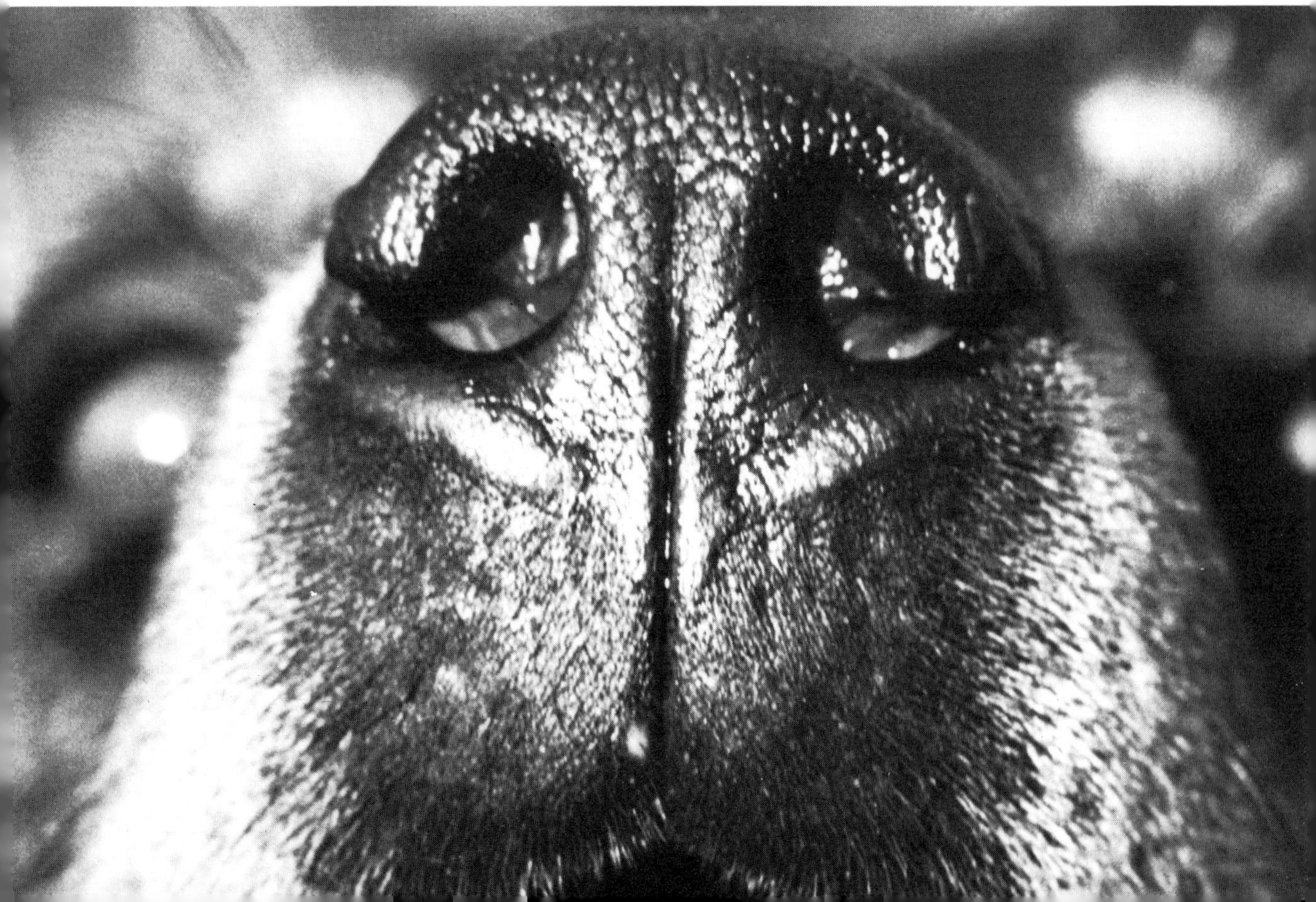

anderen sicher, gleichzeitig stellen beide fest, ob ›sie sich riechen können‹. Erst aus dieser Kontrolle entwickelt sich das freundliche oder feindliche Verhalten. Wenn Hunde sich so begrüßen, dann ist ihr Verhalten normal und nicht gestört. Keine Angst: Es sieht manchmal viel gefährlicher aus, als es ist, wenn sie so mit langem Hals aufeinander zugehen. Der ›Nasenspiegel‹ der Hunde-Individuen ist untereinander so verschieden, daß man mit seiner Hilfe ein Identifiziersystem wie mit unseren Fingerabdrücken aufbauen könnte. Nasenkontakt gehört auch zu den Liebesvorspielen. Alte Damen sind darüber ganz entzückt und sagen: ›Jetzt geben sich die Tiere ein Küßchen!‹
Wer viel in einer Großstadt mit Hunden spazierengeht, kann beobachten, daß es eine ganze Gruppe gibt – im Münchner Englischen Garten sind es vorwiegend Dackel und Kleinpudel – die einem Nasen-Kontakt aus dem Weg gehen. Das sind fast immer Hunde, die schon eine Menge unerfreulicher Hundebegegnungen hinter sich haben, ängstlich oder kontaktarm sind. Sie wollen einfach keine neuen Hunde kennenlernen. Denn wenn man sich einmal kennt, dann ist man nach den Hundegesetzen auch verpflichtet, sich beim nächsten Mal anzuwedeln oder anzuknurren und sich genauer zu beschnuppern. Der Nasenkontakt ist nur das allererste Kennenlernen.
Hinter diesem Nasenspiegel liegt das erstaunliche Geruchs-Wahrnehmungs-Bestimmungs-und-Registrier-Labor. So hat ein deutscher Schäferhund eine Riechfläche von 150 Quadratzentimetern. Auf unseren Streichholzschachtelvergleich gebracht: so groß wie neun Streichholzetiketten nebeneinander gelegt. Außerdem ist die Riechschleimhaut eines Hundes etwa 20mal so dick wie unsere. Darin sind bei einem Dackel etwa 125 Millionen Riechzellen eingebettet, bei einem Foxterrier 147, bei einem deutschen Schäferhund 220 und bei einem Bloodhound oder Basset etwa 300 Millionen. Beobachten Sie mal einen Hund, wie er einem Staubsauger gleich mit seiner Nase über den Boden fährt, an Spuren klebt, sie millimetergenau ausschnüffelt und plötzlich Luftwitterung nimmt, weil 150 Meter weiter eine seiner Freundinnen aufkreuzt.
Ich möchte hier meine persönlichen Erlebnisse mit einem solchen Nasentier einfügen, denn ich habe auf meinen Spaziergängen mit dem Basset Henry mehr über den Geruchsinn gelernt als in zehn Semestern Zoologie.

Die zweitbeste Schnüffelnase der Welt

Für Henry existiert eine Hündin kaum als Wesen, hauptsächlich aber als Spur. Er abstrahiert alle Dinge und führt sie auf den Geruch zurück. Er liest auf allen Spaziergängen in der spannenden Zeitung der Parkwege und Straßen, mit ihren Schlagzeilen an Bäumen, Laternenpfählen und Hausecken. Und er weiß, wann wer da war, wann er kratzen muß und wann nur das

Das wirkliche ›Auge‹ des Hundes ist seine Nase. An der Struktur des ›Nasenspiegel‹ erkennt man, ob ein Hund gut riechen kann: Oben ein Rauhhaardackel mit normaler, unten ein Bassethound mit hervorragender Riechleistung.

Bein hochheben. Ob und wie man das macht, ist außerordentlich kompliziert. Da wird nach rechts gerochen und noch mal von links, dann wird sich gedreht und gegen die Richtung, in der man selbst geht, gepinkelt. Und manchmal, wenn ich glaube, heute wird es ganz kompliziert, wenn er schnüffelt und bläst, sich dreht und einen Ansatz macht, geht er auf einmal weiter, ohne sich eingetragen zu haben. Wir werden später noch auf dieses ›Markieren‹ eingehen, wissenschaftlich untersucht wurde es noch nicht. Hier müßten interessierte und gut beobachtende Hundebesitzer ihre Erfahrungen zusammentragen. Vielleicht schreiben Sie mir mal und ich berücksichtige auch Ihre Erfahrungen in einer späteren Auflage dieses Buches. Ich selbst weiß nur, daß er die zeitliche Folge der Geruchspartikel und ihre Überlagerungen von gestern und vorgestern datieren kann. Vielleicht stellt er an einer solchen Stelle fest, daß doch sein Markiergeruch der stärkste ist, und daß es sich an diesem Punkt nicht lohnt, seinen kostbaren Harn zu vergeuden.
Am meisten staunen muß ich, wenn Henry Luftwitterung nimmt: Er steckt den Nasenspiegel in den Wind, läßt die Ohren wehen und prüft. Im Englischen Garten wissen wir dann, daß der Monopterus-Hase hundert Meter weiter an einer Löwenzahn-Kolonie mümmelt, bei uns draußen auf dem Land heißt es ihn sofort anzuleinen, denn bestimmt steht Rita, das Reh, im nächsten Klee, und wir wollen doch nicht alle Jäger der Umgebung alarmieren. Bassets geben auf frischer Spur sofort Laut (das Geläute der alten Meute), und das hört man weit.
Bei uns draußen, das ist ein Bauernhof in der Nähe von Traunstein, erlebte ich das erstaunlichste Beispiel: Ich trug bei mittlerem Föhn quer über den Hof stinkig gewordenes Fleisch zur Mistgrube. Freund Henry lag auf der anderen Seite des Hauses und sonnte sich. Als er zehn Minuten später auf den Hof kam, nahm er Hochwitterung und folgte meinem Weg genau bis dahin, wo das Fleisch lag. Er hatte nicht meine Spur verfolgt, sondern die Moleküle der Buttersäure und Fäulnis-Stoffe, die noch in der Luft schwebten.
In München einmal kamen wir an unserer Tiefgarage vorbei, justament als ein Wagen herauskam und wegfuhr. Henry zerrte, bockte, schnüffelte in der Luft und war nicht wegzubekommen. Hinterher erfuhren wir, daß in diesem Auto die ein bißchen läufige Hündin von Hundebekannten saß. Sie war durch das Haus in die Garage gegangen und dort in den Wagen gestiegen. Das Auto war dicht verschlossen und spuckte eine ganze Menge Abgase, als es die steile Garagenauffahrt heraufkam und oben stand, ehe es sich in den Verkehr einfädeln konnte. Als wir mit unserem Hund an der Garage vorbeikamen, war auch die Rolltür wieder geschlossen. Trotzdem hatte er das Riechbild der Hundedame gesehen. Das ist so, als könnten wir durch dicke Mauern hindurch beobachten, wenn sich ein schönes Mädchen auszieht. Eine Vorstellung wie aus einem Porno-Science-Fiction. Anmerkung für Besitzer

läufiger Hündinnen: Eine Hündin während der Hitze frei laufen zu lassen, ist eine Rücksichtslosigkeit gegen alle Rüden-Besitzer. Sie müssen nämlich mit einem an der Leine zerrenden Hund alle Kurven und Ecken dieser Spur auslaufen.

Ich glaube, diese Beobachtungen von mir haben Ihnen mehr gesagt, als weitere abstrakte Beispiele. Wir wissen, daß der Hund die Geruchsbilder im Computer seines Riechhirns (ein Teil, der bei uns nur schwach ausgebildet ist) speichert und sie bei Bedarf wieder anwendet. So ist der Geruch eines einzelnen für ihn ein erkennbarer Komplex. Das geht so weit, daß er Schwierigkeiten hat, die Spuren eineiiger Zwillinge auseinanderzuhalten. Erst wenn er beide vor sich hat, kann er den Richtigen herausfinden.

Beobachten Sie Ihren Hund, wenn er schläft. Sie werden bemerken, daß er auch mit der Nase träumt. Verhaltensforscher Eberhard Trumler meint, daß während des Schlafes die Ohren und die Nase Meldungen an das Hirn weitergeben. Der Computer verarbeitet und registriert sie im Unterbewußtsein. Deshalb weiß der Hund beim Erwachen sofort, was los ist und wie sein Herrchen (im Rudel sein Nachbar) gelaunt ist. Das ist für das gegenseitige Wohlverhalten im Rudel wichtig. Einem grantigen Kollegen geht man am besten aus dem Weg. Hunde können unseren Ärger riechen (höhere Adrenalin-Ausschüttung im Blut), genauso unsere Nervosität oder Angst.

Kennenlernen auf der Toilette: zwei Hunde beim ›Nasen-Kontakt‹. Das Gartenamt Tiergarten in Berlin hat ein Hundeklo eingerichtet, um die von manchen Vierbeiner-Herrchen bevorzugten Kinderspielplätze sauberzuhalten.

Ein Geruchsphänomen ist auch das Ahnen eines bevorstehenden Sterbefalls. Die Übersinnlichen nennen es ›Hellwittern‹, und Axel Munthe hat es im Bestseller unserer Eltern ›Buch von San Michele‹ so beschrieben: *›Es ist merkwürdig und sehr rührend, einen Hund zu beobachten, wenn sein Herr krank ist. Von seinem unfehlbaren Instinkt gewarnt, fürchtet der Hund Krankheit, fürchtet den Tod. Auch wenn ein Hund jahrelang gewohnt war, auf dem Bett seines Herrn zu schlafen, wird er es nur ungern tun, sobald sein Herr krank ist. Sollte er es ausnahmsweise aber doch tun, wird er seinen Herrn verlassen, wenn der Tod naht, und sich jämmerlich winselnd in einer Ecke verstecken . . . Was weiß er vom Tode? Mindestens soviel wie wir, vermutlich mehr.‹* Damit hat Munthe recht. Der ›sechste Sinn‹ des Hundes ist auch hier der Geruchssinn. Er wird sicher die chemischen Veränderungen im Körper seines Herrn riechen, die dem Tod vorausgehen. Frage: Ist das nicht genauso wunderbar, als wenn er hellsichtig wäre?

Zwischenbemerkung über den Schlaf

Schlaf ist für Hunde wichtiger als Nahrung. Als man versuchsweise Hunde durch akustische Reize vom Schlafen abhielt, wurden ihre Lebensfunktionen in kurzer Zeit gründlich gestört. Schäden durch Übermüdung führen schnell zum Tode. Hunde können viele Tage ohne Futter und ohne Wasser aushalten, ohne Schlaf müssen sie in wenigen Tagen sterben. Lassen Sie Ihren Hund also pennen, soviel er will, er ist von Natur aus ein Tagdöser. Das heißt, er schläft innerhalb von Sekunden ganz tief ein, ist aber auch wieder im Bruchteil einer Sekunde ganz hellwach. Das hat er von seinem Stammvater, dem Wolf, der bei Annäherung einer Gefahr sofort da sein mußte. Diese Schlafpraxis verlangt aber auch mehr Zeit, deshalb sorgen Sie sich nicht, wenn ein Hund 20 von 24 Stunden verdöst. Das ist gesund so.
Haben wir ihn durch eine Reise aus seiner gewohnten Umgebung gerissen, muß er den Schlaf nachholen. Er wird anschließend mehr als sonst schlafen. Und träumen. In den Träumen erlebt er seinen Tag noch einmal, und zwar sehr intensiv und stark.

Müssen wir Minderwertigkeitskomplexe haben?

Wir sind dem Hund nur optisch überlegen. Unser Geruchssinn ist im Vergleich zu seinem geradezu verkümmert, unser Gehör schlecht. Hunde hören viel besser als wir, haben aber oft Schwierigkeiten, das Geräusch gleich zu orten. Das passiert, wenn wir mit ihm spazierengehen und ihn rufen oder ihm pfeifen (die Hunde-Pfeife, auch Galton- oder stumme Pfeife genannt, hat eine Tonhöhe, die die Aufnahmefähigkeit des menschlichen Ohrs über-

Schnauzenstoß bei der Mutter. Aus dieser Urgeste hat sich das Herrchen-quer-durchs-Gesicht-Lecken oder das Hände-Lecken entwickelt.

steigt, vom Hund – manchmal auch von kleinen Kindern – aber noch gehört wird). Wir sollten ihm dann gleichzeitig winken, denn ein Hundeauge nimmt Bewegtes besser wahr als Unbewegliches. Überraschend ist die Hörfähigkeit des Hundes, wenn Herrchen abends nach Hause kommt: Er kann den Motor des Autos von anderen Motoren unterscheiden und seinen Schritt zwischen vielen anderen erkennen. Er kann die Ohren spitzen, um mehr Schallwellen zu empfangen, und er hat siebzehn verschiedene Muskeln, um diese Ohren zu bewegen. Er kann sein inneres Ohr so einstellen, daß es Töne ausschließt. Das heißt, er kann technisch weghören – also auswählen, was er hören will. Das merken wir, wenn er sich nicht um unsere Befehle kümmert, aber gleichzeitig auf einen ihn reizenden Flüsterlaut reagiert.

Trotzdem sind wir, was unsere Sinne betrifft, keine Mängelwesen. Denn gerade das Nicht-Spezialisiertsein hat dem Menschen (als Säugetier gesehen) seine weltweite Verbreitung ermöglicht. Lorenz vergleicht uns mit den anderen Säugern: ›Stellt man etwa die drei Aufgaben, 35 Kilometer an einem Tag zu marschieren, 5 Meter an einem Hanfseil emporzuklimmen und 15 Meter weit und 4 Meter tief unter Wasser zu schwimmen und dabei zielgerichtet eine Anzahl von Gegenständen vom Grunde emporzuholen, lauter Leistungen, die auch ein höchst unsportlicher Schreibtischmensch, zum Beispiel ich, ohne weiteres zustande bringt, so findet sich kein einziger Säuger, der ihm das nachmacht.‹ Da wir also in unserer Säuger-Ehre nicht gekränkt zu sein brauchen, kann ich Ihnen ruhig zumuten, zu erkennen, wie wir für Nasentiere die Luft verpesten. Wir Menschen merken untereinander erst auf Tuchfühlung, ob wir uns riechen können. Bei manchen Hippies oder parfümierten Damen genügen uns zwei bis drei Meter. Für einen Hund aber sind wir auch frischgewaschen mit einer Geruchsaura umgeben, die er kennt und mag oder ablehnt. In der Natur verscheucht der menschliche Geruch das Wild über größere Entfernungen. Das weiß jeder Jäger. Doch die wenigsten von uns machen sich klar, daß sich unser Körpergeruch bei einem Waldspaziergang oder einem Wiesenpicknick wie eine angsterregende Wolke über die Landschaft verbreitet und Hunderte von Tieren veranlaßt, davonzulaufen oder sich in ihren Höhlen zu verkriechen. Der Texaner Naturforscher Roy Bedichek, der über den Geruchssinn arbeitete, empfand es als peinlich, daß sein ›Körper die Luft in so ungeheuerlichem Maße verunreinigte. Es schien etwas unmoralisch daran zu sein.‹

Schlußfolgerungen für die Praxis

Ich habe Ihnen so ausführlich vom Geruchssinn des Hundes erzählt, weil man ihn einfach sonst nicht verstehen kann.

Hunde prägen ihr Erleben aus Gerüchen. Das ist um so erregender, erfreulicher und anregender, wenn es neue Gerüche sind. Deshalb ist Spazierengehen so wichtig, nicht nur wegen der Bewegung. Es genügt nicht, wenn der Hund in seinem Garten herumläuft, auch wenn er sich dabei genug Bewegung verschafft. Denn was gibt es in einem solchen Garten an Gerüchen schon Aufregendes? Ein Hund, der sein Leben in einer Wohnung oder einem Garten verbringt, deren Gerüche er auswendig weiß und die die ihm zum Halse heraushängen wie uns die dritte Millowitsch-Wiederholung oder die Zeitung von vorgestern, bleibt dumm, uninteressiert oder wird frustriert. Ein Hund dagegen, der auf Spaziergängen schnüffeln darf, bildet sich — menschlich gesprochen — einen immer weiteren Geruchshorizont. Er liest sozusagen mehrere Zeitungen und sieht alle Fernsehprogramme. Deshalb müssen wir den Hund schnüffeln lassen, wir dürfen ihn nicht von einer Hausecke wegreißen, weil wir den Gegenstand, an dem er schnuppert, für eklig empfinden, oder weil wir Angst vor dem Gekeife der dort wohnenden Hausmeisterin haben. Wir würden ein Erlebnis abrupt abbrechen und dürfen uns nicht wundern, wenn uns der Hund nicht folgen will. Mir tun jene überdressierten Hunde leid, die neben ihrem Herrn daherschleichen, nirgendwo stehenbleiben und nur im Vorbeigehen das Bein heben dürfen. Mir tun aber auch die überzüchteten Rassen leid, die kaum noch riechen können, weil man ihnen durch einen besonders verwinkelten Nasengang oder für ein besonders hübsches Fell den Geruchssinn weggezüchtet hat. Diese Hunde haben so wenig vom Leben wie ein fast Blinder von einer Kunstausstellung. Vielleicht aber ist das auch der Ausgleich der Natur für ein vermenschlichtes, unhündisches Leben: Sie merken gar nicht, wie sehr sie ihrer Natur entfernt wurden. Wir können behaupten, je mehr ein Hund schnüffelt, je mehr er mit anderen Hunden zusammenkommt, desto glücklicher ist er.

Hunde sind gesellige Wesen

Von den Sinnen her ist der Hund ein Nasentier, das haben wir gelernt. Verübeln Sie es ihm deshalb auch nicht, wenn er Sie beschnüffelt, und zwar am meisten an sogenannten heiklen Stellen. Da riecht es für ihn am interessantesten, mögen Sie auch noch so gut gewaschen sein. Und ein Hund, der einer Dame den Kopf unter den Rock steckt, ist so wenig pervers wie die Dame selbst. Er benimmt sich nur natürlich. Denn unter Hunden begrüßt man sich, wenn man sich bereits näher kennt, indem man sich hinten beriecht. Das ist ganz natürlich so, denn dort liegen die Drüsen, die der Nase des Hundes über den Besitzer Auskunft geben. Deshalb nennen wir diese Zone ›Analgesicht‹ und je selbstsicherer ein Hund ist, desto offener zeigt und präsentiert er es.

Es darf aber nicht jeder ohne weiteres daran schnüffeln. Die ›Anal-Kontrolle‹ ist ein soziales Vorrecht, das ranghohen Rüden zusteht. Sie sind es auch, die ihr Analgesicht so offen herzeigen. Der Hund ist nach seiner Herkunft ein Sozialwesen. Das heißt, er ist auf Partnerschaft und Gemeinschaft ausgerichtet. Da er nicht mehr im Rudel lebt, sind wir seine Rudelgenossen und Partner. Die anderen Hunde können Partner und Rudelgenossen auf Zeit werden. Deshalb ist jede Hundebegegnung zugleich eine soziale Einstufung. Meist merken wir nichts davon, wenn wir nicht gut beobachten und die Verhaltensweisen kennen. Wir werden nur bei einer Beißerei darauf aufmerksam.

Treffen zwei Hunde zusammen, dann stellen sie sich nach der Nasenkontrolle Rücken an Rücken und beschnuppern sich hinten sehr sorgfältig. So, als wolle man sich den Individualgeruch des anderen ganz genau einprägen.

Dabei kommt es darauf an, wie sich die beiden Hunde selbst einschätzen. Ein Beispiel: Mein Basset Henry ist äußerst selbstsicher. Außerdem trägt er von Natur aus seine Säbelrute über dem Rücken und zeigt aller Welt frei und offen sein Analgesicht. Da er ein sehr kräftiger und starker Hund ist, fühlt er sich Schäferhunden, Boxern und anderen Hunden dieser Klasse sozial nicht unterlegen. Diese wollen das aber nicht immer anerkennen, weil Henry auf niedrigen Beinen steht. So entwickelt sich dann aus der Analkontrolle manchmal ein Rangkampf: Das Wedeln wird eingestellt, die Nacken-, Rücken- und Schwanzwurzelhaare sträuben sich, und die Hunde beginnen sich langsam im Kreis zu drehen. Wenn dann keiner von beiden den Schwanz senkt, um sein Analgesicht zu bedecken und damit zu sagen: Du bist der Größere! kann es leicht zu einer Rauferei kommen. Wenn sich Hunde so beschnüffeln, dann reißen Sie Ihren nicht weg, weil sich das nicht gehört. Ich kann hier nur Eberhard Trumler zu Wort kommen lassen, der böse sagt: ›Wer so wenig Verständnis für die Welt des Hundes aufzubringen vermag, dem sollte das Hundehalten polizeilich verboten werden!‹

Wir sollten unserem Hund den Kontakt mit anderen Hunden lassen. Er braucht das. Wenn Sie ihn ständig absentieren, entwickelt er in sich einen Kaspar-Hauser-Komplex, er verkümmert oder wird neurotisch. Kleine Hunde, die man ständig auf den Arm nimmt, wenn andere kommen, werden später mit Sicherheit gebissen. Sie entwickeln entweder ein Überlegenheitsgefühl, das sie sozial falsch einstuft, oder aber sie werden schreckliche Feiglinge, die schon durchdrehen, wenn ein anderer Hund sie nur beschnuppert. Diese Hunde haben keine Gelegenheit, sich mit dem Hundezeremoniell vertraut zu machen, und sie schauen – vom Arm des Frauchens aus – in des Wortes wahrster Bedeutung auf andere Hunde hinunter. Dadurch fühlen sie sich überlegen, und wenn sie eines Tages an einen geraten, der sich ihre Unverschämtheiten nicht gefallen läßt, dann wissen sie auch nicht, wie ein Rangniedriger sich zu benehmen hat. Es kommt noch hinzu, daß diese verhätschelten Hunde Chefs und Alphatiere in ihrer Menschenmeute sind und gar nicht wissen, daß man sich auch einmal unterordnen muß. Seien Sie bei einer Begegnung nicht ängstlich: Junge Hunde kann man ohne Gefahr Kontakt nehmen lassen, sie haben von keinem Hund etwas zu befürchten. Sind sich zwei Hunde nicht grün (ein Rüde beißt nie eine Hündin, auch wenn diese noch so bissig zu ihm ist, während Hündinnen miteinander gefährlich raufen können), dann soll man versuchen, sie so auseinanderzubringen, daß jeder sein Gesicht wahren kann. Leinen Sie Ihren Hund nicht an, solange er noch mit dem anderen Kontakt hat. Dadurch kann es zur Beißerei kommen, denn an der Leine fühlt sich jeder Hund doppelt so stark, sozusagen als verlängerter Arm seines Herrn. Es gibt Hunde-Individuen, die sich gegenseitig an der Leine entsetzlich bedrohen und anknurren, während sie frei laufend friedlich miteinander sind oder sich gar nicht beachten. Wenn einmal ein Hundekampf oder eine Begegnung unentschieden ausgegangen ist, dann kann es sein, daß sich beide Hunde nicht mehr beachten. Sie tun so, als sei der andere Luft für sie. Doch hier gibt es keine Gesetze, die unumstößlich gelten. Ich möchte noch einmal betonen: Jeder Hund ist erst ein Individuum und dann der Angehörige einer bestimmten Rasse. Es gibt unerklärliche Feindschaften zwischen Hunden, genauso, wie es Freundschaften gibt.

Wie der Hund mit uns spricht

Bei den Wölfen haben wir gesehen, daß sie eine Vielfalt von Gesten und Gebärden haben, die alle etwas bedeuten. Manches ist beim Hund durch die Domestikation verlorengegangen — Hunde haben zum Beispiel kein so ausgeprägtes Mienenspiel wie die Wölfe —, manches ist dazugekommen wie das Bellen, das Betteln durch Pfötchengeben. Über die Bedeutung dieser Gesten muß sich jeder Hundeherr klar sein. Er muß die Sprache des Hundes lernen. Er steht sonst seinem ›liebsten Hausgenossen‹ so verständnislos gegenüber wie ein rotäugiger Ufo oder ein anderes Weltraummonster den Menschen.
Ein bellender Hund beißt nicht, so sagt ein altes Sprichwort. Das ist tierpsychologisch auch gar nicht so falsch. Denn Bellen ist — als verhältnismäßig spät gelerntes Ausdrucksmittel — entweder ein Zeichen der Freude oder der Wachsamkeit. Viele Hunde benutzen ihre Kehle auch, um den Menschen aufzufordern, mit ihnen spazierenzugehen, ihnen Nahrung zu geben oder die Tür zu öffnen. Jagdhunde zeigen das gefundene Wild damit an (= Totverbellen) oder die frische Spur (= Geläut). Es gibt ›lautfreudige‹ Hunde und stille, und manchmal ist es eine Rasseneigenart, manchmal auch nur eine individuelle. Wer nicht auf seinen Ohren sitzt, weiß bald, warum sein Hund bellt, obwohl Bellen weniger Sprache als Gemütsäußerung ist. Um noch einmal auf das Sprichwort zurückzukommen: der Hund, der bellt, braucht nicht zu beißen, denn er vertreibt den Fremden durch seine laute Warnung. Ein Rat an Sprichwortgläubige: Ich würde an einen bellenden Hund nicht zu nahe herangehen, um die Richtigkeit des Sprichworts zu überprüfen.

Meditationen über den Hundeschwanz

Das wichtigste Sprachwerkzeug des Hundes ist sein Schwanz. Irgend jemand hat einmal gesagt, daß Hunde mit dem Schwanz lachen können. Das ist ein hübscher Vergleich, trifft aber die Breitenwirkung all der Ausdrucksmöglichkeiten eines Hundeschwanzes überhaupt nicht. Wie arm ist dagegen ein

menschlicher Mund, der sich nur in die Breite, nach oben, nach unten und zusammenziehen kann.

Bevor ich naturwissenschaftlich werde, möchte ich Ihnen einige Beobachtungen über den Bassetschwanz berichten, der ein fast vollendetes Sprachwerkzeug ist. Wie Erik Zimen beobachtete, können Wölfe bei fröhlich-ausgelassener Begrüßung ihren Schwanz im Kreise drehen. Unter allen Hunderassen ist der Basset der einzige, der das auch noch kann. Wenn er einen Hundefreund oder eine -freundin begrüßt, wedelt er wie mit einem Hubschrauberpropeller, und zwar mit einer solchen Intensität, daß ich mich jedesmal wundere, wieso sich der ganze Hund nicht langsam vom Boden abhebt und mit dem Hinterteil nach oben davonfliegt. Und jedesmal bekomme ich auch Angst, der Schwanz könne sich noch einmal aus seiner Wurzel drehen und wie ein Bumerang wegsausen. Die Kreiselbegrüßung wird übrigens nie bei Menschen angewendet, selbst nicht bei den vertrautesten Rudelgenossen wie meiner Frau oder mir.

Wenn wir spazierengehen und der Schwanz in der Waagerechten getragen wird, dann heißt das: Die Welt ist uninteressant und gleichgültig, die Aufmerksamkeit bewegt sich in Minusbereichen. Dann wird auf einmal die Antenne ausgefahren, der Schwanz reckt sich hoch, die weiße Spitze steht fast gerade. Irgend etwas liegt in der Luft, in des Wortes wahrster Bedeutung. Diese weiße Spitze ist eine fabelhafte Erfindung der Natur und der Züchter. Sie steht genauso hoch, daß sie zur Jagdzeit aus normal hohem Gras herausschaut. Man sieht also dieses rückwärtige Basset-Periskop immer und überall und weiß, wo sich der Hund gerade befindet.

Ich habe mir das so erklärt: Man muß wissen, wo ein Hund ist, besonders, wenn er auf das Wort ›Komm‹ mit konstanter Schwerhörigkeit reagiert. Das muß aus der Zeit des Heiligen Hubertus stammen. Als er nämlich die Erscheinung mit dem leuchtenden Kreuz innerhalb des Hirschgeweihs sah, rief er seiner Meute zu: ›Kommt!‹, damit auch sie des Wunders teilhaftig würden. Sie kamen alle, die schnellen Bracken und die Windhunde, die langsameren Packer und die mittelhohen Spürer. Nur der Basset mußte noch eine Spur sorgfältig ausschnüffeln, ehe auch er herbeischlenderte. Da war das Wunder aber schon vorbei und das Kreuz verschwunden. Und da er ein skeptischer Hund war, glaubte er den anderen nicht. Er fand, daß es nicht so wichtig ist, wenn der Herr ›Komm!‹ ruft, um dafür eine gute Spur aufzugeben. Und da er immer frische Spuren findet, kommt er nur, wenn er es für richtig hält. Die anderen Jagdhunde aber sind so folgsam, weil sie wieder mal das Kreuz sehen wollen.

Genug der Legende, kehren wir zum Schwanz zurück. Seine Bewegungen sind zahlreich und vielfältig. Er gleicht manchmal dem elastischen Perpendikel einer großen Uhr, dann wieder einem jener ungewöhnlich biegsamen

Auch Männchen-Machen gehört zu den Gesten, die der Hund von Natur aus beherrscht. Der Welpe springt an der Mutter hoch. Wir bringen dem Hund bei, daß man auch als erwachsener Hund auf diese Gebärde hin etwas bekommt.

Gebilde, die man eigentlich nur in Atommeilern antrifft, dann wieder einer schweren Peitsche, vor allem, wenn man ihn gegen das Bein geknallt bekommt. Er ist neben dem Stimmungsbarometer auch noch Balancierstange, am prägnantesten sichtbar, wenn der Hund treppabwärts läuft. Ich muß dann immer an die drei Codonas denken, wenn sie oben auf dem Seil ohne Netz einherschritten und die vibrierende, schwingende Bambusstange wie ein tragender Flügel war. Und so etwas schneiden die Kupierer ab!

Je weniger gehemmt ein Hund ist, desto bewegter ist sein Schwanz. Hängt er herab oder ist er eingekniffen, dann drückt er Vorsicht oder Angst aus (es gibt Windhundrassen, die den Schwanz von Natur aus zwischen den Beinen tragen). Auch ein harter, unbeweglicher Schwanz zeigt Unsicherheit und Gehemmtsein.

Ein Hund, der seinen Schwanz nach oben trägt und ihn dazu noch bewegt, der läßt seinen Eigengeruch nach allen Richtungen strömen. Er zeigt damit, daß er sich unter Freunden fühlt, oder aber es ist eine Art ›Hoppla-jetzt-komm-ich‹-Demonstration. Am stärksten wedelt jeder Rüde bei einer Hündin, besonders, wenn er merkt, daß sie zur Liebe bereit, also läufig ist.

Wie es ein Hund mit uns meint, liest man am besten an seinen Ohren ab. Grob gesagt: Aufgestellte Ohren bedeuten Aufmerksamkeit und Selbstsicherheit, nach vorne gestellte Ohren Angriffsbereitschaft, zurück- und ange-

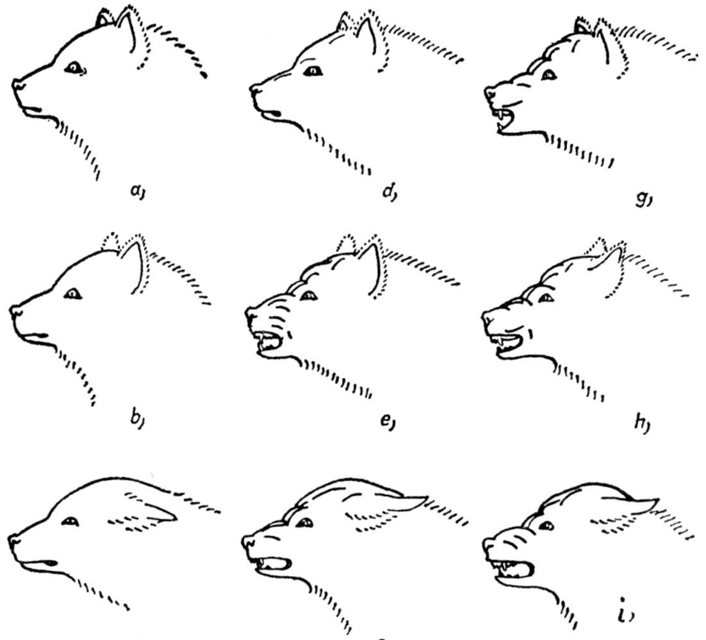

Verschiedene Gesichtsausdrücke des Hundes, die sich aus der Überlagerung von unterschiedlich starken Kampf- und Fluchttendenzen ergeben. Von a nach c zunehmende Fluchtbereitschaft, von a nach g zunehmende Aggression (K. Lorenz, 1953).

legte Ohren Unsicherheit. Aus dieser Stimmung heraus kann es aber auch zu einem Angriff kommen. Nicht auf einen anderen Hund, wohl aber auf einen Menschen, der nicht eindeutig und für den Hund verständlich drohen kann.
Dieses feine Ohrenspiel ist bei den hängeohrig gezüchteten Hunden schwieriger zu beurteilen, es wird aber ergänzt durch eine Gesichtsmimik, die bei den Wölfen noch viel ausgeprägter ist. Vor allem, weil bei ihnen die Fellzeichnung diese Mimik unterstützt wie die Maske eines Schauspielers.
Konrad Lorenz hat neun Hundeköpfe gezeichnet, an denen man die sich überlagernden Stimmungen von Kampf und Flucht genau ablesen kann. Und eben durch diese Überlagerung ›Soll ich noch stärker drohen – soll ich flüchten?‹ – ›Wie weit kann ich mit dem Drohen gehen, ohne daß der andere es für so ernst nimmt, daß er angreifen muß?‹, durch dieses mimische Pokerspielen kommt es zu einem so großen Ausdrucksreichtum, daß der Wolfsforscher Schenkel an der Gültigkeit des Konzeptes von der Erbkoordination (= angeborene Bewegungsweisen und Abläufe, die man nicht lernen muß) der Säugetiere zu zweifeln begann. Nun sind aber diese Drohbewegungen und -gesten angeboren, wie man beim klassischen Mißverständnis zwischen Hund und Katze erkennen kann.
Der Hund hebt die Vorderpfote und wedelt – das heißt auf hundisch ›Ich will spielen!‹ In der Katzensprache bedeuten sie das Gegenteil: ›Verdrück dich oder ich kratz dich!‹ Also spielt sie mit dem Hund nicht. Beginnt nun die Katze zu schnurren, weil sie spielen möchte, hält der Hund das für Knurren, was das Gegenteil bedeutet. Wieder kommt es zu keinem Kontakt. Wenn dann die Katze die Pfote hebt, um den Hund endgültig zu verscheuchen, nimmt er das als Aufforderung zum Spiel und bekommt eine Ohrfeige. Das Märchen von der Urfeindschaft offensichtlich wird wieder einmal bestätigt. Nun kann aber ein Hund fremdes mimisches Verhalten lernen. Sonst würde er mit uns überhaupt nicht auskommen. Wachsen also Katz und Hund miteinander auf, lernt auch einer die Sprache des anderen, und es kommt zu Tierfreundschaften, die wir ein wenig rührselig betrachten.

Die Kunst, richtig zu imponieren

Sie wurde den Hunden mit in die Wiege gelegt. Beispiel: Der 10 Wochen alte Bullterrierrüde von Bekannten, der sich steifbeinig und mit gesträubten Nackenhaaren vor einen erwachsenen Hund stellte und sich so gar nicht wie ein Hundebaby benahm. Er konnte das Imponieren schon, bevor er überhaupt das Bein heben konnte.
Benimmt sich ein anderer Hund herausfordernd, dann muß ein selbstbewußter Hund einfach imponieren. Das geht so: Man macht sich größer, als man in Wirklichkeit ist: der Kopf wird erhoben, die Ohren aufgestellt,

Hunde und Katzen sprechen eine andere Sprache: Der Menschenhund, der mit einer Katze aufwächst, kann ihre Sprache verstehen lernen. Umgekehrt übrigens auch. Daraus ergeben sich die ›rührenden‹ Tierfreundschaften.

der Schwanz kerzengerade hochgestellt und alle Haare am Schwanz gesträubt. Die Muskulatur der Beine werden gespannt, sie werden dadurch stelzig und heben den Körper noch ein Stück in die Höhe. Die Nacken- und Rückenhaare sträuben sich, dadurch wird der Umriß des Hundes größer und bedrohlicher. (Wir blasen unseren Brustkorb auf, hängen uns an die Schultern Schulterklappen, setzen einen Helm mit Quaste auf den Kopf. Was ist eine Uniform anderes als ein Imponiergewand?) Außerdem dreht man dem Gegner möglichst die Breitseite zu und starrt ihn an. Das Duell ist zunächst noch völlig unblutig. Es geht darum, die psychische Widerstandsfähigkeit des anderen zu erschüttern oder zumindest auszuprobieren. Allein durch dieses Drohen kann die Rangordnung schon festgelegt werden. Bevor die Hunde näher aufeinander zugehen, können die Hundebesitzer eine ernsthaftere Auseinandersetzung vermeiden, indem sie sich nach verschiedenen Seiten entfernen und dabei ihre Hunde rufen. So kann der Hund sein Gesicht wahren und sich vom anderen trennen, ohne daß eine Rangordnung wirklich festgestellt worden ist. Manchmal warten die Hunde geradezu darauf, einen Vorwand zu bekommen, um wegzugehen.

Wird der Kopf nach vorne geschoben, geht der Schwanz waagerecht nach hinten und knicken die Beine leicht ein, so verändert sich die Imponierhaltung in eine Angriffshaltung. Die Zähne werden gebleckt, aus der Kehle kommt ein dumpfes Knurren. Der Angriff kann jetzt sogar durch den schwächeren, der vielleicht ein Angstbeißer ist, ausgelöst werden. Wendet einer der Hunde den Kopf ab, dann hat er aufgegeben, bei ihm verwandelt sich alles ins Gegenteil, er legt die Ohren an, er klemmt den Schwanz ein, sein Fell wird wieder glatt und er versucht sich so klein als möglich zu machen. Bei Schäferhunden haben wir häufig noch die Form des Anschleichens. Auch sie ist eine Drohgeste und erinnert an den Überfall auf ein Beutetier aus der Wildhundzeit.

Eine weitere Stufe des Imponierens ist das Schieben oder Abdrängeln. Man stellt sich quer vor den Gegner, hindert ihn am Weiterlaufen oder schiebt ihn direkt beiseite. Das kann in Imponier-Urinieren oder Scharren über-

Das ›Über-die-Schnauze-Beißen‹ ist eine vielseitige Verhaltensweise der Wölfe. Der Unterlegene hat sich auf den Rücken gelegt und bietet seine ungeschützte Kehle dar, während der Überlegene seine Schnauze quer ins Maul genommen hat.

gehen. Scharren ist ein Zeichen von sozialer Potenz, wie Erik Zimen sagt, und keinesfalls gegen ein bestimmtes Individuum gerichtet. Man sieht es häufig bei kleinen Hunden, die ein ähnlich übersteigertes Persönlichkeitsgefühl wie kleine Menschen haben (Zwerghahn-Komplex). Sie scharren sich nach jedem Urinieren fast die Läufe aus dem Leib nach dem Motto: ›I am the Greatest!‹ Das Kratzen kann aber auch eine Übersprunghandlung sein. Darunter versteht man eine im Augenblick ›sinnlose‹ Handlung. Die gestaute Erregung springt auf andere Geleise über. Wir kratzen uns am Kopf oder gähnen plötzlich (Gähnen ist auch eine beliebte ›Verlegenheitslösung‹ beim Hund), kämpfende Hähne beginnen in den Kampfpausen imaginäres Futter zu picken, Hunde oder Wölfe zu scharren.

Insgesamt gibt es ein reichliches Repertoire an Drohungen, ernste Kämpfe bei instinktsicheren Hunden eigentlich selten. Die Natur will immer die Art erhalten und hat vor allem im Rudel lebende Tiere mit vielen Hemmungen, Sperren und Bremsen ausgestattet, auf daß sie sich nichts Ernsthaftes tun. Auch wenn die Hunde Körper an Körper stehen, wenn die Kiefer aufeinanderschnappen, wenn sie knurren und keifen, als hätten sie sich schon halb aufgefressen: Je lauter ein Kampf ist, um so weniger gefährlich geht es zu. Ein Ernstkampf (= blanker Kampf) ist bei Wölfen sogar lautlos, bei Hunden nur mit Knurren verbunden. Wobei es die Haustierdegeneration will, daß unter Hunden erbitterter gekämpft werden kann als unter Wölfen. Die meisten Verletzungen gibt es in den Lippen und Mundwinkeln, weil die Hunde bei der Verteidigung mit den Gebissen aufeinandergeraten. Solche Löcher heilen jedoch schnell.

Um den Kampf zu beenden, gibt es überall in der Natur eine ›Demutsstellung‹. Beim Hund ist es das Präsentieren der ungeschützten Kehle oder das Sich-auf-den-Rücken-Werfen, wobei sowohl der erwachsene Hund wie auch der Welpe urinieren kann. Diese Haltung löst beim Sieger (falls er nicht durch Überzüchtung instinktlos geworden ist) eine Beißhemmung aus, die sogar in einen ›Pflegetrieb‹ umschlagen kann. Er beleckt den Unterlegenen wie eine Mutter ihr Junges. Trotzdem kann diese Beißhemmung wieder in Angriff umschlagen, wenn der Unterlegene sich eines anderen besinnt oder wenn die Menschen falsch eingreifen. Trennt man die Hunde voneinander, so muß es schnell und gleichzeitig passieren. Sonst versucht der eine den anderen doch noch schnell zu beißen: das kann sogar der Unterlegene sein, der sich durch die Hand seines Herrn wieder aufgewertet fühlt. Die meisten Hunde sind übrigens erleichtert, wenn man einen Kampf beendet (höhere Gewalt).

Wie sehr man aufpassen muß, schildert Eberhard Trumler: ›Dingos strahlen über das ganze Gesicht, wenn man unter ihnen zwei ineinander verbissene Kämpfer am Genick packt und mit weit gestreckten Armen frei schwebend

in der Luft auseinanderhält. Sie sind sehr glücklich, wenn man sie trennt, und zeigen ihre Dankbarkeit deutlich. Aber man muß dafür sorgen, daß jeder sein Revier für sich bekommt. Würde man sie jetzt wieder auslassen, ginge der Kampf mit alter Vehemenz weiter, und wehe, man erlaubt sich, nur einen festzuhalten. Der andere würde ihn stückweise aus den Armen fressen. Der Festgehaltene aber bricht in dieser Sekunde die Freundschaft zu diesem einen Menschen, und das ist irreparabel.‹ Gefährlich kann ein Kampf zwischen einer Hündin und einem Rüden werden, wenn die Hündin bissig ist. Der Rüde bleibt Kavalier, die Hündin beachtet seine Unterwerfungsgeste nicht, weil sie nicht in ihr Reglement gehört. Die Verständigungsmöglichkeit ist gestört, die Bremsen der Natur funktionieren nicht. Auch bei überzüchteten Hunden kann, wie ich schon sagte, eine Tötungshemmung wegfallen.
Nach einem Hundekampf kann das passieren, was Professor Grzimek die ›Radfahrer-Reaktion‹ nennt. Der Unterlegene läßt seinen Ärger am nächsten Hund aus, der ihm unterlegen ist. So kommt es, daß Hunde, die normalerweise friedliebend sind, bei manchen Herrchen den Ruf eines Raufers haben.

Die Mörderhunde

Immer wieder lesen wir in Zeitungsmeldungen, daß Hunde einen Menschen überfallen und getötet haben. Meist ist es sogar der eigene Herr. Untersucht man solche Fälle genauer, dann stellt man fest, daß es fast immer Zwingerhunde sind, die nur wenig und nicht früh genug Kontakt mit Menschen hatten. Sie sind ständig dadurch frustriert, daß sie nicht in der Nähe ihres Herrn sein können, leiden oft durch mangelnde Bewegung an einem Energiestau, der sich durch ein äußeres Ereignis entladen kann. Dr. Harald Brummer hat bei seinen Untersuchungen über Aggressionsverhalten von Hunden festgestellt, daß meistens die Menschen ihre aufrechte Position aufgegeben hatten, als der Angriff erfolgte. Sie hatten sich gebückt, waren hingefallen oder hatten einen Schwächeanfall erlitten. Wenn wir davon ausgehen, daß der Mensch mit seinem aufrechten Gang sich den Tieren gegenüber in einer Dauer-Imponierhaltung befindet, ist es erklärlich, daß ein Aufgeben dieser Haltung von den Zwingerhunden sofort dazu benutzt wird, sich eine höhere Rangposition zu erkämpfen. Wer dann nicht die Sprache des Hundes spricht, kann tödlich verletzt werden.
Für die Praxis gilt: Wenn ein Hund uns angreifen will, nie weglaufen. Das löst einen Verfolgungstrieb und mit Sicherheit den Angriff aus. Sich so groß wie möglich machen, mit den Armen wild gestikulieren und ein drohendes Gebrüll ausstoßen. Nützt das nichts, dann ist absolutes Stillhalten das Beste. Durch Erstarren ist man vor Aggressionen geschützt. Allerdings gehören gute Nerven dazu.

Linkes Bild: Aus dieser Haltung kann es zum Angriff kommen. Der Schwanz ist gehoben, die Ohren sind zwar nicht gestellt, aber auch nicht angelegt. Der Hund ist gespannt, doch noch abwartend.
Rechtes Bild: Das sieht schon bedrohlicher aus: Die Zähne sind gebleckt, der Hund knurrt und röhrt. Aber die Ohren sind nicht gestellt. Das Ganze kann Theater sein, kann in Angriff umschlagen oder abgeblasen werden.

Warum Briefträger so gerne von Hunden gebissen werden

Jedes Tier hat sein Revier, das heißt, es betrachtet einen bestimmten Teilbezirk seines Lebensraums als sein Territorium, das er verteidigen muß. Deshalb sind Hunde wachsam, das liegt in ihrer Natur. Der schöne Satz von Rousseau ›Der Erbauer des ersten Zaunes war der Begründer der Zivilisation‹ ist leider falsch. Überall gibt es unsichtbare Zäune, die von Tieren gezogen und von anderen Tieren anerkannt werden.
Nun haben wir für den Hund auch sichtbare Zäune gezogen. Sie umschließen zum Beispiel den Garten. Alles, was innerhalb dieses Zaunes ist, verteidigt der Hund mit Recht. Und Briefträger sind die Menschen, die Tag für Tag dieses Revier mißachten. Durch ihre Uniform sehen sie alle gleich aus, sie kommen schnell und gehen schnell wieder fort, ohne sich an den Hunde-Kodex zu halten: Wer das Revier betritt, hat den revierbesitzenden Hund freundlich abwartend zu begrüßen. Wer sich nicht daran hält, gilt als Feind und wird als solcher behandelt: Mit den Zähnen. Deshalb sind die Briefträger mit rund 3000 Beiß-Unfällen im Jahr auch die hundegefährdetste Berufsgruppe.

Verhütung von Unfällen durch Hundebiß

So heißt ein mit einem Deutschen Schäferhund illustriertes Merkblatt, das Unfallverhüter Werner Demski von der Deutschen Bundespost herausgab. Die wichtigsten Punkte (die auch für Nicht-Briefträger gelten):

1. Zeigen Sie einem Hund gegenüber niemals Furcht oder Mißtrauen! Laufen Sie vor Hunden nicht davon, sie sind schneller! *(Und laufen Ihnen garantiert nach, wenn Sie zu laufen beginnen. Das ist übrigens ein Trick, um einen davongelaufenen oder nicht gehorchenden Hund wieder an sich zu locken. Nicht auf ihn zugehen, vor ihm fortlaufen. Er kommt bestimmt hinter Ihnen her.)*
2. Achten Sie auf Schilder, die vor bissigen Hunden warnen!
3. Wehren Sie sich nicht, wenn ein Hund Sie beschnuppern will, das ist die Art, mit der er sich einem Menschen vertraut macht.
4. Vermeiden Sie schnelle Bewegungen und streicheln Sie fremde Hunde nicht.
5. Schlagen Sie Hunde nicht.
6. Denken Sie daran, die meisten Hunde beißen aus Angst. Kommt ein Hund knurrend auf Sie zu, dann bleiben Sie ruhig stehen. Sprechen Sie von weitem beruhigend auf das Tier ein und lassen Sie sich beschnuppern.

Zwischenbemerkung übers Beißen oder Lassie ist an allem schuld

Glauben Sie nicht an die Märchen, daß große Hunde kleinen Kindern nichts tun oder daß alle Hunde Kinderfreunde sind. Verantwortlich für diesen Irrglauben sind die Rassebeschreibungen durch die Vereine, die sich oft lesen wie Autoprospekte, weil sie, von Ausnahmen abgesehen, nie auf Nachteile hinweisen. Schuld ist auch die Meinung, man könne eine Rasse genau beschreiben. Das geht nicht: Hunde sind zu große Individualisten.

Die Hauptschuld aber tragen sentimentale Filme über Lassie und Genossen, die uns glauben machen, alle Hunde seien von Natur aus perfekte Kindermädchen und bestünden den lieben Kleinen gegenüber nur aus Herz und Güte. Dabei kann ein Hund in einem Kind durchaus einen Rudelgenossen sehen, mit dem er in Konkurrenz steht und mit dem er die Rangordnung ausfechten will. Vor allen Dingen ein fremder Hund. Man soll Kinder nicht unnötig ängstigen und ihnen damit drohen, daß sonst der böse Hund sie beißt. Aber der Leichtsinn mancher Mutter, die ihr Kind jeden fremden Hund, möglichst noch von hinten, anfassen läßt, ist unfaßbar. Ein Wunder, daß nicht mehr Kinder gebissen werden. Zwei Bitten: Finger weg von fremden Hunden, und Hunde nie von hinten anfassen. Das kann in die Hand gehen.

Die Haustürschilder der Hunde

Der Verhaltensforscher nennt es Markieren, wir schlicht Beinheben. Der Rüde beweist damit, daß er erwachsen geworden ist. Er pinkelt das Revier ab und hinterläßt in wohldosierten Mengen an allen markanten Punkten seine Duftmarken (die chemischen Haustürschilder), mit denen er sagt: ›Hier war ich!‹ und mit denen er die Duftmarken von Rivalen überdeckt. Das sollten wir ihn tun lassen, wo er will. Hindert man einen Hund ständig daran, wird er frustriert und eines wichtigen Ausdrucksmittels beraubt. Immer war einer vor ihm da, und nur solche Stellen interessieren ihn. Ratschlag an Hausmeister: Halten Sie die Hausecken sauber, waschen Sie sie mit Desinfektionsmitteln ab, und kein Hund wird sie mehr anpinkeln.

Beim Beinheben versucht der Hund, seinen Harn möglichst hoch gegen den Laternenpfahl, Mauer oder Baum zu spritzen. Das ist immer zum Markieren. Der gleiche Hund kann sich in der Welpenstellung mit durchgedrücktem Kreuz und eingeknickten Hinterbeinen auch einfach auslaufen lassen. Wenn ein Rüde an einer Stelle mehrfach und gezielt seinen Harn abgibt, dann hat hier vorher eine läufige Hündin uriniert.

Sein ureigenes Revier, die Wohnung, markiert er nicht. Das hat der Hund gelernt, als er stubenrein wurde. Außerdem hat er das nicht nötig, da es überall nach ihm und seinen menschlichen Meutegenossen riecht. Kommt er aber in eine andere Wohnung, in der ein Hund gehalten wird, dann muß er dort das Bein heben, wenn er ein rangbewußter Rüde ist. Er will den Fremdgeruch überdecken und zeigen, daß er der Stärkere ist. Henry hat das zu meinem Schrecken schon öfter gemacht, und er macht es auch immer, wenn ein neues Stück zu meiner Afrikasammlung dazukommt, das auf dem Boden steht. Durch seinen Anpinkler wird es ›als in Revier gehörig‹ deklariert.

Noch einmal zurück zum Wolfsrudel. Dort dürften nur die Alphatiere das Bein heben und markieren. Und hier kommt wieder etwas in der Mensch-Hund-Beziehung, das nicht stimmt. Wir sind unserem Hund gegenüber der Boß, der Rudelführer mit Befehlsgewalt. Aber wir markieren nicht. Wir latschen an wichtigen Punkten vorbei, ohne sie zu bepinkeln. Es gehört schon viel Verständnis für einen Hund dazu, das zu verstehen.

Warum sich die Hunde im Kreise drehen

Das Drehen vor dem Hinlegen diente den Zoologen seit Darwin als Beweis dafür, daß Hunde uneinsichtig ihren Instinkten unterliegen: Sie müssen sich heute noch auf dem Parkett drehen, nur weil ihre Urväter so das hohe Gras niedertraten. Das ist hübsch gedacht, aber falsch. Hunde sind keine Instinktmaschinen. Zimen hat bei seinen Wölfen beobachtet, daß das Drehen nichts

anderes ist, als das Anpassen des Rückgrats in die vorher ausgescharrte Schlafgrube. Diese Schlafgrube buddeln sich auch die Beagles von Schloß Schwarzenfeld, die Sie im übernächsten Kapitel kennenlernen. Nur Kurt F. König hat in Versuchsreihen nachgewiesen: Drehen ist das Zurechtbiegen der Wirbelsäule für die meist kreisförmig zusammengerollte Schlaflage. Das Scharren vor dem Hinlegen ist eine Erinnerung an das Muldenkratzen, das Zwingerhunde ja noch betreiben. Man kann es seinem Hund frühzeitig abgewöhnen, wenn man um seine Teppiche bangt.
Da sich der Hund im Garten gerne Knochen oder Fleischbrocken vergräbt, um sie ›reifen‹ zu lassen – dieses Futterhorten kommt auch bei den Wölfen vor –, müssen wir uns nicht wundern, wenn er die Grab- und vor allem Zudeckbewegungen auch in der Wohnung macht. Henry radiert dabei mit seiner Nase über den Boden, und zwar gezielt von rechts nach links auf das Stück zu.

Die klassische Schlafhaltung seit vielen tausend Jahren: zusammengerollt, der Schwanz schützt die Nase. Schlittenhunde lassen sich so einschneien.

Er ist recht dankbar, wenn wir ihm ein Stück Küchenkrepp hinlegen, das er so über den Knochen schieben kann, daß dieser versteckt ist. Er geht dann mehrmals am Tag herum und kontrolliert die ›Vergrabestellen‹, während er im Garten nur wieder hingeht, um auszugraben und zu fressen.

Wie man seinen Hund glücklich macht

Ein Hund verkümmert, wenn man sich nicht mit ihm beschäftigt. Als Meutentier ist er auf ständigen Kontakt angewiesen. Da der erwachsene Hund durch seine Haustierwerdung kindliche Züge beibehalten hat, spielt er gerne, und das Spiel ist für seine Aufgeschlossenheit, seine Intelligenz und sein Temperament wichtig. Hunde, mit denen man nicht spielt, verarmen geistig genauso wie Hunde, mit denen man nicht spazierengeht.
Man hat Versuche mit jungen Hunden gemacht und sie kontaktlos aufwachsen lassen. Als man die Herangewachsenen mit den Wurfgeschwistern verglich, die als Menschenhunde aufwuchsen, war ihre Wahrnehmungs- und Konzentrationsfähigkeit weit zurückgeblieben.
Bei Heimkindern hat man das gleiche festgestellt. Kinder, die in ihrem zweiten Lebenshalbjahr ohne Mutter aufwachsen und sich unter den Schwestern keine Ersatzmutter suchen können, weil diese keine Zeit haben oder häufig wechseln, bleiben nach 4 Monaten Heimaufenthalt körperlich und geistig zurück. Trotz bester Ernährung und guter Pflege sterben ein Drittel solcher Kinder bis zu ihrem dritten Lebensjahr. Wer von diesen ›Kaspar Hausern der Liebe‹ überlebt, bleibt kontaktscheu und hat eine starke Neigung zum Kriminellen. Wie der Untersucher René Spitz schreibt: ›Kinder, die ohne Liebe aufwuchsen, werden zu Erwachsenen voller Haß.‹
Sehr viel anders ist es bei den Hunden auch nicht. Wir wissen, daß es in den ersten acht Lebensmonaten eine kritische Periode gibt, in der sie bestimmte Erfahrungen machen müssen, um in ihrem späteren Leben keine andauernden Schwierigkeiten zu bekommen. Außerdem müssen sie in dieser Zeit ein enges soziales Band zu den Menschen knüpfen, damit sie brauchbare Menschenhunde werden. Dieser Zeitpunkt der ›sozialen Prägung‹ ist relativ früh. Allein die Tatsache, daß der Hund ein Sozialwesen ist, erklärt, warum der Hund zu erstaunlich menschenähnlichen Handlungen fähig ist. Wir dürfen es nur nicht mit Kindesliebe oder Treue oder sonstigen vermenschlichenden Begriffen erklären, es liegt alles in seiner Natur. An uns liegt es, das Beste aus ihm zu machen. Ich finde, das tut unseren Gefühlen ihm gegenüber keinen Abbruch, es macht die Beziehung Mensch-Hund eigentlich nur noch wunderbarer.

Adolf Oberländer, 1845 in Regensburg geboren, zeichnete viel für die ›Fliegenden Blätter‹. Er war ein guter Beobachter kleiner menschlicher Schwächen. In seinem

Wie man Hundevater wird und eine Betrachtung über das Anspringen

Im Rudel erzieht der Vater die Welpen. Bei den Haushunden ist meist kein Vater da (der Deckrüde bleibt eigentlich nie beim Wurf) und die Tierchen werden mit acht Wochen weggegeben. Also müssen wir Vater des jungen Hundes werden. Wir müssen mit ihm spielen, ihn erziehen, ihm zeigen, was väterliche Autorität ist und ihn füttern.

Das passiert in der Natur so, daß Mutter oder Vater das Futter heranschleppen. Im Maul oder im Magen, um es vor den Jungen wieder auszuspeien oder auszuwürgen. Wenn die Eltern heimkommen, versucht jeder der Welpen (sie sind futterneidische Egoisten wie alle Kinder) zum futterspendenden Maul der Mutter hochzuspringen und ihr hungrig die Lefzen zu lecken, um zu schmecken, ob etwas zu futtern kommt. Der Haushund hat das Hochspringen als Begrüßungsgeste auf den Menschen (Mutter-Vater-Ersatz) übertragen. Es ist keine schlechte, eklige Angewohnheit, wenn er ihm dabei mit der Zunge quer durchs Gesicht fährt, es ist reine Kindesliebe. Auch das Pfötchengeben hat er nicht von uns Menschen gelernt. Es ist eine natürliche Bettelgeste, mit der die noch blinden Welpen gegen die Zitzen der Mutter drücken, um mehr zu bekommen. Das nennt man Milchtritt. Später versuchen sie dann, Futter mit den Pfoten aus dem Mund der Mutter zu reißen. Unsere Hunde haben diese Geste mit dem dazugehörigen Männchenmachen als ›Bitte bitte‹ auf uns übertragen, und es gibt Hunde, die diese ›Menschen-Geste‹ wiederum anderen Hunden gegenüber benutzen. Das Lecken gehört übrigens auch zu den Demutsgesten des erwachsenen Hundes, unsere Hand ist dabei zum Schnauzenersatz des Stärkeren geworden.

Comic-Strip ›Der Professor und sein neuer Hund‹ illustriert er eines der Probleme der Hunde-Erziehung: im Umgang mit Hunden nie die Nerven verlieren.

Wie der Mensch zum Artgenossen wird

Eberhard Trumler hat Versuche gemacht, um festzustellen, wann sich der Hund an den Menschen bindet. Das geschieht recht früh, etwa von der dritten bis zur siebten Lebenswoche. In dieser Zeit sollte der junge Hund einen, besser noch zwei, drei Menschen kennenlernen. Die Anpassung erfolgt dann zwischen der achten und der zwölften Woche. Deshalb holen Sie sich Ihren Hund nicht zu spät ins Haus. Was manche Hundeleute sagen, daß man die Tiere erst mit einem Vierteljahr von der Mutter und aus dem Zwinger wegnehmen soll, kann danebengehen. Solche Hunde können für immer kontaktarm bleiben. Es gibt zwar Rassenunterschiede: Schäferhunde schließen sich zum Beispiel leichter an andere Menschen an als sonstige Rassen. Das macht auch Schäferhunde als Diensthunde so geeignet.

Wichtig ist, daß bei Hunden eine Prägung (= Eindruck, der sich nicht wieder verwischt) von *dem* Menschen auf *die* Menschen erfolgt. Zu eng geprägte Hunde (die nur an ihrem Besitzer hängen) können ihm viel Glück und Freude bringen, für die anderen Familienmitglieder aber eine Last sein. Denn solche Hunde sind todunglücklich, wenn ihr Prägemensch auch nur für eine Stunde weggeht. Zu weit geprägte Hunde sind Allerweltskerle, die jedermann überströmend begrüßen und leider auch mit jedermann gehen. Das ›leider‹ ist vom Hundeherrn gesehen. Solche Hunde sind nämlich immer glücklich, sie müssen sich über jeden Menschen freuen. *Merken wir uns ganz genau:* Die ersten Erfahrungen, die ein Hund mit den Menschen macht, sind bestimmend für sein ganzes Leben. Gerade hier gilt der Satz: Der Hund ist das, was wir aus ihm machen.

Im Spiel fürs Leben lernen

Im 3. Monat lernt der Hund begreifen, daß es zwei Artgenossen gibt, den Menschen und andere Hunde, und er lernt, sich wie ein soziales Wesen zu benehmen. Deshalb ist es so wichtig, ihn in dieser Zeit mit anderen Hunden zusammenkommen zu lassen. Es brauchen nur kurze Begegnungen sein. Wenn er als ›Einzelhund‹ nur mit Menschen zusammen ist, wird er sich später schwer tun und Spaziergänge mit ihm werden kein Vergnügen sein. Sie brauchen um Ihren Liebling auch keine Angst zu haben, kein anderer Hund wird ihm etwas tun. Seine vierbeinigen Freunde werden nur dabei helfen, daß aus ihm ein ›normaler‹ Hund wird.
In dieser Zeit müssen Sie sich viel Zeit für Ihren Hund nehmen. Sie müssen mit ihm spielen, spielen und spielen. Je mehr Abwechslung Sie in die Spiele bringen, um so besser wird sich Ihr Hund entwickeln. Wir wissen, daß junge Hunde ähnlich wie Kinder alles Mögliche ausprobieren wollen, daß es kurz dauernde Spiel-Moden gibt: Kampf mit einem Handschuh, einem Ball den Weg abschneiden, Überschlag nach vorne, Doppeldreher während des Laufens, Fersenbiß beim Herrchen, Kampf- und Jagdspiele sind besonders beliebt. Es gibt sogar eine Arbeit ›Beobachtungen über das Spiel von Boxern‹, die Hanns Ludwig 1965 in der Zeitschrift für Tierpsychologie veröffentlichte. In dieser Zeit wird aber auch durch das Spiel und beim Spiel die Rolle des Hundes in der menschlichen Familie festgelegt. Jetzt muß man ihm zeigen, wer der Chef ist; das geht ganz einfach und ohne jede großen ›Erziehungsmaßnahmen‹. Gute Hundelehrer wissen das und bringen den Hunden spielend Fährtensuchen und andere Arbeiten bei.
Von nun an müssen wir den Hund beschäftigen, denn wir haben ihn zum Zivilisationswesen gemacht, das sich nicht mehr um Nahrungserwerb und

Überleben kümmern muß. Energien dafür sind in ihm jedoch vorhanden, diese müssen wir in andere Bahnen lenken.
Die ›Interessengemeinschaft Deutscher Hundehalter‹, Hamburg 76, Am Feenteich 16, an die man sich in allen Hundefragen um Rat wenden kann, hat festgestellt, wieviel sich der deutsche Durchschnitts-Hundefreund täglich mit seinem Hund beschäftigt:

bis zu 1/2 Stunde	=	9 Prozent
bis zu 1 Stunde	=	18 Prozent
bis zu 1 1/2 Stunden	=	10 Prozent
bis zu 2 Stunden	=	19 Prozent
bis zu 2 1/2 Stunden	=	9 Prozent
bis zu 3 Stunden	=	13 Prozent
bis zu 4 Stunden	=	5 Prozent
mehr als 4 Stunden	=	17 Prozent.

Man sollte sich mindestens 3 Stunden mit seinem Hund abgeben. 64 Prozent der Hundehalter kümmern sich also zu wenig. *Merke:* Jede Hundegeneration muß neu erzogen werden. Erlernte Eigenschaften werden nicht vererbt.
Ich will Ihnen hier keine Erziehungslehre für Hunde anbieten, wie man sie stubenrein macht (eine natürliche Anlage der Wolfswelpen, ihren Schlafplatz sauberzuhalten), wie man ihnen ›Platz‹ oder ›Komm‹ beibringt. Dafür gibt es andere Bücher. Wichtig ist, daß Sie die psychologischen Grundlagen kennen, das Wesen des Hundes begriffen haben und wissen, daß ein Hund kein Menschenkind ist! Erzogen werden muß ab dem 4. Monat. Denn dann beginnt die ›Rangordnungsphase‹, in der festgelegt wird, wer zu bestimmen hat: Hund oder Mensch.

Die erstaunlichen Versuche des Doktor Fisher

Er teilte vier Monate alte Welpen in drei Gruppen ein und erzog sie so: Gruppe A mit gleichmäßiger Liebe und Nachsicht. Gruppe B mit schroffer Strenge. Gruppe C mit willkürlicher Launenhaftigkeit zwischen Liebe und Zurückweisung. Wer wurde am anhänglichsten?
Nicht die Verwöhnten und Strengerzogenen, sondern die Gruppe C. Tiereltern sind nun einmal launenhaft. Was aber wichtig ist: Die Welpen müssen wissen, wohin sie gehören. Dann können sie auch Launen ertragen. Nur wenn man sie wochenlang verwöhnt, dann wieder allein läßt, weil man verreist, dann sie an andere verkauft – das ist eine Launenhaftigkeit, die kein Hund verkraften kann. Was er versteht, ist ein ›Biß‹ mit der Hand, kurz das Nackenfell packen und schütteln, ›Pfui‹ dazu sagen. Bald wird das Wort allein die Hand ersetzen.

Im sechsten Monat kommt die Zeit der charakterlichen Festigung. Jetzt muß der Hund die Grundregeln des Zusammenlebens gelernt haben, sonst lernt er sie nimmermehr. Es ist auch die Zeit der Persönlichkeitsentfaltung und der Selbstsicherheit. Der Hund entsteht, den wir verdienen. Nachdem wir das alles verstanden haben, können wir einen Test machen.

Wir testen Hundeherren

Für uns als Augentiere ist es immer am wichtigsten wie einer schaut. Machen wir einen Test, mit dem man einen Hund sicher beurteilen, mit dem man aber auch Rückschlüsse auf seinen Besitzer ziehen kann. Ich mache diesen Test gerne mit meinem Basset, der mir ruhig und gelassen in die Augen schaut. Bei diesem ›Wer-zwinkert-zuerst-Spiel‹ gewinne ich nie, aber dieser gerade Blick verrät mir, daß der Hund Persönlichkeit hat und eine innere Sicherheit, daß er sich mit mir versteht. Es gibt Hunde, die gleich wegschauen, die einem nicht in die Augen sehen können. Sie verraten Unsicherheit.

Da Fixieren und Anstarren zum Droh- und Imponier-Repertoire gehört, empfehle ich Ihnen, es bei selbstbewußten fremden Hunden nicht zu lange zu tun. Er könnte mit Knurren und dann mit einem Angriff antworten. Deshalb ist die Weisheit, ›ein Hund greift nie an, wenn man ihm starr ins Auge sieht und dabei auf ihn zugeht‹, ein Unsinn, der ganz auf dem christlich-menschlichen Überlegenheitsstandpunkt beruht. Wenn einen ein Hund bedroht, dann kann man allenfalls so auf ihn zugehen, als ob man einen Punkt neben ihm anvisiert – der Hund fühlt sich nicht bedroht und bezieht die Annäherung des Menschen nicht auf sich – und ihn dann ableinen (wenn der Hund ausgesetzt und dabei angebunden war). Doch das möchte ich Anfängern nicht empfehlen. Ein Hund, der es nicht wagt, seinem Herrn gerade ins Auge zu sehen, ist in seinem ganzen Wesen unsicher und neurotisch. Das können Zuchtfehler sein, meist aber ist er falsch behandelt worden und fürchtet seinen Herrn mehr als er ihn liebt.

Es gibt noch andere Möglichkeiten, auf einen Blick zu erkennen, wes Herren Hund man vor sich hat. Ich bitte diesen Test nicht nur bei anderen anzuwenden, sondern ihn als eine Art hundlicher Gewissenserforschung auch für den eigenen Hund zu benutzen. Auf Seite 204 können Sie sich testen, ob Sie sich überhaupt zu einem Hundebesitzer eignen.

1. Ein Hund, der bei einem Kommando in sich zusammenknickt und Zeichen von Unterwürfigkeit zeigt, wurde hart und verständnislos ausgebildet.
2. Ein Hund, der auf ein Kommando überhaupt nicht hört, der Herrchen und Frauchen an der Leine hinter sich herschleift oder sich schleifen läßt, wurde antiautoritär erzogen und ist in seiner Familie Rudelboß. Nur in Ausnahmefällen ist er ein besonders starker Charakter.

Das ist Eberhard Trumler mit einigen seiner Dingos. Er ist der Boß, seine Meutenkumpane versuchen ihm das Gesicht zu lecken. Tendenz freundlich-heiter.

3. Ein Hund, der mit eingeknicktem Gang neben seinem Herrn herläuft (das sieht man oft bei deutschen Schäferhunden), wurde zum Sklaven gemacht. Er entspricht dem Omega-Tier (Omega = letzter Buchstabe im griechischen Alphabet), dem Prügelknaben einer Meute.
4. Ein Hund, der ständig auf dem Bauch kriecht und sich vor jedem Menschen und Hund unterwirft (das sieht man heute viel bei Langhaardackeln), braucht kein geprügelter Hund zu sein, er ist nach seinen Anlagen ein ›Unterhund‹.
5. Ein Hund, der jeden Fremden fröhlich begrüßt und leicht anderen zuläuft, ist entweder von Hand zu Hand gegangen (häufiger Besitzerwechsel ohne neurotische Störung) oder in der Jugend mit zu vielen Menschen zusammengekommen. Er hat sich nicht einem, sondern allen Menschen angeschlossen.
6. Ein Hund, der freundlich, aber zurückhaltend ist, das ist ein glücklicher Hund. Er wird gut behandelt, versteht sich mit ›seinem Rudel‹ und ist natürlich geblieben.
7. Ein Hund, der bissig, angriffslustig oder rauflustig ist, wurde falsch erzogen. Er wurde neurotisch gemacht oder aber sein Herr ist neurotisch. Merke: Jeder Hund ist das, was wir aus ihm machen.
8. Einen frohen Hund erkennen wir am erhobenen Kopf, am hochgestellten Schwanz, an seiner wachen Neugier, an seinem ganzen lebendigen Wesen.

Das alles kann auf Ihren Hund nicht zutreffen. Damit will ich Sie nicht verunsichern, sondern Ihnen nur sagen, daß sich der Hund dem Menschen sehr stark angepaßt hat, daß er von ihm vieles übernommen hat, daß er manchmal sogar ein wenig menschlich geworden ist. Deshalb kann man ›die Hunde‹ eigentlich gar nicht beschreiben, auch nicht ›die Rasse‹. Man kann nur Anhaltspunkte geben, Gesetze aufzeigen, Forschungsergebnisse berichten und eigene Beobachtungen erzählen. Da ich Sie schon genug mit meinem Henry gefüttert habe, will ich Ihnen am Ende dieses Kapitels von Airedales berichten, um Ihnen damit zu zeigen, wie verschieden innerhalb einer Rasse die einzelnen Hunde sein können.

In der Familie eines Freundes leben seit 1911 Airedales. Die ersten, an die er sich nicht mehr erinnern kann, waren mit im Krieg, flogen leidenschaftlich gern in zweisitzigen Kampfflugzeugen. Die nächste Generation wuchs mit meinem Freund auf. Ein leidenschaftlicher Wasserhund, der am liebsten an Bord der Yacht war und stundenlang in der Ostsee schwimmen konnte. Außerdem war er eine fighting nature, die gerne mit Schäferhunden kämpfte. Er war ein echter Familienhund, der alle Mitglieder gleichmäßig liebte. Der Nachfolger, Muck von Ruppin, war ungemein sauber. Auch bei stundenlangen Schiffsfahrten erleichterte er sich nicht, so daß er zwischendurch immer mit dem Boot an Land gerudert werden mußte, damit er sich dort am ersten besten Baum auslaufen lassen konnte. Zuletzt gab es Suschi und Berry. Anführerin war die Hündin, ungemein intelligent, die ihren Bruder zu allem Möglichen anstiftete und sich dann aus der Affäre zog. Als sie zwei Jahre vor ihrem Bruder starb, glaubte man, er würde es nicht überleben. Doch Berry stellte sich völlig um. Er wurde ein ganz anderer, viel ruhigerer Hund, der sich der Familie ganz anschloß, während er vorher ziemlich sein eigenes Leben gelebt hatte.

Warum ich diese kleinen Geschichten erzähle? Um Ihnen zu zeigen, daß Verhaltensbeschreibungen nicht ausreichen, um einen Hund, den Hund einer Rasse, selbst den eigenen Hund richtig zu erfassen. Das Wissen um die Wolfsvergangenheit, seine Bräuche, Sitten und Sprache kann nur eine Plattform sein, von der man ihm näherkommt. Daß man diese Plattform braucht, um optimal mit ihm zusammenleben zu können, davon bin ich überzeugt, sonst hätte ich dieses Buch nicht geschrieben.

Lassen Sie mich zum Abschluß dieses Kapitels Eberhard Trumler zitieren, der soviel von Hunden weiß, wie kaum ein anderer: ›Das letzte Stück dieses Weges muß jeder Mensch mit seinem Hund gemeinsam gehen, denn die feineren Regungen der Hundeseele sind heute und wohl auch künftig dem objektivierenden Zugriff des Wissenschaftlers kaum zugängig.‹

Eine der ältesten Hunde-Darstellungen der Welt: Auf einer Felszeichnung in einer spanischen Höhle stellen Jäger mit ringelschwänzigen Hetzhunden das gehörnte Wild (etwa 15 000 vor Chr.).

Ein paar tausend Jahre Hund

Über eines sind sich die Forscher in der dunklen Geschichte des Urhundes einig: Sie wissen nicht, wo der Hund entstanden ist – und einen Hunde-Adam gibt es nicht.

Es gab überall auf der Welt wolfsartige oder schakalartige und wildhundige Tiere, die den kleinen Horden von umherziehenden Menschen folgten, um von den Abfällen der Jagdbeute als Kostgänger zu leben, ab und zu selbst einmal einen Jung-Mensch zu fressen oder von den Menschen gefressen zu werden. Wann und wo aber die Bande zwischen Mensch und Tier enger wurden, das vermochte auch der Spaten des grabenden Wissenschaftlers bisher nicht zu klären.

Man versucht es mit detektivischen Schlußfolgerungen, wie zum Beispiel so: Die Muttermilch der in warmen Gegenden lebenden Tiere hat einen größeren Zuckergehalt, die der Kältbewohner einen größeren Fettgehalt. Hundemilch ist fett, also stammt der Haushund aus dem Norden.

Südliches Gegenargument: Bei Windhunden, die man für die ältesten Hunderassen hält, herrscht stärker die gelbe und braune Farbe vor. Braun aber ist die Grundfarbe der südlichen, Grau die der nördlichen Tiere.

Die meisten fossilen Reste hundeartiger Säugetiere hat man in Amerika gefunden. Also muß dort der Haushund entstanden sein, denn wo seine Vorfahren am häufigsten vorkamen, ist sicher zum erstenmal der Kontakt zwischen Mensch und Hund zustande gekommen.

Andere Meinung: Von Asien aus erfolgte die Einwanderung der Menschen nach Amerika. Sie brachten die Hunde mit, denn in Sibirien ist die Hundezucht entstanden. Das beweisen Funde von uralten primitiven Hundeschlitten, wobei Hundezucht eine Weiterentwicklung der Hundehaltung ist.

Zwischenfrage: Was ist ein Haustier?

Der Mensch hat viele wilde Tiere gezähmt, nur wenige sind Haustiere geworden. Definieren wir einmal den Begriff, den die Wissenschaft *Domestikation* (= Umzüchtung von Wildtieren zu Haustieren) nennt.
1. Nur Herden- und Rudeltiere sind echte Haustiere geworden, da sie von Natur aus soziale Eigenschaften, Einordnung in eine Hierarchie, Anerkennung eines Chefs mitbrachten, Voraussetzung dafür, sich dem Menschen bedingungslos zu unterwerfen. (Ausnahme sind die Katzen, die ich nicht für wirkliche Haustiere halte.)
2. Bei der Haustierwerdung — die lange dauern kann — verändern sich die Tiere. Sowohl äußerlich als auch in ihrem Verhalten. Sicheres Merkmal ist eine bunte Mannigfaltigkeit in Größe, Fell- oder Federfarben, die in Rassen und Unterrassen konstant bleibt. Wildtiere dagegen gleichen sich innerhalb einer Art annähernd, Haustiere variieren wie Dogge und Chihuahua. Gedankenstütze: Wildtiere sind im Aussehen gleichförmig, Haustiere vielfältig. In ihrem Verhalten werden die primitiven Eigenschaften überbetont. Hunderüden sind Tag für Tag sexbereit, Wolfsrüden nur zu bestimmten Zeiten; das Hausschwein kann man mästen, ein Wildschwein nicht — man könnte meinen, sie paßten sich den Menschen an. Dagegen schwinden differenziertere Verhaltensweisen wie der Familiensinn und die sozialen Eigenschaften (zum Beispiel Fairneß gegenüber dem Schwächeren). Das kommt wohl daher, daß für die Haustiere der Mensch das Sorgerecht übernommen hat. Ein Haustier kann vielfach ohne menschliche Fürsorge nicht mehr existieren. Und damit kommen wir zum wichtigsten Zeichen der Domestikation.
3. Bei Haustieren tritt eine Entwicklungshemmung auf, die Jugendmerkmale als dauernde Charaktereigenschaften fixiert. So ist die ›Treue‹ eigentlich eine andauernde Anhänglichkeit an eine Mutterfigur. Diese Verkindlichung zeigt sich auch durch Hängeohren, die bei Wildtieren ein Zeichen des Nicht-Erwachsenseins sind, durch die Verkürzung des Gesichtsschädels im Verhältnis zum Gehirnschädel, die alle Hunde haben. Sogar der langköpfige Barsoi hat einen kürzeren Gesichtsteil als ein gleich großer Wolf. Extreme Formen finden wir bei Pekinesen, Möpsen und Maltesern, die in ihrer offensichtlichen ›Kindlichkeit‹ den Pflegetrieb und das Mami-Papi-Denken in uns geradezu hervorrufen.
Auch die Stubenreinheit ist teils auf das infantile Verhalten, den Schlafplatz

Das Gesicht der Wildnis. Afrikanische Wildhunde, früher als ›Geißel der Steppe‹ bezeichnet, sind schnelle Jäger. Im Gegensatz zu den Wölfen gibt es in ihren Groß-Rudeln (bis zu 60 Tieren) keine strenge Rangordnung.

sauber zu halten, zurückzuführen. Zum anderen sind Hunde als Fleischfresser nicht gezwungen, so häufig Kot abzusetzen wie Pflanzenfresser. Sie halten deshalb auch ihr Wohngebiet von Natur aus sauber. Deshalb hat der Mensch sie (und die sich ähnlich verhaltende Katze) als einzige Haustiere in die engste Wohn- und Bettgemeinschaft aufgenommen.

Noch einige Fachausdrücke — oder der Mensch als Haustier

Als erster hat L. Bolk in seinem 1926 in Jena erschienenen Buch ›Das Problem der Menschwerdung‹ beschrieben, daß es eine Reihe von körperlichen Merkmalen gibt, in denen sich der Mensch von seinen nächsten Stammesverwandten unterscheidet, und daß diese Merkmale alle Zeichen einer Entwicklungshemmung, eben einer Verkindlichung, tragen. Wenn wir es plakativ sagen wollen: So wie der Hund ein nicht erwachsen gewordener Wolf, so ist der Mensch ein nicht erwachsen gewordener Affe. Die Pigmentarmut seiner Haut, die Haarlosigkeit des Körpers bei Behaarung des Kopfes, das Überwiegen des Hirnschädels gegenüber dem Gesichtsschädel und die Krümmung der Beckenachse — alles das haben wir mit frühen, zum Teil embryonalen (= fötalen) Entwicklungsstadien der Menschenaffen gemeinsam. Bolk nennt die Summe dieser Merkmale denn auch *Fötalisation.*
Konrad Lorenz übernimmt dafür einen Begriff aus der Zoologie. Bei Krebsen und Schwanzlurchen zum Beispiel kommt es vor, daß auf einmal die letzten Stadien der Entwicklung wegfallen. Die Tierart ist plötzlich schon in einem Zustand geschlechtsreif und damit ›fertig‹, der vorher ein vorübergehendes Jugendstadium darstellte. Dieses Phänomen nennt man *Neotenie.* Lorenz schreibt: ›Die Zahl der persistierenden (= erhalten bleibenden) Jugendmerkmale des Menschen ist so groß, und sie sind für seinen Gesamthabitus so weitgehend bestimmend, daß ich keinen triftigen Grund sehe, die allgemeine Verjugendlichung des Menschen als etwas anderes aufzufassen als einen speziellen Fall von echter *Neotenie.*‹ Hier können wir die Brücke zum Haustier und speziell zum Hund schlagen, wobei ich noch einmal Professor Lorenz zitieren möchte: ›Zieht man einen jungen Wolf, Schakal oder Dingo von frühester Jugend wie einen Haushund im Kreise der menschlichen Familie auf, so verhält er sich zunächst durchaus wie ein Haushund, das heißt, er überträgt die jugendliche Anhänglichkeit, die er im Freileben seiner Mutter beziehungsweise später dem Leiter des Rudels gegenüber gezeigt hätte, ohne weiteres auf bestimmte Menschen. Während aber der Haushund diese ihrem Wesen nach ‚kindlichen' Bedingungen sein Leben lang beibehält, zeigen Exemplare der genannten Wildformen, insbesondere die Rüden, sobald sie völlig erwachsen sind, eine deutliche Neigung, sich unabhängig zu machen beziehungsweise selbst den Rang des Leittieres zu beanspruchen. Sie werden

dann dem bisherigen Herrn gegenüber aufsässig, versuchen, ihn einzuschüchtern und ihn sich rangmäßig unterzuordnen. Es ist eine merkwürdige Tatsache, daß der Hund, der sich wie kein anderes Haustier der menschlichen Gesellschaft einfügt, ganz wie der Mensch selbst das wesentlichste seiner Verhaltensmerkmale einer Neotenie verdankt: Wie die aktiv forschende Weltoffenheit des Menschen, so ist die Herrentreue des Hundes ein persistierendes Jugendmerkmal.‹ Als Kurt F. König zunächst mit Wildmäusen und später mit Füchsen seine systematischen Inzuchtversuche unternahm, traten nach etwa 12 Generationen Tiere auf, die die Merkmale der Kinderzeit bis ins Alter behielten, nicht nur körperliche, sondern auch wesensmäßige. König nannte dieses Phänomen *parainfantil*. Die Tiere vererbten auch die kindliche Wesensart und waren also zu erblichen Zahmtieren geworden, das heißt, sie hatten die Schwelle zum Haustier überschritten. In Treseburg im Harz konnte K. F. König aus diesen Zuchten Füchse zeigen, die den Schwanz hochtrugen (Ringelschwänzigkeit ist ein Zeichen der Domestikation), die einen kürzeren Fang hatten und aktiv Befehle ausführten, die niemals ein ›wilder‹ noch so gut gezähmter Fuchs befolgen würde. Königs Füchse konnten bellen, sie machten Männchen und hielten vor herangerufenen Hühnern Wache.
Nachdem wir uns mit dem Wesen der Domestikation beschäftigt haben, wollen wir wieder zurück in die Geschichte steigen.

Ein Tier zwischen Wiesel und Wolf

Vor rund 60 Millionen Jahren, im Oligozän oder Alt-Tertiär, entwickelten sich die Raubtiere aus den Ursäugetieren. Das muß irgendwo in einer kalten Landschaft gewesen sein, denn man nimmt an, daß die eisige Umgebung die Entwicklung im Mutterleib veranlaßt hat.
So hält man nach heutigem Forschungsstand die *Miacinen* für die ersten echten Raubtiere, Lebewesen von Wiesel- bis Wolfsgröße. Als älteste Landraubtiere kennen wir dann die Marderartigen, die mit den Bären verwandt sind. Lange Zeit glaubte man, daß die Hunde Vettern dieser Tiere sind. Inzwischen hat sich herausgestellt, daß die Hundeartigen doch nicht so alt sind. Ihre Verwandten sind vielmehr die Katzen, fortgeschrittene Schleicher, während die Hunde fortgeschrittene Läufer sind. Im Jung-Tertiär gab es in Amerika den *Tomarctos*, den wir uns marderähnlich vorstellen können und von dem sehr wahrscheinlich die ganze Hundefamilie abstammt.
Um zu den Haushunden zu gelangen, müssen wir Millionen Jahre überspringen. Es wird vor 15000 bis 20000 Jahren gewesen sein, als sich Mensch und Hund zusammentaten.

Die Abstammung der Hunde und ihrer Rassen

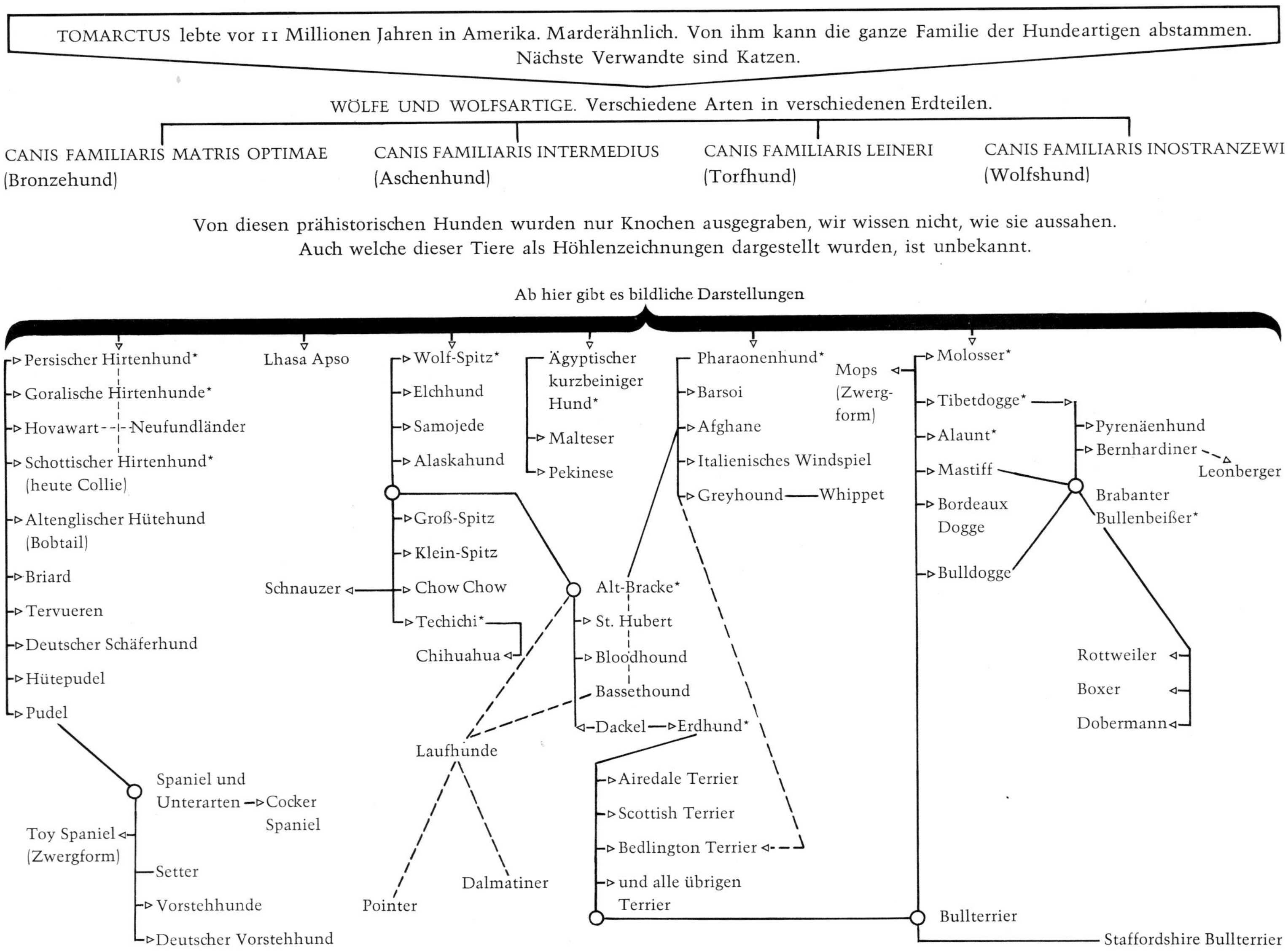

Diese Tabelle ist ein Versuch, Zusammenhänge aufzuzeigen. Sie darf nicht als Stammbaum gelesen werden.

* ausgestorben oder Altformen

Wie der Hund zur Brust genommen wurde

Damals war es bei uns so, wie es heute noch bei Stämmen auf Neuguinea oder bei den australischen Ureinwohnern zugeht. Familiengruppen ziehen umher und sammeln Eßbares: Frösche, Eier, Jungvögel, Eidechsen, Schnecken, Kleintiere, Nüsse, Beeren und Wurzeln. Konkurrenten bei der Suche nach diesen Nahrungsmitteln waren die hundeartigen Wildtiere. Sie trafen also immer wieder mit den Menschen zusammen. Jungtiere fielen dabei in Menschenhand, wurden gefressen oder aber behalten. Und wenn eine Menschenmutter ihren Säugling verloren hatte, dann nahm sie so einen Welpen an die Brust, teils aus Muttertrieb, teils um den Milchdruck zu lindern. Das läßt sich heute noch bei den ›Wilden‹ beobachten. Solche Tiere wurden besonders zahm, was aber keineswegs domestiziert bedeutet.
So wird es überall auf der Welt gewesen sein, und überall sind dann frühe Haushunde entstanden. Alle Hunde von einem ersten ›Hunde-Adam‹ ableiten zu wollen, ist absurd und typisch christliches Denken: Weil die Bibel ihren Adam hat, müssen auch Hunde, Pferde und Kühe ihren Adam haben.
Gerade dadurch, daß der Hund schon in der vorseßhaften Zeit Gefährte des Menschen wurde, können wir keinen lückenlosen Stammbaum für ihn aufstellen. Auch wenn wir die Fundstätten eindeutiger Haushunde betrachten, können wir keineswegs von ihnen die heutigen Rassen ableiten – wie es noch immer gern versucht wird. Es ist unsinnig, im Torfhund den Ahnherrn der Spitze und Schnauzer, im Bronzehund den der Schäferhunde oder im Aschenhund den Urvater der Bracken zu sehen. Denn wir haben nur ihre Knochen ausgegraben und wissen überhaupt nicht, wie sie aussahen. Das Aussehen aber ist gerade bei den Haushundrassen das wichtigste Kriterium. Auf einem gleich großen Skelett kann ein kurz- oder langhaariges Fell, in Schwarz oder Rostrot, mit stehenden oder hängenden Ohren, mit Ringelschwanz oder Hängerute gewesen sein. Wie viele heutige Rassen habe ich Ihnen allein mit diesen Möglichkeiten aufgezählt?
Unsere Hunderassen lassen sich nicht weiter zurückverfolgen als auf die Tierbilder der alten Niederländer und Italiener, auf die Aufzeichnungen der Zucht- und Jagdbücher – kurz, nur so weit, wie exakte menschliche Überlieferungen vorliegen.
Daß zur gleichen Zeit, aus der wir nur Knochenreste von Hunden kennen, in Ägypten schon Keramikwindhunde modelliert wurden, sagt nicht, daß die heutigen Windhunde auf diese Vorläufer zurückzuführen sind. Haustierrassen können kommen und gehen. Immer, wo Wirtschaftlichkeit wichtig ist, ist die Rassenzahl klein. So hat, um einen Vergleich aus der Nutztierzucht zu nehmen, eine Vielfalt von Geflügelrassen zwischen beiden Weltkriegen den 3, 4 wirtschaftlichen Rassen von heute weichen müssen. Genauso müssen

wir es beim Hund sehen: War er Gebrauchstier, war die Zahl der Rassen gering, gab es Zeiten, wo sportliche oder ästhetische Gesichtspunkte eine Rolle spielten, war die Zahl der Rassen groß.

Und der Mensch schuf sich den Hund zum Bilde

Nach neuesten Forschungen stammt der Hund, grob gesagt, vom Wolf ab. Deshalb haben wir im Verhaltenskapitel auch soviel vom Wolf gehört. Genauer gesagt, von einigen der 35 Wolfsunterarten und Wolfsartigen.
Wer Konrad Lorenz und sein berühmtes ›So kam der Mensch auf den Hund‹ gelesen hat, soll jetzt nicht ›Goldschakal‹ dazwischenrufen. In der neuesten Auflage schließt sich der Professor dem Wolfslager an: ›Durch neue Forschungen, insbesondere durch die sehr genauen Untersuchungen von Alfred Seitz, wird die Annahme unwahrscheinlich, daß der Haushund im wesentlichen von dem Goldschakal abstammt. Eine mögliche Ausnahme bildet nach Seitz der afrikanische Basenji, der in der Heulstrophe Anklänge an den Goldschakal zeigt. Der Vorfahre des Haushundes ist offenbar in einem anderen,

Hier heulen die Schakale. Fotograf Paysan war nur 10 Meter entfernt, als die beiden sich an den Resten einer Löwenmahlzeit gütlich getan hatten.

dem Wolfe näher stehenden asiatischen Wildhund zu suchen. Es kommen vor allem der indische Wolf *Canis pallipes* und der *Canis lupaster* in Frage.‹
Um das genau zu erfahren, müssen wir nach Kiel ins Institut für Haustierkunde zu Professor Wolf Herre gehen. Er hat sich bei seinen Arbeiten nicht davon leiten lassen, daß in der Schul-Zoologie ein Ordnungssystem besteht, das nach Ähnlichkeiten im Aussehen aufgebaut ist. Er glaubte dem alten biologischen Artbegriff mehr, der da sagt, daß nur das zur gleichen Art gestellt werden darf (und muß), was freiwillig und unter natürlichen Bedingungen fruchtbare Nachkommen erzeugt. Wolf und Goldschakal leben zwar in gemeinsamen Wohnbereichen, aber sie vermischen sich nicht. Auch sind aus freier Wildbahn Bastarde zwischen Schakal und Haushund nicht sicher, Kreuzungen zwischen Wölfen und Hunden fast gang und gäbe. Daher der Irrglaube der Schlittenhundbesitzer: Hündin draußen anbinden, von Wolfsrüden decken lassen, ergibt schärfere Nachkommen. Er wurde von Professor Herre durch die Puwos widerlegt.
In den Kieler Zwingern war das Aneinandergewöhnen von Wölfen und Hunden leicht, bei Hunden und Schakalen nicht möglich. So lebten die miteinander aufgewachsenen Pudel und Schakale nebeneinander her, aber nicht miteinander, auch wenn sie gemeinsame Junge hatten. Doch es gibt nicht nur diese äußerlichen Abweichungen!
1. Wolf und Hund stimmen in den Zähnen überein (ein in der Säugetiersystematik überaus wichtiges Kennzeichen), die des Schakals weichen davon ab.
2. Bei einer Bluteiweiß-Untersuchung finden wir bei Wolf und Hund ein gleiches Muster, beim Schakal wieder ein abweichendes.
3. Bei Wölfen und Hunden stimmen die Nebennieren in Gewicht und Feinbau überein, beim Schakal sind sie über 40 Prozent leichter.
4. Zur Domestikation gehört ein Leichterwerden des Gehirns und eine schwächere Furchung seiner Oberfläche. Das hat nichts damit zu tun, daß Haustiere weniger intelligent sind als Wildtiere, sie haben sich nur ihrem neuen Leben angepaßt, in dem die Sinneseindrücke zum Beispiel nicht mehr lebenserhaltend sind. Nun haben die Wölfe ein größenunabhängig schwereres und gefurchteres Hirn als Hunde, die wieder ein – ebenfalls größenunabhängiges – schwereres Gehirn als Schakale haben, wobei das Schakalgehirn das eines echten Wildtieres mit tiefen Furchen ist. Beim Herz ist es ähnlich. Beim Wolf schwerer, beim Schakal leichter. Detektiv-Schluß: Nirgendwo ist bei einem Haustier Hirn oder Herz schwerer als das der Stammväter geworden. Ergo: Der Schakal kann nicht der Ahn des Hundes sein.
5. Wölfe leben in großen Rudeln, Goldschakale nur in kleinen Verbänden, die fast mehr Großfamilien sind. Deshalb ist ihr Verhalten (ihre Mimik und ihr Ausdruck) wesentlich weniger differenziert als das der Wölfe, es ähnelt dem der Füchse, während der Hund wieder wolfsähnliche Eigenschaften zeigt.

Von Puwos und Puschas

Pudel sind Normalhunde, sehr an den Menschen gewöhnt und kaum noch jagend, dazu mit einem Haarkleid, das sich stark von dem der Wölfe und Schakale unterscheidet. So kreuzt man in Kiel Pudel mit Wölfen (= Puwos) und mit Schakalen (= Puschas).
Die *Puwos* waren keine besonders scharfen Überhunde, sondern scheu, vorsichtig und schreckhaft, sie heulten besser als Pudel, aber nicht so gut wie Wölfe, und mit dem Bellen war es genau umgekehrt. Nachkommen, die pudelähnlich waren, konnten im Verhalten wolfsähnlicher sein als wolfsartig aussehende Enkel. Folgerung: Form und Verhalten werden getrennt vererbt. Weitere Erkenntnis: Das scheue Verhalten des Wolfes bleibt auch in späteren Generationen dominant — das ›Wolfsblut‹ macht keineswegs modische Hunde mutiger.
Die *Puschas* wurden zu Überschakalen: Sie sind noch scheuer als die Wildtiere, ihre Bewegungen noch schleichender. In der zweiten Generation gab es eine Reihe Tiere, die einen unharmonischen, gestörten Eindruck hervorriefen, so als seien ihre Gehirnschaltungen nicht in Ordnung. Auch das läßt, weitere Untersuchungen vorbehalten, darauf schließen, daß wir den Schakal als Hundestammvater endgültig ›zu den Akten‹ legen können.

Der Rotkäppchen-Komplex

Die Geschichte vom menschenfressenden bösen Wolf wird nicht nur im Märchen erzählt, sie ist auch eines. Wölfe sind keine blutgierigen Killer, keine ›Haifische des Landes‹, wie Jack London meinte. Sie sind, das haben wir inzwischen von den Verhaltensforschern gelernt, ›keine heulenden Horden selbstsüchtiger Ungeheuer‹, sondern ein Wolfsrudel ist eine hoch organisierte, disziplinierte Gruppe, in der die einzelnen Tiere tatkräftig und freundlich zusammenarbeiten, nach Gordon C. Haber, der 900 Stunden lang einem Wolfsrudel in der kanadischen Wildnis folgte und es beobachtete.
Woher aber kommt die Wolfsangst (Grauen = Angst vor dem grauen Wolf), die soweit verbreitet ist, wie es Wölfe auf unserer Erde gab und gibt, die noch so tief in uns wurzelt, daß die Fremdenverkehrsämter von Celle und Lüneburg viele Zimmerabbestellungen bekamen, als die Zuwanderung eines verirrten Wolfes in der Lüneburger Heide bekannt wurde. Warum wird in Zeitungen der Wolf nur als Bestie tituliert (möglichst noch mit den schmückenden Adjektiven ›blutrünstig‹, ›blutgierig‹ oder ›reißend‹), so wie vor 200 Jahren die preußischen Forstmeister nur vom ›Unthier‹ schrieben, wenn sie ihre Wolfsakten anlegten, in denen es bezeichnenderweise keinen einzigen Bericht über die Tötung eines Menschen durch Wölfe gibt.

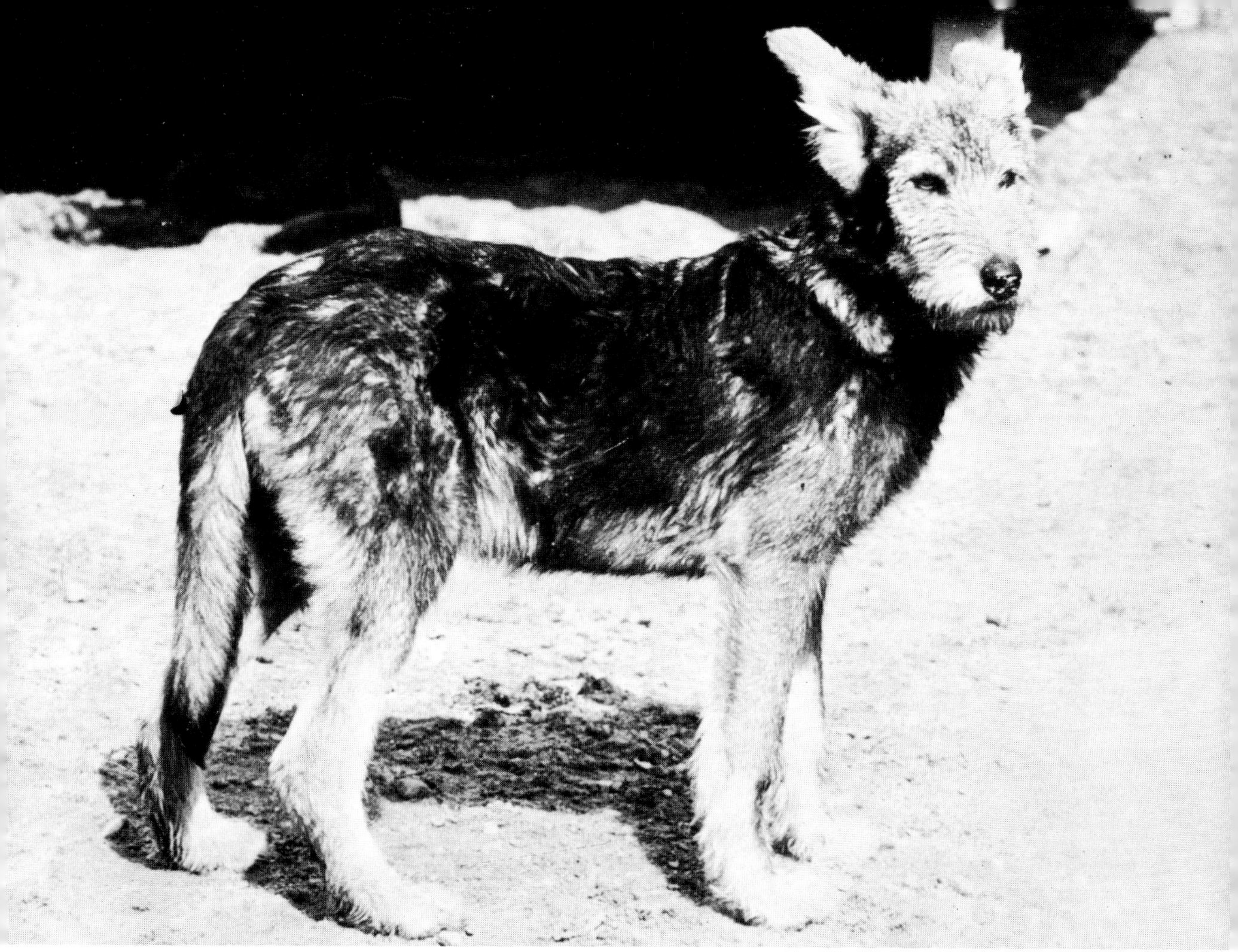

Ein Puwo, die Kreuzung zwischen Pudel und Wolf, ist kein scharfer Hund, sondern vorsichtig und scheu. Es ist Züchteraberglaube, durch Wolfsblut Schärfe zu erzielen.

Hier trifft einiges zusammen: Das unheimliche Heulen, das dem Wolf Beziehungen ins Mythische zuweist, der Schaden, den er am Vieh verursachte und zugleich Schaden am eigenen Leibe war, denn wer seinem Herrn den Zehnten nicht liefern konnte, wurde bestraft. Und Versicherungen gegen Wolfsschaden gab es nicht. Vielleicht waren zudem die Wölfe früher gefährlicher als heute!

Der Haß ist bis heute geblieben: Man jagt die Wölfe, wo man sie trifft. Mit Strychninködern, mit raffinierten Fallen, mit Schüssen aus tieffliegenden Flugzeugen. Die Motivation der Jäger: ›Man muß sie alle töten!‹ In einigen Ländern gibt es sogar noch Abschußprämien, obwohl die Wölfe am Aussterben sind.

Rettet die Wölfe jetzt! Das kann ich nur sagen nach dem, was wir durch die Verhaltensforscher über sie wissen. Außerdem wäre es doch schrecklich, wenn der Stammvater unseres besten Freundes aus Dummheit vernichtet würde. Größere Wolfsbestände gibt es heute nur noch in den asiatischen Teilen der

Sowjetunion, in Alaska und Kanada. In den Gebirgen Südwesteuropas gibt es noch Einzelgänger, einige Dutzend in Skandinavien und Finnland, mehrere tausend in Osteuropa und einige Restbestände in Amerika. Der kleinste Wolf ist der fast ausgestorbene Rotwolf aus dem südlichen Nordamerika mit 15 bis 30 Kilo, die größten Wölfe mit 80 Kilo Gewicht leben auf dem Festland des hohen Nordens.
Weitere Verwandte des Hundes sind (aus der Familie der Caniden) die Angehörigen der Gattung Canis: die Kojoten, die Goldschakale, die Schabrackenschakale, die Streifenschakale und der Abessinische Wolf.

Warum Herr Trumler mit Dingos lebt

Wenn Sie einen weißen Australier so richtig von Herzen beleidigen wollen, dann sagen Sie ›Dingo‹ zu ihm. In Australien werden diese Wildhunde nämlich gering geschätzt. Früher lebten sie von den Känguruhs, die wiederum von den Weißen dezimiert wurden. Ist es ein Wunder, daß sich die Dingos darauf ans Vieh der Weißen hielten? Sie wären sicher schon ausgerottet, denn der Mensch hat immer sorgsam auf sein Vieh (= Geld) geachtet, wenn sich in Australien nicht die Kaninchen verheerend vermehrt hätten. Kaninchen sind aber auch Dingospeise, und so machten sich diese Hunde wieder nützlich. Die Eingeborenen gar ziehen Dingohunde auf und benutzen sie zur Jagd.
Man nimmt heute an, daß der Dingo ein verwilderter Haushund ist, der vor rund 10000 Jahren domestiziert und mit den Einwanderern auf diesen Erdteil gebracht wurde, auf dem er neben Fledermäusen, Nage-, Beutel- und Schnabeltieren das einzige wildlebende Säugetier ist. Mit diesen Steinzeithunden arbeitet im Allgäu Eberhard Trumler. Er will an und mit ihnen die Haustierwerdung erforschen. Denn Dingos leben seit diesen Zeiten frei, sie haben sich nur in natürlicher Auslese fortgepflanzt, und kein Mensch hat bestimmt, welche Rüden welche Hündinnen decken dürfen.
Andererseits besitzen Dingos eine Reihe von echten Haustiermerkmalen: Säbelrute, weiße Abzeichen wie Pfoten, Brustfleck und Schwanzspitze, der Neuguinea-Dingo hat sogar einen Ringelschwanz. Man kann voraussetzen, daß sein Verhaltensinventar vollständiger ist als das eines jeden Haushundes. Da auch angenommen wird, daß der Dingo in der Ahnenreihe der Haushunde eine wichtige Rolle spielt, ist er ein Beobachtungsobjekt, wie ein Forscher es sich nicht besser wünschen kann. Es ist so, als würde Herr Trumler mit einem Zeitraffer zurück in die Steinzeit greifen können, um sich von dort einige frühe Haushunde in seine Grubmühle zu holen. Denn der Hundeschädel, den man im Senckenberg-Moor bei Frankfurt zusammen mit dem Skelett eines Auerochsen gefunden hat und der als Haushund eingeordnet wird, ist etwa 9000 Jahre alt und ähnelt einem Dingo bis auf den Zahn.

Frage an Herrn Trumler: Warum arbeiten Sie nicht gleich mit Wölfen? Antwort: ›Ich kann den Wölfen die Lebensbedingungen nicht bieten, die eine Voraussetzung zur freien Entfaltung ihrer natürlichen Lebensweise sind. Es bedürfte eines landschaftlich abwechslungsreichen, vor allem aber auch waldbestandenen Areals von wenigstens 100 Hektar, von einem zwei Meter hohen Zaun umgeben. Hoffen wir, daß der junge Wolfsforscher Erik Zimen ein derartiges Projekt im Rahmen des größten deutschen Naturschutzgebietes, im Bayerischen Wald, bald wissenschaftlich auswerten kann. Das würde die Haustierforschung um einen gewaltigen Schritt vorwärtsbringen.‹

Es darf geforscht werden

Wenig wissen wir auch über die ›Pariahunde‹. Sind es verwilderte Nachkommen alter Rassen, oder sind es Hunde im Frühstadium der Domestikation? Auf keinen Fall sind es die ›herrenlosen Straßenhunde des Orients‹, wie die Reiseschriftsteller noch heute schreiben, wobei der Orient vom Balkan bis nach Japan reicht. Die Untersuchungen der Doktoren Menzel haben eine Reihe von Naturschlägen ergeben, die teils hirtenhund-, teils windhundähnlich sind. Für einen von ihnen gibt es sogar einen Rassestandard. Er sollte nach der Meinung der Menzels der Nationalhund Israels werden. Deshalb nannten sie ihn ›Canaan Dog‹, nach den Ureinwohnern dieses Landes, den

Canaan-Dog-Rüde in Kiryat Haiym bei Haifa.

Kanaaniten. Es sind sehr liebe und intelligente Hunde, dazu aber scheu. Sie ähneln schwarzweißen Schäferhunden mit Kippohren und sehr buschiger Rute. Ähnliche Hunde leben noch halbwild in der Nähe der Beduinendörfer, und ihnen ist der Trieb, sich an einen Menschen anzuschließen, so stark, daß sie zufrieden sind, wenn sie erkennen können, daß ein Mensch es gut mit ihnen meint und sie ihm trauen dürfen. Auch hier erkennen wir ein Frühstadium der Haustierwerdung.
Eine weitere Gruppe im Anfangsstadium der Domestikation sind die Schensi-Hunde. Sie stehen auf gleicher Kulturstufe mit den Menschen, bei denen sie leben (Pygmäen, Papua, Einwohner von Neu-Irland). Sie werden weder gezüchtet noch gepflegt oder gefüttert, manchmal aber aufgegessen. Einer von ihnen, der Basenji aus dem Kongo, wurde zur Kulturrasse. Er bekam einen Standard, wurde von der International Canine Federation anerkannt und wird heute in England und USA gezüchtet. Er hat Merkmale altägyptischer Hunde beibehalten, den Ringelschwanz und die großen dreieckigen Stehohren. Er bellt nicht — in seiner Heimat jagt er mit einer Holzschelle um den Hals. Unter den Würfen von Pariahunden kamen immer wieder haarlose Exemplare vor, die weitergezüchtet wurden. Diese Nackthunde gibt es in einigen tropischen Ländern, wie Mittel- und Südamerika, Afrika, Südasien und auch China. Trotzdem hat die Temperatur nicht ursprünglich mit der Nacktheit zu tun, es ist umgekehrt. Man konnte wegen der Temperatur mit nackt geborenen Tieren leichter weiterzüchten.

Fieberhitze ist seine natürliche Körperwärme

Tiervater Brehm tat sie mit einem seiner üblichen Pauschalurteile ab: ›Die einzigen Nackthunde, die ich gesehen habe, machten auf mich den Eindruck, als ob sie nichts anderes leisten könnten, als Abscheu zu erregen.‹
Ich habe meinen Eindruck so beschrieben: ›Einmal habe ich einen Nackthund gesehen: Er war grau wie Schiefer und überhaupt nicht schön. Seine nackte Haut fühlte sich an wie die eines Ferkels. Er glich weniger einem Hund als einer vorzeitlichen Echse oder einem seltsamen Dickhäuter. Seine dünnen, sehnigen Beine gehen in starke Krallen über und erinnern an die Greifklauen von Barockstühlen. Wie graues Wildleder erschien mir sein Gesicht, aus dem er mit wimpernlosen, fast grünen Augen in eine Welt schaut, die für ihn neu, aber nicht interessant ist. Der Nackthund bellt übrigens kaum. Er ist anhänglich, lebhaft und erstaunlich liebebedürftig. Als wüßte er, wie häßlich schön er ist ...‹ Darauf bekam ich Protestbriefe. Vom Züchter der ›Chinese crested hairless Dogs‹, Herrn Joachim Weinberg, der sich in Deutschland darauf spezialisiert hat und seine (10) Hunde mit ›sensationellem Erfolg‹ auf allen europäischen Ausstellungen zeigt.

So sieht der Chinese crested hairless Dog vom deer type aus. Die großen Kulleraugen wecken in uns den Beschütze- und Hätscheltrieb.

Herr Weinberg beschreibt sie so: ›Einen Chinesen kann man nicht beschreiben, den muß man besitzen, um dieses Glück empfinden zu können, das dieser Hund gibt. Eine Seele, ein in seiner Zärtlichkeit und Liebe nicht zu beschreibendes Etwas. Ganz Hingabe, in seiner ihm eigenen körperlichen Wärme füllt er die letzte noch offene Ecke des Herzens seines Besitzers aus.‹ Er spricht dann etwas weniger poetisch von der Eleganz seiner Hunde, die wie Meißner Porzellan wirken, von ihrer samtweichen Haut und klärt mich weiter über merkwürdige Eigenschaften auf, über die ich deshalb so ausführlich berichte, um Ihnen zu zeigen, wie breit sich der Bogen Hund spannt. In jedem Wurf gibt es ein behaartes Tier (dem zwar die Unterwolle fehlt), das seine Brüder und Schwestern wärmt, in den USA den Namen ›powder puff‹ (= Puderquaste) trägt und sehr gesucht ist. Die Züchter unterscheiden den ›deer type‹ (= elegant und filigranhaft) und den ›cobby type‹ (= etwas schwerer). Eine gleiche Unterscheidung macht man auch bei den Chihuahuas, von Eingeweihten kurz ›Chis‹ genannt. Mit den Vorderfüßen können die Nackthunde fast wie mit Händen greifen, ihre Zähne, ›wie aus Porzellan‹, sind nicht für Knochen geeignet. Gegen Wolle sind sie so allergisch, daß sie daran sterben können, und von der Sonne werden sie genauso verbrannt wie wir Weißhäutigen. Empfindlich oder kompliziert sind sie nicht.
Der zweite Brief war zoologischer, er kam aus Kiel von Frau Herter, die eine Arbeit über Nackthunde schreibt. Sie selbst besitzt einen der terriergroßen kubanischen oder mexikanischen Nackthunde, die elefantengrau, dunkelbronze oder schwarz sind. Aus ihrer Beschreibung lernen wir ein fast wildes Tier kennen, das mit seinen rasiermesserscharfen Krallen der Vorderläufe eine Ratte halbieren kann, das aus dem Stand über ein Meter hoch springt – und das wie ein Gummiball –, wenn es sich freut.
Dieser Nackthund ist kein Nachkomme der Techichis aus Colima oder der Xoloitzcuintli der Azteken. Das waren niederbeinige breitrückige Tiere, während die heutigen Nackthunde schlank und hochbeinig sind. Ihre Körpertemperatur liegt immer 3° über der Normaltemperatur eines Hundes.
Nach genauen Untersuchungen kann man nicht von Nackthund-Rassen sprechen (zoologisch gesehen), sondern von einer Landrasse, die eine breite genetische Variabilität zuläßt, die sich in verschiedenen Schlägen präsentiert, eben dem mexikanischen, chinesischen, kubanischen und afrikanischen.
Nacktheit ist bei Hunden immer mit einer Zahnanomalie gekoppelt. Es müssen nicht immer die Prämolaren (= falsche Backenzähne) sein, die fehlen, es gibt Tiere mit kompletten Gebissen, die aber schlecht sind, so daß sie sich schnell abnutzen, und solche, die von Geburt an nur 14 Zähne haben. Jeder Nackthund hat übrigens an Kopf und Rutenende einen Haaranflug, die Chinesen einen richtigen Haarschopf (= crested).

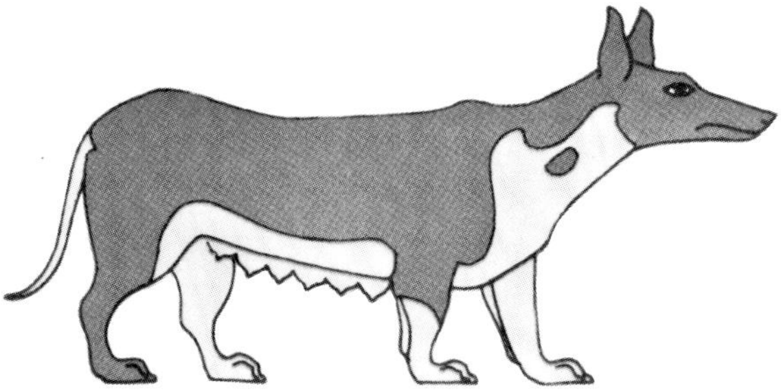

Man könnte diese kurzläufige Hundedame aus der 12. Dynastie des alten Ägyptens für die Urmutter aller Dackel und Bassets halten. Sie ist es mit Sicherheit aber nicht, denn Haushundrassen können schnell verschwinden.

Wie die Rassen entstanden sind

Betrachten wir die Hunde Ägyptens: Sie sind wohl die ersten, die so sorgfältig und naturalistisch dargestellt wurden. Wir kennen die kurzläufige, gescheckte Hündin mit den Stehohren von einer Grabwand der 12 Dynastie (etwa 2000 v. Chr.), die sich die Dackelzüchter und Bassetfreunde gern in ihren Stammbaum schreiben. Wir kennen Windhunde mit behaarten Ohren, in denen sie Salukis ihre Vorfahren sehen, und der liegende Anubis in Tutenchamons Grab sieht ausgesprochen einem Ibicengo (Hund von Ibiza) ähnlich. Neben einem Pharao auf einem Streit- oder Jagdwagen läuft ein gefleckter Hund, bei dem man an den Dalmatiner denkt, und wer kann es einem Berner Sennenhund-Besitzer verübeln, wenn er ›seine‹ Rasse auf einem Tonlämpchen aus einem römischen Militärlager wiederentdecken möchte?
Wissenschaftlich gesehen sind das alles Spekulationen. Ich glaube nicht, daß man bei den Rassehunden die Linien glatt zurückverfolgen kann. Daß in abgelegenen Gebieten sich Hunde in ihrem Erscheinungsbild lange gehalten haben, ist durchaus anzunehmen, sonst hätte weder Kurt F. König den Hovawart noch Professor Heim den Großen Schweizer Sennenhund rekonstruieren beziehungsweise wiederentdecken können. So sind mit Sicherheit die Elchhunde des Nordens und die Hirtenhunde europäischer Gebirge alt. Aus abgeschlossenen Ländern, wie Tibet oder Japan, können alte Rassen stammen, die meisten jedoch sind Arbeitshunde, die eben keinerlei modischen Veränderungen unterworfen wurden. Trotzdem halte ich es für fraglich, zum Beispiel die Elchhunde geradewegs bis auf den Torfspitz zurückzuführen, dessen Überreste man am Ladogasee gefunden hat und die man 6000 Jahre alt schätzt.
So wie heute immer wieder Rassen entstehen, hat es früher auch welche gegeben, die dann wieder verschwunden sind. Und die Zwerghunde der Rokokodamen, die Spaniels oder Münsterländer auf den holländischen Bildern sind gewiß nicht die gleichen Hunde wie heute. Denn die eigentliche Hundezucht, die wir mit Hundesport gleichsetzen müssen, begann erst im vorigen Jahrhundert.

Wenn wir uns die meisten der heutigen Hunderassen anschauen, so sind sie kaum älter als 70 oder 100 Jahre. Den Typus dieser Rasse hat es natürlich viel länger gegeben, aber ihr heutiges Bild ist nicht einmal ein Menschenalter alt. Das sieht man, wenn man sich Bilder aus der Zeit der Jahrhundertwende betrachtet. In dem großen, zweibändigen Werk von Ludwig Beckmann, einem Tiermaler aus Düsseldorf, in dem er die ›Rassen des Hundes‹ beschreibt und darstellt, kann man auf den meisterlichen Holzstichen manche Rassen kaum noch identifizieren, obwohl das Buch 1894 herauskam. Ich habe auf Seite 174/175 einige jener Illustrationen mit Fotos von heute kombiniert, damit Sie den krassen Unterschied sehen. Deshalb erscheint mir auch der Rummel mit der Reinrassigkeit so lächerlich: Biologisch gesehen sind auch die Rassehunde nicht reinerbig. Es ist so, wie es mir der Hovawart-Mann und Hundezeitschriften-Redakteur (›Dein Hund‹) Fred Graf prägnant sagte: ›Man kann zwar reinrassige Mikroben züchten, aber niemals Hunde.‹
Gehen wir weiter zurück, dann finden wir eine Einteilung der Hunde nur nach Gebrauchszweck: ein Hirten- und ein Jagdhund konnten von denselben Eltern abstammen: Ihre Neigung und Veranlagung war entscheidend.

Voll armierter Ritter auf gepanzertem Pferd von einem Windhund begleitet. Titelholzschnitt der ›Fröhlichen Geschichte des edlen Herrn Syperis de Vinevaux und seiner siebzehn Söhne‹. Frankreich, 15. Jahrhundert.

Das können wir heute noch daran sehen, daß der für uns typische Spitz-Schäferhund mit aufgestellten Ohren, der Haus, Hof und Vieh bewacht, im Norden und in Rußland der Jagdhund ist, wie die Elchhunde, Bärenhunde oder Laikas. Zur Zeit des Barock waren die Saurüden hauptberuflich Metzger- und Viehtreibehunde und wurden für die Jagd zweckentfremdet – ein Vorteil für den Jagdherrn, der die Hunde das Jahr über nicht ernähren mußte.
In dieser ganzen Zeit war der Bauernhund, der Hofwächter (= Hovawart), das Material, aus dem verschiedene ›Rassen‹ je nach Bedarf gezüchtet wurden. Er war der bodenständige Hund und wurde manchmal auch mit fremden Hunden, die mit Eroberern oder Reisenden kamen, vermischt. Diese Hunde mußten sehr genügsam sein, aß doch der Bauer selbst oft viele Wochen kein Fleisch, sie durften keinen Jagdtrieb haben, wurden doch Jagdvergehen schwer bestraft. Es ist klar, daß Bauern und Ritter sich ihre Spezialhunde zogen, und zwar rein nach Veranlagung und Leistung.

Ein Herzog schrieb ein Hundebuch

Der Baron Gaston de Foix lebte, als das Mittelalter seinen Höhepunkt in Prunk und Pomp erreichte, als die Frauen spitze Hüte trugen und nackte Brüste zeigten und als es für Männer nur zwei Dinge gab: eben diese Frauen und die Jagd. Dieser Baron schrieb 1387 unter dem Künstlernamen Gaston Phoebus das ›Livre de la Chasse‹. Was er beschrieb, praktizierte er mit einer Meute von 1600 Hunden auf seinen Ländereien. Er zählt 6 Hundegruppen auf:

1. *Alans gentils* = mächtige Doggen
2. *Alans vautres* = mastiffähnliche Saupacker
3. *Lévriers* = greyhoundähnliche Hasenfänger
4. *Chiens courants* = brackenartige Laufhunde
5. *Chiens d'oiseaux* = spanielartige Vogelhunde
6. *Matins* = Bauern- und Hofhunde.

Dieses Buch übersetzte Eduard, der zweite Herzog von York, 1412 ins Englische unter dem Titel ›The Mayster of Game‹ und fügte einige Kapitel über die Hundezucht in England hinzu. Daraus entnehmen wir, daß es damals in England den Greyhound gab (der auch schon diesen Namen trug), den Mastiff und den Spaniel, dazu terrierähnliche Hunde, spitzohrige und langhaarige Hütehunde, die vielleicht Vorläufer der heutigen Collies waren. Außerdem hatte man den Leithund, der die Fährte fand, die laufenden und mit der Nase jagenden Bracken und einen Typ schwerer Metzger- und Treibhunde.

Rund hundert Jahre dauerte es bis zu den nächsten Hundebüchern. Eines schrieb der Zürcher Konrad Gesner innerhalb seiner vierbändigen ›Historia animalium‹ (1563), die auch in Deutsch mit dem Titel ›Tierbücher‹ erschien. Hier sind für den Rasseforscher eigentlich nur die Abbildungen interessant, denn sie zeigen die Hunde, die Gesner gesehen hat. Sein Text ist ein Konglomerat aus Übernahmen klassischer Schriftsteller. Die Bilder zeigen zwei Windhundtypen, steh- und kippohrig, einen Laufhund, einen Sennen- oder Bauernhund, einen englischen Bluthund, einen Spaniel, einen Wasserhund mit zotteligem Haar, wie ein Löwe geschoren, einen genauso hergerichteten Zwerg und einen undefinierbaren langhaarigen ›Hogerhund‹, der aus Afrika stammen soll. Beschrieben werden nur die Eigenschaften, Ausnahme: Jagdhunde sollen scheckig sein, damit man sie nicht mit dem Wild verwechselt.
Dieser Konrad Gesner bekam aus Cambridge von Professor Johannes Cajus einen Brief mit Informationen über die Hunde Englands. Gesner benutzte ihn kaum, und so setzte sich Cajus hin, erweiterte den Text und ließ ihn 1570 unter dem Titel ›De canibus britannicis‹ in London als Buch erscheinen. Hier finden wir die erste Rassensystematik: I. Generosi oder edle Hunde, II. Rustici oder bäuerliche Hunde, III. Degeneres oder artlose Hunde. Zu den edlen Hunden zählt der Doktor die Jagdhunde, die Vogelhunde und die Schoßhunde; zu den bäuerlichen die Schäferhunde und die Bauernhunde, *Villatici.* Diese haben je nach Verwendungszweck wieder andere Namen: Wachhund = *Custos,* Botenhund = *Mandatarius,* Nachtwächterhund = *Lunarius,* Schutzhund = *Defensor, Aquarius* = wenn er das Tretrad des Brunnens bedient, *Turnspit* = wenn er den Bratspieß dreht – im übrigen die Tätigkeit, der die Bernhardiner anfänglich nachgingen –, *Sarcinarius* = Lastenträger. Diese Hunde waren alle als gewaltig und kräftig beschrieben, sie haben teils den lateinischen Namen *Molossus,* teils den englischen *Mastiff.* Die Artlosen sind Hunde, die keiner bestimmten Rasse angehörten (was man damals so unter Rasse verstand) und die man nur nach der Beschäftigung unterschied. Hier gibt es den *Admonitor* oder *Waps,* der Fremde durch Gebell ankündigt, noch einen *Versator* oder *Turnspit,* eine kleinere Version des Bratspießdrehers und schließlich die wandernden Artistenhunde, Tanzhund = *Saltator* genannt, ›die zur Trommel tanzten, sich zu den Weisen der Leier bewegen und vieles andere aufrecht oder geneigt tun, was sie von umherziehenden, erwerbslosen Herren gelernt haben‹.
Außerhalb dieser Klassifikation steht der ausländische *Islandicus,* der sich in England eingebürgert hat: ›Diese Hunde sind am ganzen Körper behaart und haben des langen herabhängenden Haares wegen weder Gesicht noch Gestalt. Viele aber sind doch, weil sie fremd und dankbar sind, an Stelle der Malteser angenommen worden.‹ Ich würde sie für Vorläufer der Skye-Terrier halten.

Bei den Jagdhunden (= Generosi) gibt es eine Menge verschiedener Spezialisten, wie die Terrier, die auf Fuchs und Dachs angesetzt wurden, die Spürhunde, ›die das Wild durch ihren Geruchssinn ermüden, schnell und munter bei der Jagd sind und beim Aufspüren unglaublichen Scharfsinn der Nase zeigen‹. Es gab Hasenhunde und Bluthunde, die man zum Aufspüren auch von totem Wild brauchte und die die Wilddiebe ›über weiteste Räume ohne Irrtum‹ verfolgten. Unter den Windhunden tat sich der Greyhound als ›Solofänger‹ für die Hasenjagd hervor. Zu den Vogelhunden rechnete Doktor Cajus die Spaniel und den Setter. Die Gruppe der Schoßhunde enthält einen Typ, der aus zwei Rassen besteht: den Vorläufer des heutigen Toy Spaniels, mit lateinischem Namen *Meliteus* bezeichnet, was aber Malteser heißt. Es wird also einen kleinen Spaniel und den Malteser gegeben haben. Die Namen *Fotor* (= Wärmer) und *Comforter* (= Tröster), die sowohl für den einen wie für den anderen benutzt wurden, machen die Klassifikation nicht klarer.

1765 malte Michael Spengler diese Fuchshatz hinter Glas. Das Bild hängt im Jagdmuseum Schloß Kranichstein.

Das Jahrhundert der Hunde

In den nächsten 250 Jahren passierte in der kynologischen Literatur nicht viel. Es gab jede Menge Jagdbücher, in denen natürlich eine Menge über Jagdhunde stand, es kamen die großen Sammlungen heraus, wie Johann Elias Ridingers ›Tierreich‹ mit 3000 Kupferstichen, Buffons ›Histoire Naturelle‹ und Beilbys ›General History of Quadrupeds‹, darin auch viele Hundebilder, aber eine echte Hundeliteratur gab es nicht. Bis auf eine Ausnahme: die 1680 in Deutschland erschienene ›Cynographia curiosa‹, deren Verfasser Christian Franz Paullini, Polyhistor und Mediziner in Nürnberg das gesamte Wissen seiner Zeit über Hunde zusammentrug. Die 300 Seiten starke ›Hundebeschreibung‹ ist eine merkwürdige Mischung aus Anekdoten, Mythologie, Namenserklärung, der Rassenkunde des Doktor Cajus, der ersten Erwähnung des Dackels (›Unter Jagdhunden haben gewisse sehr kurze Beine und lange Körper, damit sie in den Schlupfwinkel der wilden Tiere hineinkönnen, und werden Dachshunde genannt.‹), der Verwendung des Hundes in der Medizin und als Nutztier. Wertvoll für die Hundehistorie ist dieses Buch durch die sorgfältige Aufzählung von rund 3000 Quellen, aus denen Paullini sein Wissen schöpfte.
Hunde wurden in dieser Zeit viel gehalten. So gab es allenthalben Dekrete, die das Mitnehmen von Hunden in die Kirchen verboten. Doch mit der Zucht war es nicht weit her, und sie kam schließlich durch die Napoleonischen Kriegszüge und die Wirren dieser Zeit ganz zum Erliegen.
Dann kam das neue, das 19. Jahrhundert, das in seinem ersten Jahr mit der ›Cynographia Britannica‹ von Sydenham Teak Edwards mit dem wegen seiner kolorierten Kupfertafeln bis heute schönsten Hundebuch aufwartete. Es wurde das Jahrhundert der Hunde. Nicht nur in der Literatur, sondern vor allem durch das Entstehen des Hundesports und der planmäßigen Rassezucht, die von England auf den Kontinent kam.

Was heißt das: Rasse?

Der Begriff ›Rasse‹ wurde Mitte des 17. Jahrhunderts bei uns erstmals mit der Zucht edler Pferde verknüpft, mit der der Hunde erst im vorigen Jahrhundert.
In den verschiedenen Wissensdisziplinen hat das Wort *Rasse* verschiedene Bedeutungen.
Anthropologie: Eine Gruppe von Menschen mit gleichgerichteten Erbanlagen, ähnlichem Aussehen, gleichartigem Verhalten und gemeinsamer geographischer Verbreitung.
Zoologie: Individuen derselben Tierart, die durch gemeinsame Abstammung

eng zusammengehören und deshalb auch gleichartige physiologische und aussehensmäßige Merkmale haben, die durch Erbanlagen bedingt sind.
Vererbungslehre: Eine Gruppe von Tieren, die aufgrund geleiteter Zuchtwahl Träger eines bestimmtes Erbmerkmals sind.
Zuchtlehre: Eine Gruppe von Tieren, die der Züchter mit einem Blick auf ein Zuchtziel mit einheitlicher Körperform, Farbe und Veranlagung auswählt und die für die meisten Merkmale einigermaßen erbgleich sind.
Ziehen wir den Schlußstrich und sagen: ›Rasse ist eine Gruppe von Einzeltieren innerhalb einer Art, die sich durch den gemeinsamen Besitz bestimmter Eigenschaften von den anderen Artgenossen unterscheiden und diese Eigenschaften im allgemeinen auf ihre unter gleichen Bedingungen aufwachsenden Nachkommen vererben‹ (C. Kronacher ›Allgemeine Tierzucht‹). Wobei zu bemerken ist, daß Rassen im Gegensatz zur Art kurzlebig sind.

England erfand den Hundesport

Rassezucht war zunächst das Hobby der Gentlemen vom Lande, wurde dann aber zu einem Volkssport, mit dem sich sogar gute Geschäfte machen ließen. Das ist etwas, was einem heute in England bei den Hundezüchtern so auffällt: Sie sind viel geschäftstüchtiger als die unsrigen, die doch hauptsächlich Idealisten sind. Heute geht es wieder so wie damals. Von England flutet ein Strom von Hunden oft recht zweifelhaften Wertes auf den Kontinent. Damals, das war nach dem deutsch-französischen Krieg, als bei uns die Hundesportbewegung begann, waren es Collies und Foxterrier, heute sind es Bassets und Yorkshire Terrier.
Die Engländer konnten früher anfangen als wir: Sie hatten unter den Napoleonischen Kriegen kaum gelitten, außerdem war die Revolution an ihnen vorübergegangen, nicht zuletzt besitzen sie einen anderen Nationalcharakter. So ist es recht typisch, daß sich aus den gleichen Grundformen in England der Collie, bei uns der Schäferhund, in England die Bulldogge, bei uns der Boxer entwickelt hat, und während wir uns auf Pinscher und Schnauzer beschränkten, machten die Engländer etwa 20 Terrier daraus. Der vollendetste Spezialist der Welt, der Pointer, entstand in England, wir verwandelten den gleichen Stamm in einen vielseitigen Gebrauchshund, den Deutschen Vorstehhund.
Mit der 48er Revolution fing es bei uns an: Das Jagdrecht wurde an den Grundbesitz gebunden, breite Bevölkerungsschichten konnten auf einmal die Jagd ausüben und brauchten dafür Jagdhunde. Diesen Jägern fehlte jede Tradition und jede züchterische Erfahrung. Es entstanden keine Rassen, sondern örtliche Schläge oder Familienstämme über mehrere Generationen. Schläge = Gruppe von Tieren einer Rasse mit körperlichen oder wesens-

Im 19. Jahrhundert, als die Bullenbeißereien und Bärenhetzen verboten waren, wurden in England Hundekämpfe populär. Zentrum dieses ›Sports‹ war das schwarze Land von Staffordshire. Als Spezialrassen wurden dafür der Staffordshire-Bullterrier und der Bullterrier gezüchtet. Das Zusammentreffen zweier solcher ›Kampfmaschinen‹ verewigte Henry Alken um 1825 in dieser Radierung.

mäßigen gemeinsamen Merkmalen. Familienstämme = die Tiere eines Züchters und deren direkte Nachkommen. Heute tauchen sie als ›Zuchtgruppe‹ auf Ausstellungen auf.
Mit der Gründung der Verbände und Vereine ging es dann los, mit Ärger, Streit, Arbeit und sehr viel Eifer. Das ist heute noch nicht anders geworden, wie Sie im übernächsten Kapitel lesen werden.

Was gibt es für Hunderassen?

Inzwischen kennen wir etwa 400 Rassen auf der Welt, von denen gut die Hälfte von den Internationalen Verbänden anerkannt ist und einen ›Standard‹ besitzt. Standard = vollständige Beschreibung der typischen Rasse-

merkmale, die sich entweder auf einen Modellhund beziehen oder den Idealhund beschreiben oder aber die Mittelwerte einer Reihe von wertvollen Hunden umfassen.
Diese vielen Rassen können wir in 10 Gruppen zusammenfassen (eine Möglichkeit von mehreren, wie zum Beispiel die Aufteilung der Hunde nach dem Verwendungszweck, also in Jagdhunde, Hetzhunde, Diensthunde, Nutzhunde, Haushunde, Zwerghunde), die auch die Familien und die biologische Zusammengehörigkeit zeigen.

1. *Nordlandhunde* (von den Schlittenhunden über die Elchhunde bis zu den russischen Laiki. Insgesamt etwa 17 Rassen).

2. *Spitze* (von den deutschen Spitzen über den schwanzlosen Schipperke zum Chow Chow und dem japanischen Akita Inu. Insgesamt etwa 16 Rassen).

3. *Pinscher und Schnauzer* (vom Affenpinscher zum Dobermann, vom Zwerg- zum Riesenschnauzer. Etwa 15 Rassen).

4. *Terrier und Nackthunde* (vom Airedale Terrier zum Kromfohrländer, vom Bullterrier bis zum Chihuahua und Chinese crested hairless Dog. Etwa 30 Rassen).

5. *Doggen und Doggenartige* (vom Bernhardiner bis zum Mops, vom Hovawart bis zur Deutschen Dogge. Etwa 17 Rassen).

6. *Treibehunde* (von den Sennenhunden über den Rottweiler bis zum Bouvier des Flandres. Etwa 10 Rassen).

7. *Hirtenhunde und die Kleinen aus Tibet* (vom Kuvasz, Bergamasco und dem Lhasa Apso. Etwa 27 Rassen).

8. *Schäferhunde* (vom Deutschen Schäferhund, dem Schafpudel, dem Collie und den Welsh Corgis. Etwa 42 Rassen).

9. *Windhunde* (vom Irish Wolfhound zum Whippet, vom Afghanen zum Galgo Español. Etwa 20 Rassen).

10. *Jagdhunde.* Unterteilt in *Laufhunde* (etwa 92 Rassen, zu denen unter anderem die Dackel, Bassets, Bluthunde, Dalmatiner, Rhodesian Ridgeback und der Bayerische Gebirgsschweißhund gehören), in *Vorstehhunde* (etwa 42 Rassen, wie Deutsch-Drahthaar, Kleiner Münsterländer, Pointer, Setter und Weimaraner), in *Apportierhunde* (etwa 5 Rassen, wie Golden Retriever), in *Stöberhunde und deren Zwergformen* (etwa 28 Rassen, wie die Spaniels, der Wachtelhund, der Peking Palasthund und die Toy Spaniels) und in *Pudel und Pudelartige* (etwa 7 Rassen, wie die Pudelformen Groß-, Klein- und Zwergpudel sowie Bologneser oder Malteser). Nicht mit einbezogen wurden die Paria- und Schensihunde, sie bilden Gruppen für sich.

Die Arbeit am Mann ist ein wichtiges Kapitel der Schutzhund-Ausbildung. Vielfach wird sie noch mit Beißärmel und wattiertem Schutzanzug praktiziert. Doch welcher Bösewicht des Alltags ist so angezogen?

Wo Hunde noch Hunde sind

Wölfe, die Urahnen des Hundes, sind ständig auf Achse. Sie müssen laufen und laufen, um ihre Beute zu jagen. 50 Kilometer legen sie durchschnittlich innerhalb 24 Stunden zurück. Wenn ein Hund am Tag seine 5 oder 10 Kilometer absolviert, dann ist er eine Ausnahme und meist ein glücklicher Hund.

Je weniger er herumkommt oder zu tun hat, je mehr er sein Leben in Zimmern, auf Balkonen oder in Kleingärten verdöst, desto stärker stumpft seine Psyche ab. Er wird ein dummer und ist ein armer Hund, auch wenn es ihm noch so gut geht.

Schauen wir uns deshalb einige Rassen und deren Vertreter an, die Arbeit und Bewegung haben und versuchen, daraus das Beste für den Familienhund zu machen. Weil es so romantisch und bisher wenig beschrieben worden ist, geht unser erster Abstecher in die Oberpfalz.

Ein Hauch von Fuchs

Mit einem Dutzend Hunde hat der Master der bayrischen Grenzlandmeute *(Master = Herrchen und Betreuer)*, Franz W. Decker aus Sulzbach-Rosenberg, das Wolfs-Soll von 50 Kilometern pro Tag eine Woche lang erfüllt. Mit seinen Beagles war er durch die Oberpfalz geritten: eine Art Super-Training für Hund und Pferd. Das Tages-Training ist bescheidener: ein 20-Kilometer-Ritt oder -Lauf oder 10 Kilometer auf Tempo. Dann geht es zurück in den Zwinger von Schloß Schwarzenfeld, wo die Meute steht.

Ein Rhodesian Ridgeback (= Löwenhund) in der südafrikanischen Steppe bei der Jagd. Symbol für den Hund als Jagdgehilfe des Menschen.

Im Oktober, wenn die Bäume goldrot und die Felder leer sind, wird hier zur Schleppjagd geblasen, die nach gut englischem Brauch ›Meet‹ heißt. Die Bräuche sind streng und traditionsreich: *›Reiter ohne feste Kopfbedeckung (Stahleinlage) müssen von der Teilnahme ausgeschlossen werden‹* — oder — *›die Reiter nehmen zum Curée die Kopfbedeckung ab als Dank für die Hunde‹*. Curée nennt man das Fleisch, das die Hunde nach der Jagd bekommen. Früher war es der Aufbruch des frisch erlegten Wildes, heute stammt es vom Metzger, denn bei uns wird nur noch der Duft vom Fuchs gejagt, gesammelte Losung von gut gefütterten Füchsen, mit Flüssigkeit verdünnt und aus Kanistern zu einer festgelegten Spur verträufelt.
Etwa 250 solcher Jagden mit Meuten finden jährlich in der Bundesrepublik statt: veranstaltet quer durch das ganze Jahr von Schleppjagd- und Reitervereinen. *(Der Hamburger Schleppjagd-Verein dankt den Gutsverwaltungen, Bauern, Landeignern und Jagdberechtigten für die stets großzügige Gastfreundschaft, die er auf seinen Jagden bei ihnen fand.)* Gesellschaftliche Ereignisse für Teilnehmer *(eigenes gut trainiertes Jagd- oder Springpferd — meist mit irischen Vorfahren — Bedingung)* und Zuschauer. Es gibt ein knappes Dutzend Meuten, Foxhounds und Beagles. Je zwei Hunde bilden eine Koppel und fünf Koppeln sind schon eine Meute. Man koppelt gern beim Training einen faulen Hund mit einem eifrigen zusammen. So wird der ›faule‹ zum Tempo erzogen. Das Tempo bestimmen die Hunde lauthals und ›läutend‹ *(= Spurlaut der verschiedenen Stimmen einer Hundemeute)*, das zu drei Vierteln im gestreckten Galopp zurückgelegt wird.

Sanfte, goldige Killer

Beagles sind kleine Laufhunde mit lustigem Säbelschwanz und dreifarbigem Kurzhaar (weiß, schwarz und lohbraun). Sie sind als Einzelhunde lieb und anhänglich (in den USA als Familien- und Kinderhund besonders geschätzt), in der Meute und innerhalb des Zwingers eine Mischung von diszipliniert und wild. Sie laufen aber gerne weg.
Wie bei den Wölfen hat sich auch hier durch Rangkämpfe ein Boß nach oben gebissen, der bestimmt. Dieser Kennel-Boß *(Kennel = englisch Zwinger)* ist nicht unbedingt bei der Jagd der Anführer, den man Kopfhund nennt. Es kann sogar während einer Jagd der Kopfhund wechseln. Hier kommt es auf Leistung an. Der Hund, der bei Tempo die Spur als erster findet und hält, bestimmt in der Meute — eine Parallele zu unserer Leistungsgesellschaft. Doch auf der Jagd gibt es um diesen Führerposten keine Rangkämpfe, dazu haben die Hunde keine Zeit. Außerdem achten die Piköre *(= Reiter, die einhändig reiten müssen)* mit ihren Peitschen darauf. Sie setzen sie bei Raufereien, bei zurückbleibenden und ausbrechenden Hunden ein. Nur,

Eisernes Gebot für den Totverbeller: er darf das Stück Schalenwild, das er gefunden hat, nicht verlassen, bis sein Führer kommt. Er ›ruft‹ also den Leithund seiner Meute zum Wild.

wer sich löst, darf nicht bestraft werden. Deshalb bekommen die Hounds *(so nennt man alle spurlaut jagenden Hunde)* einen Tag vor der Jagd nichts zu fressen. Sie brauchen sich dann auch nicht zu lösen. Es gibt aber immer Schlaumeier, die lieber zurück in den Zwinger als 18 Kilometer laufen wollen. Sie heben das Bein, auch wenn es eigentlich nichts zu heben gibt. Der Pikör darf nicht strafen, und wenn die wilde Jagd vorbeigedonnert ist, geht's stracks zurück nach Hause. Daß solche ›Asozialen‹ keine Karriere in einer Meute machen, liegt auf der Hand.

Rangkämpfe innerhalb des Zwingers können jedoch, anders als bei den Wölfen, bei den Beagles tödlich sein. Der Master of Hounds einer Meute muß jährlich mit einem Fünftel Verlust rechnen. Einige Hunde gehen während einer Jagd verloren, andere werden dabei totgefahren und der Rest wird von den anderen totgebissen.

Bei den Wölfen kommt das innerhalb des eigenen Rudels nicht vor. Die Schwachen sind zwar die Prügelknaben, doch ernstlich geschieht ihnen nichts. Dagegen ein Beispiel aus dem Beagle-Zwinger von Schloß Schwarzenfeld: Ein Eichhörnchen springt hinein, einer der Hunde packt es, bringt es, von den anderen verfolgt, in eine Ecke. Wird dort gestellt: Gebell, Geknurr, Geschrei. Als der alarmierte Huntsman *(= englisch Hundepfleger)* nach wenigen Minuten kommt, ist wieder Ruhe im Zwinger. Alle Hunde liegen in der Sonne in ihren flachen, selbstgegrabenen Mulden und dösen friedlich. Nur – ihre Lefzen sind rot und einer von ihnen und das Eichhörnchen sind tot.

Erklärung: Beagles sind keine wilden Tiere mehr, für die das Leben des Rudelgenossen heilig ist. Durch ein äußeres Ereignis – hier das Beute-Eichhörnchen – geraten sie in eine Macht-ihn-tot-Massenhysterie: Der Hund ist auf den Mensch gekommen. Deshalb werden auch in Meutenzwingern nie Knochen verfüttert. Das geschieht draußen vor der Tür. Im Zwinger wäre gleich der Teufel los – die Stärkeren würden versuchen, den Schwächeren die Knochen abzunehmen, und zum Schluß würden alle über den Schwächsten herfallen – den letzten beißen die Hunde.

Beagles sind nicht nur als Meutenhunde berühmt. An ihnen wurde und wird, da sie leicht Brustkrebs bekommen, die Pille getestet. Deshalb wird die größte Beagle-Meute der Welt von keinem Jäger gehalten, sondern von Bayer-Leverkusen. Ihre Kopfzahl von rund 2000 Hunden hätte den passioniertesten Meutenjäger der Weltgeschichte, den Grafen Gaston de Foix, der sich im Frankreich des 14. Jahrhunderts 1600 Hetzhunde hielt, vor Neid erblassen lassen.

Ein kleiner Rest von Romantik

Die Meutenjagden sind hierzulande nur noch eine Passion besonders enthusiastischer Idealisten oder reicher Snobs *(rechnen Sie sich einmal aus, was der Unterhalt einer Meute von insgesamt 30 Hunden kostet — mit Futter, Hundepfleger und mindestens 2 Reitpferden zum Trainieren. Einige Tausender im Monat dürften es sein).* Dabei wird ja gar nicht mehr richtig gejagt. Das berühmte deutsche Tierschutzgesetz von 1936 verbietet das Hetzen von Wild hoch zu Pferd und mit Hunden — humaner ist natürlich das Schießen mit Zielfernrohr aus sicherer Entfernung und bequemer Position.
In Frankreich, England, Irland und den USA wird immer noch zu Pferde der Fuchs oder der Hirsch gejagt, den Hasen und das Kaninchen jagt man mit Hounds zu Fuß.
›Wer hinter den Hunden reitet, kommt nicht vor die Hunde‹, sagen die Engländer und machen damit die Parforce-Jagd nicht nur zu einer Sport- und Konditions-, sondern auch zu einer Charakterprüfung. Sie haben noch verschiedene Rassen, die in *Packs* (= Meuten) verschiedene Aufgaben erledigen: die Foxhounds (etwa 230 packs) für die Fuchsjagd, für die Hirschjagd (etwa 10 packs). Klassischer Hund hierfür ist der schottische Deerhound, ein riesiger Windhund. Die Harriers, ein Mittelding zwischen Foxhound und Beagle, verwendet man für die Hasenjagd, gelegentlich auch für die Fuchsjagd. In gebirgigen Gegenden (Nordwales oder Schottland) wird zu Fuß gejagt. Mit Bloodhounds jagt man *clean boot,* daß heißt eine Menschenspur. Es gibt zwei Meuten, aber hier wird auch mit dem Einzelhund gejagt. Man nennt es Menschenjagd *(man-hunt),* aber die Beute wird nicht erlegt. Mit den Beagles jagt man in England zu Fuß (105 Meuten) den Hasen, auch mit den Basset-Hounds (10 Meuten) wird der Hase gejagt. Die jagenden Bassets unterscheiden sich von den Hunden, die auf Ausstellungen gezeigt werden. Sie haben etwas längere und geradere Beine (Vorderläufe) und einen flacheren Kopf. Die Tradition der Meutenjagd verlangt für jede Art von Jagd und Hunden eine andere Farbe der Bekleidung, doch das gehört mehr in ein Moden-Buch.
Typische französische Lauf- und Meutenhunde sind sechs hochläufige Rassen (vom schwarzweißen Hund der Gascogne bis zum Chien de Billy) und die drei niederläufigen Bassets, wovon die Bassets der Vendée rauhaarig sind. Ihren größten Laufhund, den St. Hubert, haben die Franzosen ganz an England abgegeben: Er wurde dort zum Bloodhound.
In der Schweiz gibt es fünf Laufhundrassen, die, zeitweilig vom völligen Aussterben bedroht, inzwischen drei niederläufige Vettern bekamen, als die Jagd mit spurlauten Hunden über 36 Zentimeter Widerristhöhe verboten wurde (um die Jahrhundertwende).

Weitere Laufhunde gibt es in Skandinavien, in Rußland und in Italien. Bei uns ist aus der großen Familie der Bracken (= deutsche Hounds) nur die Dachsbracke übriggeblieben. Sie wird nicht mehr in Meute gehalten, sondern zur Hochgebirgsjagd in Bayern, Tirol und in der Steiermark eingesetzt.
In den USA und in Kanada finden wir lauthals jagende Laufhunde, die man Tree-Hounds oder Coonhounds nennt. Es sind Namen nach dem Verwendungszweck oder der Jagdmethode. Tree-Hounds, weil sie ihr Wild (Puma, Luchs oder Waschbär) auf die Bäume *(= Tree)* treiben und umstellen, Coonhounds, weil man mit ihnen meistens den Waschbär *(= racoon)* jagt. Es gibt sechs Rassen, jährliche Eintragung in die Zuchtbücher etwa 40000. Um diese Hunde gibt es Vereinskrach: Der *American Kennel Club* erkennt nur eine der Rassen an (*Redbone Coonhound*), der *United Kennel Club* alle sechs.

Das Wild zu parforcieren

Die Hetz- und Parforcejagden mit einem gewaltigen Aufgebot an Menschen, Hunden und Kosten waren nur zu absolutistischen Zeiten denkbar. Teilweise waren die Meuten auf den Bauernhöfen verteilt, deren Besitzer Unterhalt und Pflege der Tiere zu bestreiten hatten. Die unfreiwilligen Kostherren mußten über das Wohl und Übelergehen der Hunde Bericht erstatten und Inspektionsbesuche des Landesherren ertragen, die sie nicht sonderlich schätzten, besonders wenn sie hübsche Töchter hatten. Doch konnte man sich von der Hunde-Einquartierung loskaufen. Von diesen Steuern (man zahlte, wenn man keinen Hund hatte) richteten sich die Höfe ihre Hundehäuser und Meutenzwinger ein.
König aller jagenden Hunde aber war der Leithund. Er gehörte keiner besonderen Rasse an, jede spursichere Bracke mit außergewöhnlichen Fähigkeiten konnte Leithund werden. Er zeichnete sich immer durch einen sehr langen Fang, extrem lange Behänge und durch eine bogenförmig nach oben gestellte Rute aus. Der Leithund machte seinen Jäger zur Elite: Dieser konnte *durch seines Hundes Führung des Hirsches Zeichen, Wechsel und Wandel vollkommen inne werden.* Der Leithund übernahm also die Ausarbeitung der Fährte und später dann die Schweißarbeit. Bei der Parforcejagd übernahm er als *Limier* die Vorsuche. Die Meute selbst wurde — wie heute noch — vom ›Kopfhund‹ angeführt. Es waren schon herrliche Zeiten, als die Monarchen und Staatsoberhäupter so leutselig waren, daß sie ihr hohes Amt vergaßen und als einfache Jäger (ein Mensch wie du und ich) die Felder ihrer Untertanen zertrampelten. Doch die Zeiten verschwanden mit den großen Wäldern, und mit dem Knallen der Büchsen und Flinten kündigte sich eine neue Art zu jagen an, die neue Hunde verlangte.

Ein unbekannter Maler des 18. Jahrhunderts stellte diese Sauhatz dar. Bemerkenswert, daß der wertvollste Hund der Meute einen dicken Schutzmantel gegen Verletzungen trägt. Das Gemälde hängt im Jagdmuseum Schloß Kranichstein.

Allround-Hunde und Spezialisten

Als die Hunde nicht mehr in Massen das Wild verfolgen konnten, sondern dem Jäger anzeigen mußten, wo es sich befand, und da sich der bürgerliche Jäger keine Hundemeute mehr halten konnte, entwickelte man in Deutschland einen Jagdhund, der sich in jeder Situation bei der Feld-, Holz- und Wasserjagd zu helfen wußte. Die Engländer mit ihrem besonderen Sinn für Hundezucht und Spezialistentum machten es genau umgekehrt. Sie schufen sich Rassen zum Vorstehen, Stöbern, Apportieren für Flug- oder Haarwild, für die Wasser- oder Feldjagd. Allein aus dem alten Vogelhund, dem bei der Beizjagd verwendeten Stöberer, schufen sie 7 Spanielrassen, alle mit Spezialanlagen:

1. Der Irish Water Spaniel, Schulterhöhe über 50 cm, sieht eher wie ein ruppiger Pudel aus und ist im Wasser unschlagbar.
2. Der Clumber Spaniel, bei 40 cm Schulterhöhe ein Gewicht von 50 bis 60 Pfund, arbeitet langsam und bedächtig *(Jagdhund des alten Mannes)*, selten (in England etwa 500).
3. Der Sussex Spaniel, noch seltener, fast ausgestorben, ein etwas längerer Clumber in goldenen Farben.
4. Der Field Spaniel, etwas niedriger und länger als der Cocker, ruhiger Allround-Stöberer, für Laien schwer vom Cocker oder Springer zu unterscheiden.
5. Der English Springer Spaniel, flotter Stöberer und Apportierer, größer (Schulterhöhe 45 cm) und athletischer als der Cocker.
6. Der Welsh Springer Spaniel, immer rot-weiß, kräftiger als der Cocker und in England wegen seiner Zuverlässigkeit sehr beliebt.
7. Der Cocker Spaniel, sanft und gehorsam, bei uns am häufigsten, wird, wenn zur Jagd verwendet, auch Jagdspaniel genannt. Ist aber noch stärker Haushund geworden.

Dieser Vielfalt gegenüber steht der Deutsche Vorstehhund, der ein vielseitiger Gebrauchshund wurde und blieb. Sagte doch ein königlich-preußischer Oberforstrat Anno 1813 schon: ›*Gleich dem erprobten Diener, der in Freud und Leid bei dem Herrn ausdauert, wird der neue Hund zum fac totum* (= mach alles) *erhoben und macht durch sein Geschick die besseren Zeiten und das frühere große Jagdgefolge vergessen. Nicht allein bei der Feldjagd zeigt er sich unermüdlich, sondern auch im Wasser scheut er weder Kälte noch andere Beschwerden; er sucht, steht vor, apportiert alle Wildgattungen der niederen Jagd, begleitet seinen Herrn auf den Anstand wie auf Treibjagden und ist überall aufmerksam, ruhig und diensteifrig.*‹
Mit seinen neun Rassen, die aber alle dasselbe, nämlich alles, was in deutschen Revieren anfällt, leisten, ist der Deutsche Vorstehhund zum Ideal-Hund (und Symbol) des deutschen Jägers geworden.
Schulterhöhe um die 60 Zentimeter (Ausnahmen Weimaraner mit um die 70 und Kleiner Münsterländer um die 50), Behänge mehr oder weniger behaart, Haarkleid kurz, rauh, stichelhaarig oder lang. Die Namen: 1. Deutsch-Kurzhaar, 2. Weimaraner, 3. Deutsch-Drahthaar, 4. Deutsch-Stichelhaar, 5. Griffon, 6. Pudelpointer, 7. Deutsch-Langhaar, 8. Großer Münsterländer und 9. Kleiner Münsterländer. Unterscheiden können sie nur die Fachleute, der Kleine Münsterländer wird mit dem Wachtelhund verwechselt, der sich vom Stöberhund zum vielseitigen Gebrauchshund gewandelt hat und deshalb seiner Verwendung nach in den hier beschriebenen Verein gehört.

Merke für die Praxis: Alle diese Hunde sind Jagdhunde. Sie gehören nur in die Hand eines Jägers. Sie sind keine Sofahunde und eigentlich schon zu bedauern, wenn ein ›Sonntagsjäger‹ sie in der Großstadt hält. Sie können im Zwinger – das heißt: nicht ständig in der Wohnung – gehalten werden. Man sollte diese Hunde nie gegen ihr Zuchtziel – die Jagd – halten. Sie werden auch fast immer nur in Jägerhände abgegeben und haben damit das Glück, öfter als andere Hunde in Hände zu kommen, die einen Hundeführerschein besitzen.

Jagdhunde – das sind Kerle

In seiner Fernsehsendung ›Bemerkungen über Hunde‹ nannte Horst Stern die Jagdhunde ›die letzten Männer unter Schweifwedlern‹. Das stimmt, wenn man dabei an die Hunde guter Jäger denkt oder voraussetzt, daß nur der ein Mann ist, dem die Disziplin eingebläut wurde, den man irgendwann in der Lehre oder beim Militär so richtig geschliffen hat. Denn das werden die Jagdhunde.
Noch immer sind bei einem Teil der Jagdhund-Ausbilder Zwang und Schmerz der einzige Weg zum Erfolg. Sie berufen sich dabei auf Altmeister Konrad Most, der da sagte: ›Auch der Hund führt Unangenehmes aus, wenn er noch Unangenehmerem entgehen kann. Er unterläßt Angenehmes, wenn es ihm durch Unangenehmes verleidet wird.‹
Das heißt: mit Stachelhalsband, Elektroschocks, Wurfkette und Schrotschüssen wird ihm die Jagddisziplin beigebracht, die zum großen Teil seiner Natur widerspricht. Die Abrichter verklausulieren diese Quälereien mit Ausdrücken wie ›Starkzwang‹ oder ›heftiges Einwirken‹ (= prügeln mit einer hand- und hiebfesten Gerte). Man sieht es den Hunden an: Sie zeigen bei jedem Befehl eine erschütternde Unterwürfigkeit. Achten Sie selbst darauf: Wenn ein Hund bei einem Kommando förmlich einknickt, wenn er seinen Schwanz fast immer zwischen die Beine klemmt, dann ist er bei der Ausbildung geschunden worden. *Zwischenwort von Kurt F. König,* in dessen Forschungsstelle in Rotenburg/Wümme ich die erstaunlichsten Leistungen folgsamer, lenkbarer und fröhlicher Hunde sah: *›Bei den (Jagd-)Hunden führte ein tragikomischer Irrtum zur Gewaltdressur. Konnte man mit der Einführung weittragender Waffen nur noch solche Hunde als Jagdgehilfen nehmen, die nicht die Hetze von sich aus aufnahmen, sondern vor dem Wilde standen (vorstanden), und das waren gerade nicht die vorherigen hetzenden Jagdhunde, sondern die Gegenseite der Hundeschaft: die das Vieh hütenden Hirten- und die Haushunde gleicher Art, lang-, zott- und seidenhaarige Familienhunde ohne heftigen Hetztrieb. Aus solchen entstanden dann die Jagdgebrauchshunde der neueren Zeit, die vor dem Wild stehen und es,*

wenn möglich, bringen oder auch durch Totverbellen markieren ... Solange sie unverkreuzt waren, war es Sache des Züchters, zuverlässig vorstehende Jagdgebrauchshunde auszusuchen (zu testen). Aber vor einigen Jahrzehnten kamen stramme Jäger ans Ruder mit ›Dressurbüchern‹ für Jagdhunde. Darin sind alle Möglichkeiten der Hundeverwendung aufgezählt, aber leider kein Weg der vernünftigen Handhabung der Lehrmethoden.‹

So wurde leider die Unterwürfigkeit der Jagdhunde zum Vorbild der Hunde-Erziehung überhaupt. Heute kommt noch hinzu, daß ausgebildete Jagdhunde immer mehr gesucht werden. Die Zahl der Jagdschein-Inhaber nimmt von Jahr zu Jahr zu, und wenn auch von den rund 200000 nur etwa 25000 ein eigenes Revier haben, so möchten doch viele der Sonntagsjäger, die auf Einladungen angewiesen sind, auch im Alltag zeigen, daß sie eigentlich den grünen Rock tragen. Das kann man am besten mit einem Jagdhund. Ich kenne sie von meinen Hundespaziergängen, die strammen Herren, denen man eine leitende Stellung oder verantwortungsvolle Selbständigkeit ansieht, mit ihren exakt parierenden Münsterländern, Deutsch-Kurzhaar oder Pointern. Und ich möchte nicht Hund bei ihnen sein. Denn dieses arme Tier, teuer für die Jagd ausgebildet, sieht Feld und Wald höchstens am Wochenende und vertrauert die übrige Zeit in Etagenwohnung oder Zwinger. Wenn es dann endlich ins Revier geht, rennt der Hund, von Natur ein Lauftier, sofort davon. Sein natürlicher Drang ist stärker als die Dressur. Er hört zunächst nicht auf Ruf und Pfiff. Kommt er dann zurück, wird er verprügelt und weiß nicht warum. So verdirbt man Hunde, die von sich aus gut sind. Bericht aus ›Der Deutsche Jäger‹: 1959 fielen bei einer Verlorenbringe-Prüfung alle renommierten Hunde durch, die von Hobby-Jägern gehalten wurden. Wie sieht das erst heute aus, wo es von Hobby-Jägern nur so wimmelt!

Was man übrigens an ausgebildeten Jagdhunden verdienen kann: Ein Deutscher Wachtelhund-Welpe aus jagdlich bewährten Stämmen kostet mit 10 Wochen etwa 300,— DM. Ein abgeführter (= ausgebildeter) Hund bis zu 3000,—; beim Griffon ist das Verhältnis ähnlich, Welpe 300,—, Hund mit Erfolg auf Jugendprüfung, Herbst-Zucht-Prüfung und Vollgebrauchshundprüfung bis 3000,— Mark, beim Kleinen Münsterländer kann ein Spitzenhund bis zu 5000,— Mark kosten.

Es mehren sich innerhalb der Jägerschaft die Ausbilder, die den schwierigeren Weg gehen und die Freude des Hundes an der Arbeit benutzen. Sie müssen natürlich um das Wesen eines Hundes Bescheid wissen, etwas von Hundepsychologie verstehen und viel Einfühlungsvermögen haben. Denn nur so kann man mit ›der weichen Welle‹ arbeiten. Diese Entwicklung ist richtig, denn es gibt auch unter den Jagdhunden nicht mehr so viele wesensfeste Tiere wie früher. Wesensfest ist ein Hund, der selbstsicher ist, über eine kräftige Portion von Robustheit und Härte verfügt und der gute Nerven

Ausritt zur Jagd. Die Meute der Foxhounds hat die Spur noch nicht aufgenommen. Abschluß der Jagd: Die Hunde bekommen das Curée und die Jäger danken ihnen, indem sie die Kopfbedeckung abnehmen.

(= eine hohe Reizschwelle) hat. Solchen Hunden machte auch die harte Ausbildung nichts aus. Ich möchte es übrigens ganz klarstellen: Auch der psychologisch arbeitende Ausbilder kommt ohne Zwangsmittel nicht aus. Der Hund als ursprüngliches Rudel- und Meutetier ist Autorität gewohnt und braucht sie. Vor allem, wenn man ihm Verhaltensweisen beibringen will, die er, würde er wie wir denken, für schwachsinnig halten muß: eine bestimmte Spur weiterverfolgen, auch wenn sie von einer wichtigeren und köstlicheren gekreuzt wird; eine Ente apportieren, ohne sie zuvor oder dabei zu zerknautschen; einem Fasan vorzustehen (mit der Nase darauf deuten) und ihn nicht aufzuscheuchen; hinter einem Hasen zu stöbern, ohne sich von querlaufenden Karnickeln stören zu lassen. Ich finde, das ist enorm viel verlangt.

Vom Nimbus des Nimrods

Ich will hier nicht nach dem Motto pamphletieren: Volle Deckung, die Jäger kommen. Ich habe auch nicht vor, ›die bösen Jägersmänner gänzlich herunterzureißen und bloß schlecht zu machen, wie das vielleicht einem großen Teil weichgezüchteter Leser gefiele‹ – wie der Zuchtbuchführer eines Jagdhundevereins bei einer Anfrage von mir befürchtete. Es gibt solche und solche, leider nehmen die schlechten Jäger immer mehr zu, weil es schick ist und das Prestige hebt, ein Nimrod zu sein. Wieviel Geld dazu gehört, braucht man nur in einer beliebigen Nummer von ›Wild und Hund‹ unter ›Jagdreviere‹ nachzulesen. Weil es eine Menge schlechter Jäger gibt, die schießwütig sind, gebe ich Ihnen allen den Rat, lassen Sie Ihren Hund außerhalb von Ortschaften oder gar im Wald nicht frei laufen. Auch wenn er absolut gehorcht oder überhaupt nicht hetzt. Es kann Ihnen passieren, daß er ein paar Meter vor Ihnen totgeschossen wird. Solchen Typen ist es gleich, was die richtigen Waidmänner von ihnen denken und was das Gesetz vorschreibt. So heißt es in der Zeitschrift ›Die Pirsch‹: ›Man ist eifrig bemüht, das Ansehen der Jägerschaft in der breiten Öffentlichkeit aufzubessern. Aber das unüberlegte Totschießen auch nur eines Hundes wird (ungerecht) verallgemeinert und schädigt uns alle auf Jahre hinaus.‹ Lassen Sie mich noch etwas klarstellen: Wenn wir keine Jäger hätten, gäbe es kein Wild mehr. Und es gäbe auch nicht mehr die etwa 150000 aktiven Jagdhunde. Denn jeder Jagdpächter muß den Nachweis erbringen, daß er einen Hund besitzt, der die jagdliche Brauchbarkeitsprüfung abgelegt hat. Und viele Jäger darüber hinaus halten sich einen Hund. Einen oft glücklichen Hund, denn er darf wenigstens manchmal richtig arbeiten. Verständlich auch, daß die Rassenvereine für die deutschen Jagdhundrassen ihre Tiere nur in Jägerhände geben.

Die Meute der Foxhounds hat den Hirsch gestellt. Diese Art zu jagen ist bei uns verboten. Das Foto wurde in Frankreich aufgenommen.
Schlittenhunde bei ihrer Arbeit in den arktischen Einöden Grönlands.

Manchen Hunden macht das lauteste Knallen nichts aus. Trotzdem gehört ein merkwürdiges Gemüt dazu, seine Hunde als Büchsen-Auflage zu benutzen. Dem Hut nach muß es trotzdem waidmännisch sein.

Brauchen Sie einen Safari-Hund?

Als wir uns bei der Bildauswahl für dieses Buch unzählige Jagdhund-Dias anschauten, wußten wir nicht, für welche Rasse wir uns entscheiden sollten. Doch dann hielten wir das Bild in den Händen, das Sie auf Seite 113 sehen. Es war für uns der jagende Hund schlechthin: mit aller Konzentration, Spannung, Kraft und ursprünglicher Wildheit. Es ist der Rhodesian Ridgeback, der in seiner afrikanischen Heimat Löwenhund genannt wird, weil er auch Großkatzen bezwingt. In seinem Namen sind zwei Facts enthalten: 1. Rhodesien und 2. der ›Rückwärtsrücken‹. Nummer zwei stimmt: Als einziger von allen Rassen auf der Welt wachsen bei ihm die Haare auf dem Rücken in einem breiten Strich gegen den Strich. Dieses Merkmal ist dominant und man kann bei den in Afrika lebenden Boxern oder Doggen leicht sehen, ob mal ein Ridgeback in der Familie war.
Der erste Namensteil stimmt nicht. Die Rasse stammt aus Südafrika und ist die einzig bodenständige. Es gab sie schon, als die ersten europäischen Siedler 1652 ins Land kamen. Man weiß nicht, ob die Tiere halbdomestizierte Negerhunde waren oder Wildhunde. Auf jeden Fall schlossen sie sich den Weißen so an wie früher einmal die Hunde den Menschen überhaupt. Sie suchten ihre Nähe, meldeten Fremdes, lebten von ihren Abfällen und halfen bei der Jagd. So wurden sie Mit-Jäger und Wächter zugleich und zogen mit den Pionieren nach Rhodesien. Dort gehörten sie so zum Leben und Überleben der Weißen, daß sie den Namen *Rhodesian* bekamen.
Die Hunde sind stark, kräftig (um die 80 Pfund) und groß (65 cm Schulterhöhe). Sie werden inzwischen auch in England und USA gezüchtet. Nicht

so ernstgemeinter Ratschlag für Snobs: der eigene Löwenhund für die nächste Großwild-Safari. Wechseln wir den Schauplatz vom heißen Afrika in die Kälte der Arktis.

Die Hunde haben den Pol erobert

sagte der Amerikaner Robert Peary, als er 1909 mit 24 Mann, 19 Schlitten und 133 Hunden in 37 Tagen über das ewige Eis zog, um als erster Mensch oben auf der Erdkugel, auf dem Nordpol zu stehen. Auch der Italiener Guido Monzino, der als zweiter im Frühjahr 1971 die Expedition wiederholte, war auf die Schlittenhunde angewiesen. Dort, wo es nur Eis und keine Straßen gibt, wo nichts wächst und man keine Tankstellen anlegen kann, wo Flugzeuge nur darüberfliegen können, da ist eine spezialisierte Gruppe von Hunden das einzige Fortbewegungsmittel, der einzige Helfer des Menschen.

Ihre Rassen und Schläge will ich hier nicht genauer erklären, wer mehr darüber wissen will, wende sich an ›Deutscher Club für Nordische Hunde e. V.‹ in 683 Schwetzingen, Hockenheimer Landstraße 3. Hier haben sich Freunde der 8 wichtigsten Rassen gefunden und sammeln alles Wissenswerte und versuchen sich in ihrer Zucht.

Ich möchte es ganz einfach machen. Ein Eskimohund ist ein Hund, der einem Eskimo gehört. Und da die Eskimos über eine Fläche verteilt leben, die 7000 Kilometer lang und 2500 Kilometer breit ist, variieren die Hundetypen natürlich.

Einiges haben sie gemeinsam: ein Fell, das dick und doppelt ›genäht‹ ist (Unterwolle plus Grannenhaare); harte, behaarte Fußsohlen, die wie Schneeschuhe wirken; eine buschige Rute, mit der sie, wenn sie sich beim Schlaf einschneien lassen, ihr Gesicht vor Kälte und Schnee schützen, und: eine freundliche Haltung dem Menschen gegenüber.

Auch bei minus 50° C übernachten sie im Freien, sie überstehen es. Forscher aber, die aus Mitleid die Tiere mit ins Zelt nahmen, mußten erleben, daß der Schnee im Fell der Tiere taute, aber nicht trocknete. Am nächsten Tag gefror das Wasser auf der Haut zu einem Eismantel und die Hunde starben. Zuviel Tierliebe kann manchmal tödlich sein!

Das weiße 70-Meilen-Rennen

Schlittenhunde sind Spezialisten. Sie erfüllen ihren Lebenszweck, indem sie beladene Schlitten über schwieriges Gelände zu entfernten Zielen bringen. Dafür wurden sie seit Jahrhunderten gezüchtet, das müssen sie als junge Hunde jeder Generation neu lernen.

Die Eskimos fahren im Fächergespann. Jeder Hund ist direkt mit dem Schlitten verbunden, alle zusammen bilden ein Kreissegment. Das hat für den Schlittenführer, den ›Musher‹ bei der rasenden Hetzjagd auf Eisbär oder Rentier den Vorteil, daß er die Zugstränge einiger Tiere durchschneiden kann, die dann das verfolgte Wild stellen, bis der Jäger mit dem Schlitten herangekommen ist.

In Alaska, in den Rocky Mountains und in Kanada veranstaltet man Jahr für Jahr Schlittenhund-Rennen. Hier sind die Tiere paarweise vor den Schlitten gespannt, mit einem Leithund an der Spitze (Fachausdruck der Schirrmethode = Ghiliak). Der Leithund ist der Klügste und Schnellste. Er ist meist nicht der Stärkste, eine ähnliche Erscheinung wie wir es beim ›Kopfhund‹ der Jagdmeute gesehen haben: Auch bei Hunde-Teams verkauft sich Intelligenz am besten. Ihm folgen die Spitzenhunde (= point dogs) und direkt vor dem Schlitten laufen die Deichselhunde (= wheel dogs); sie sind die kräftigsten. Laufen die Hunde einzeln hintereinander durch seitliche Riemen verbunden, dann haben wir ein Tandem-Gespann. So wird hauptsächlich in Kanada auf engen, kurvigen Waldwegen gefahren.

Die großen Rennen für die Weltmeisterschaft gehen über 70 Meilen, für die das Rekordgespann (17 Hunde und ein Mann) 4 Stunden und 37 Minuten benötigt. Diese Rennen finden meist im Januar und Februar statt: in Anchorage (Alaska), in Laconia (New Hampshire, USA) und in Yellowknife (Kanada) mit eigener Briefmarke.

Die europäischen Freunde dieser Hunde von Finnland bis in die Schweiz wollen die Rennen auch bei uns einführen. Wie mir Teilnehmer und Zuschauer und Grönland-Touristen berichteten: ein mitreißender Sport. Vergessen wir darüber nicht, daß das eigentliche Schlittenziehen harte Arbeit ist. Zwei Sprichwörter gibt es dafür: 1. Die beim Schlittenlenken gebrauchten Flüche fallen am Jüngsten Tag nicht ins Gewicht und 2. Der Schlittenführer ist der beste Hund seines Gespanns!

Nase kontra weißen Tod

›Ein Hund ist ohne seinen Führer nichts wert‹, sagt nüchtern Fritz Bühler, Herr über 180 Schweizer Lawinensuchhunde. Wer dabei an Bernhardiner mit Rum-Fäßchen am Hals denkt, ist hoffnungslos romantisch und in Klischees verfangen. Die heutigen Spürhunde sind Deutsche Schäferhunde ohne Schnaps. Sie werden mit dem Hubschrauber und einem Notarzt am Ort der Katastrophe abgesetzt. Denn auf Tempo kommt es an. Wenn eine Lawine zum Stillstand kommt, leben noch 85 Prozent der Opfer, 2 Stunden später nur noch 4. Ein physikalisches Gesetz macht es den Überlebenden besonders schwer. Unter Schnee kann man zehnmal weiter hören als gehört werden.

Die ausgebildeten Hunde wittern die Verschütteten noch durch eine sechs

Meter dicke Schicht von nassem Firnschnee. Sie sind dadurch allen technischen Hilfsmitteln weit überlegen. Bei einem Wettkampf zwischen Technik und Hund, den die Hundeschule von Verbier veranstaltete, wurden in 5 und 8 Metern Tiefe vergrabene Versuchspersonen von einem mit Magnetsonden ausgerüsteten 20-Mann-Suchtrupp nach 23 Minuten gefunden, der Hund brauchte 3 Minuten dafür. Dazu befähigt ihn kein sechster Sinn, sondern sein außergewöhnliches Riechvermögen, das nach einer speziellen und langen Ausbildung zielbewußt vom Menschen eingesetzt wird.
Die Leistungen dieser Hunde, die uns so unwahrscheinlich erscheinen, werden gerne verkitscht und ins Übersinnliche gehoben: ›Sieben Jahre ist die Hündin alt, die so manches Unglück erahnt hatte. Da ereilt sie das Schicksal. Die Berge rächen sich an dem Hund, der ihnen so viele Opfer entrissen hat.‹ Das ist keine Berichterstattung, sondern später Ganghofer. Ein bißchen daran schuld haben die Bernhardiner.
Das Markenzeichen für Lebensretter auf vier Beinen ist der Bernhardiner mit dem Schnapsfäßchen am Hals. Es wurde manchmal darüber gestritten, ob Rum oder Kognak oder ein Obstler darin waren. Die Frage ist: Hat es überhaupt je diese Fäßchen in Wirklichkeit gegeben? In seinen ›Alpenrosen‹ erwähnt es der Schriftsteller Meißner 1816 zum ersten Mal: ›Oftmals hängt man diesen Hunden ein Fläschchen mit Branntwein oder anderem stärkendem Gebräu und ein Körbchen mit Brot an den Hals!‹ Da in der Hospiz-

Lawinenhund mit seinem Führer bei der Arbeit: Eben hat der Hund einen zwei Meter tief im Schnee vergrabenen Menschen aufgespürt und beginnt aufgeregt zu graben.

Fast so schön wie die Barry-Story ist das Aquarell, das Samuel Birmann 1845 malte: ›Bernhardiner Hunde finden die im Schnee eingeschlafenen Savoyarden-Kinder‹.

Chronik von 1800 von einem Bastsattel geschrieben steht, mit dem die Hunde Milch und Butter von der Sennerei La Pierre ins Hospiz trugen, liegt der Verdacht nahe, daß die Fäßchen eine Erfindung der Dichter sind – genauso wie der berühmte Barry, der zwischen 1800 und 1812 mehr als 40 Menschen das Leben gerettet haben soll. Nun machte man im Hospiz über geglückte Rettungen keine Notizen, denn die Betreuung der Reisenden war für die Mönche Alltagsgeschäft. Außerdem hießen im vorigen Jahrhundert alle Bernhardiner ›Barryhüng‹, eine Übernahme der alten Bezeichnung ›Bäri‹, womit Bauern einen großen, dunklen Hund meinten (*Barryhüng = Bärenhund*). Der Erfinder der Legende war Herr Peter Scheitlin, ein Verhaltensforscher der Romantik, der in seinem 1840 erschienenen ›Versuch einer vollständigen Tierseelenkunde‹ schrieb: *›Barry, du höchster der Hunde, du höchstes der Tiere. Du warst ein großer sinnvoller Menschenhund mit einer warmen Seele für Unglückliche. Du zogst mit einem Körblein voll Brot und einem Fläschlein süßer, stärkender Erquickung am Halse aus dem Kloster, in Schneegestöber und Tauwetter Tag für Tag, zu suchen Verschneite, Lawinenbedeckte, sie hervorzuscharren oder, im Falle der Unmöglichheit schnell nach Hause zu rennen, damit die Klosterbrüder mit dir kommen mit Schaufeln und dir graben helfen. Du warst das Gegenteil von einem Totenhund, du machtest* *auferstehen. Du mußtest wie ein feinfühlender Mensch durch Mitgefühl belehren können, denn sonst hätte jenes hervorgegrabene Knäblein gewiß nicht gewagt, sich auf deinen Rücken zu setzen, damit du es in das freundliche Kloster trügest. Angelangt, betätigtest du die Klingel der heiligen Pforte, auf daß du den barmherzigen Brüdern den köstlichen Findling zur Pflege übergeben könntest. Und als die süße Last dir abgenommen war, eiltest du sogleich aufs neue zum Suchen aus, auf und davon.‹* Herr Scheitlin hätte heute leicht Drehbuch-Autor bei Lassie-Filmen werden können.

Die Legende wurde weiter überliefert, und seitdem gelten Bernhardiner als ganz besondere Menschen.

Wenn man Lobgesänge anstimmen will, sollten sie dem Blindenhund gelten. Durch einen ausgebildeten Führhund wird der Blinde unabhängig von einer Begleitung und gewinnt Selbständigkeit, die ihm das Leben erleichtert. Der Hund wiederum hat eine Aufgabe, die ihn vollkommen erfüllt.

Was ein Blindenhund alles können muß

Er darf sich nie durch andere Hunde, eine Katze oder Personen ablenken lassen. Deshalb laufen in der Blindenhundschule des Staates Israel bei Haifa Katzen zwischen den Zwingern herum und der zukünftige Blindenhund gewöhnt sich an sie. Er muß Hindernisse umgehen, er muß vor Bordsteinkanten, Treppen, Gräben und ähnlichem stehen bleiben und seinen Herrn vor Hindernissen warnen, unter denen er selbst bequem durchlaufen könnte. Das lernt er mit dem ›künstlichen Menschen‹, einem wagenartigen Gestell, das von Dr. Heinz Brüll im Zweiten Weltkrieg entwickelt wurde. Der Gedanke ist einfach: Wo der Hund mit dem Wagen anhakt, wird er später auch mit seinem Herrn nicht durchkommen. Gerade bei der Blindenhund-Ausbildung zeigt es sich, wie wichtig es ist, einen Hund zu lehren, was er soll — weniger ihm beizubringen, was er nicht soll. Daraus können wir für unsere Alltags-Hundeerziehung lernen. Ein Hund wird mit größerer Freude eine gestellte Aufgabe erfüllen, als ein Verbot achten.

Bei uns werden meist Schäferhunde als Blindenhunde ausgebildet. Frau Schapira, die Leiterin der Blindenhundschule in Haifa sagte mir, daß bei allen Versuchen der Labrador Retriever sich als bester Blindenhund erwiesen habe (= *wasserliebender großer Hund, ehemaliger Konkurrent des Neufundländers, in England sehr beliebt*).

Für alle großen Hunde ist die Arbeit und das Training besonders wichtig. Deshalb empfehle ich im vorletzten Kapitel immer wieder, auf den Übungsplatz zu gehen und mit dem Hund und einem Hundelehrer zu arbeiten. Wieviel sicherer fühlt man sich, wenn man einen großen Hund hat, den man meistern kann und der einem auch hilft. Doggen-Clubs veranstalten zum

Beispiel mit ihren ausgebildeten Tieren ›Nacht-Übungen‹. Einen anderthalbstündigen Spaziergang bei Dunkelheit, bei dem Hund und Herr acht Abenteuer zu bestehen haben:

1. Raubüberfall mit Autoscheinwerfer und ablenkendem Schuß.
2. Ein mit Steinen gefüllter Eimer poltert eine Böschung herunter.
3. Aus einem Busch vor der Nase des Hundes wird ein Regenschirm aufgespannt.
4. Ein Automotor heult plötzlich neben einem auf.
5. Aus einem Gebüsch ertönen Schmerzenslaute.
6. Ein Mann bittet um Feuer und wird aufmerksam beobachtet.
7. Zwei Betrunkene wollen Frauchen belästigen.
8. Ein Fremder will den an einem Geschäft angeleinten Hund mitnehmen.

Manche Hunde stehen in ihrem Beruf vor ähnlichen Situationen, wie alle Schutz- und Wachhunde.

Die Wolfshunde von Wolfsburg

Die Hundestaffeln des Volkswagenwerkes, 14 voll ausgebildete Deutsche Schäferhunde mit ihren Hundeführern, sind nicht als eventuelle Streikbrecher gedacht. Sie gehören dem Werkschutz an und bewachen das Gelände ›gegen Störungen von außen‹. Das heißt Objektschutz (= Sabotage-Abwehr), Geheimhaltung (gegen Werkspionage und Ausspähung von Betriebsgeheimnissen), Warenbewachung (gegen Reifenklau) und Wagenbewachung. Auf dem Riesenparkplatz, dem Bereitstellungsplatz für fertige Wagen, ist die Versuchung groß, einen Käfer zu entwenden. Daß diese Versuchung nicht in die Tat umgesetzt wird, dafür sorgen die werkseigenen und werksgezüchteten Schäferhunde. Wenn man im ›Körbuch für deutsche Schäferhunde‹ nachschaut, findet man im Körbezirk 8 zum Beispiel ›Melle vom Volkswagenwerk‹, einen ›dreisten, furchtlosen und nervenfesten‹ Rüden. Die Hunde heißen so, wie das, was sie bewachen: VW.
Die Zwinger stehen in Wolfsburg und Kassel, Privatbesitz der Werkschutzmänner sind die Hunde in den Werken Hannover und Emden (*die weitläufigen Hafenanlagen werden ständig von Männern mit Sprechfunk und Hunden abpatrouilliert*). Früher, als die Lohngelder für etwa 56000 VW-Arbeiter und Angestellte noch bar ausgezahlt wurden, begleiteten die Hunde die Werkschutzmänner auch beim Transport der Geldsäcke. Alle VW-Hunde haben die Schutzhundprüfung I bis III abgelegt. Alljährlich tragen sie im September einen internen Wettbewerb aus, bei dem es wie bei allen Wettbewerben um einen Wanderpokal geht. Für diesen Wettbewerb und für ihren täglichen Dienst werden die Hunde ständig trainiert.

So sieht der künstliche Mensch aus, mit dem der Blindenhund lernt, Hindernisse zu umgehen. Der Hund wird durch Elektroschocks von Briefkästen und ähnlichen, ihm nicht erkennbaren Hindernissen abgehalten.

Training macht den Hunden Spaß: Schäferhunde wollen von ihrer Anlage und Auslese her beschäftigt sein. Beschäftigungslose Schäferhunde können gefährlich werden. Wie, erfahren wir später.
So sind denn auch die arbeitenden Hunde voll ausgefüllt, sie leiden nie unter Neurosen. Zwar können Zoll-Hunde, die nach Haschisch und früher nach Kaffee schnüffelten, süchtig werden. Sie fangen dann an, Kaffeebohnen zu knabbern oder werden durch einen Hauch von Hasch ›high‹. Allerdings wird Hasch nicht bei der Ausbildung so benutzt, wie Deutschlands oberster Tierschützer Wolfgang Diemer in einem Schreiben an den hessischen Innenminister argwöhnte: ›Der Diensthund sei mit Hilfe von Rauschgift süchtig gemacht worden, um seine Arbeit leisten zu können. Weil ständige Dosen von Haschisch die Gesundheit untergraben würden‹ läge hier Tierquälerei und Mißbrauch vor. Der Präsident weiß wenig davon, wie man Such- und Spürhunde ausbildet. Man gibt einem Schweißhund ja auch nicht täglich Wildblut zu trinken – die Hunde arbeiten mit der Nase. Sie erriechen (der hessische Labrador Scottie, die drei Schäferhunde aus Berlin, die vier bayerischen Cockerspaniels und die drei bundesdeutschen Zollspaniels) Hasch in Metallkoffern, in Autoreifen, unter Holzfußböden oder 30 Zentimeter tief im Boden vergraben. Eine Gruppe von Hunden, die ständig im Einsatz sind, bekommt trotzdem Neurosen. Es sind

Die armen Schweine von Kriegshunden

Früher kämpften sie mit: die Molosser, die Alexander auf seinen Kriegszügen begleiteten, die Mastiffs, die die römischen Legionäre beim Betreten britischen Bodens bissen, die Hunde Attilas, die vielleicht Tibetdoggen waren, die Bluthunde Elisabeths, mit denen der irische Aufstand niedergeschlagen wurde, die Hunde, mit denen die Konquistadoren die Eingeborenen von Kuba und Mexiko jagten, und schließlich die Hunde, die den Negeraufstand auf Jamaica niedermetzelten. Danach verbot das englische Parlament, Hunde auf Menschen zu hetzen, und der Soldatenhund wurde Meldegänger, Sanitäter oder Maskottchen. Bei uns wurde 1848 die erste Kriegshundeschule gegründet, es gab in unseren drei letzten Kriegen Hunde als Meldegänger, Kabelleger, Minensucher, Spähtrupp-Begleiter, Wächter und Sanitäter. Der erfolgreichste des Zweiten Weltkriegs war der Boxer Matthias, der an der Ostfront 17 Verwundeten das Leben rettete und dafür am 4. April 1943 das Eiserne Kreuz erhielt. Die Zahl der Kriegshunde auf unserer wie auf alliierter Seite wurde auf rund 250000 Tiere geschätzt.
Die Amerikaner, die seitdem immer weiter Kriege führten, sind heute Spezialisten für Kriegshunde und ihre Ausbildung. Im Vietnamkrieg bewährten sich am besten Deutsche Schäferhunde. Sie sollen wachsam und aggressiv sein,

Zwei Werksangehörige von VW. Der Wachmann patrouilliert mit seinem Hund und Sprechfunkgerät den großen Parkplatz in Wolfsburg ab.
Unten: Ein guter Haschhund läßt sich durch keinen Schmuggeltrick beirren.

nicht zu schwer und groß, da sich kleinere Tiere im Dschungel besser bewegen können und am besten zweieinhalb Jahre alt. Diese ›war-dogs‹ werden als Killer- und Menschenjäger abgerichtet. Es sind rund 1400 Hunde, die beim Durchkämmen der unwegsamen Gelände, der unterirdischen Höhlengänge, der Flußufer und sonstigen Verstecke unersetzliche Helfer sind. Die Hälfte von ihnen kommt aus Deutschland. Ein guter Kriegshund kostet etwa 1600 Dollar. Nach der ein- bis vierjährigen Dienstzeit in Vietnam ist er allerdings mit den Nerven fertig. Bis vor kurzem wurden diese Hunde kurzerhand erschossen. Das Pentagon war der Meinung, sie hätten sich mit Tropenkrankheiten infiziert und seien auch sonst ins Zivilleben nicht wieder einzugliedern. Proteste der Tierfreunde haben gewirkt: Die Heimkehrer werden nicht nur mit Medikamenten, sondern auch von Psychologen behandelt.
Kriegshunde sind arme Schweine. Durch die Einberufung werden sie entwurzelt, sie wechseln häufig den Hundeführer und kommen in ein völlig anderes Klima. Außerdem hat man sie aufs Killen abgerichtet, was dem Wesen des Hundes widerspricht. Und – je besser der Hund, desto feiner auch seine seelische Reaktion auf Störungen, auf Wesensstörungen wie auf Beunruhigung der Bindung zu seinem Hundeführer. Und je weniger Unruhe, desto besser ist seine Leistung.
Die Geschichten über solche Hunde erinnern mich an die Heldentaten aus Lesebüchern, sie sind genauso verlogen. Da wird der erste gefallene War-Dog (er stammte aus Karlsruhe und hieß Kaiser), den ein Vietkong-Scharfschütze erlegt hatte, mit Zapfenstreich, Ehrensalve und Soldatentränе bei Da Nang begraben. Da wird ein Lager ›Camp Kaiser‹ genannt, da bekommt ein anderer Hund die Verwundeten-Medaille. Das ist eine noch schrecklichere Vermenschlichung als durch die Mamis und Papis.

Wie der Polizeihund geboren wurde

Er war Polizeikommissar in Schwelm, hieß Laufer und schrieb 1901 diesen vernünftigen und immer noch aktuellen Satz: ›Die Verwaltungen scheuen mit Recht, den Beamten eine so gefährliche Waffe wie den Revolver in die Hände zu geben; sie wollen damit nicht Gefahren für das Publikum wie für den Beamten selbst heraufbeschwören. Diesen Verwaltungen möchte ich raten, den Beamten Hunde mitzugeben; sie stärken damit den Beamten mehr als mit einem Revolver, ohne damit irgendwelche Gefahren zu zeitigen.‹
Herr Laufer schrieb 2000 Polizeiverwaltungen an, gleichzeitig versandte Rittmeister von Stephanitz Werbebriefe für ›seinen‹ Deutschen Schäferhund. Er wollte dieser Rasse, die er gerade wiederentdeckt und gezüchtet hatte, das Schicksal ihrer schottischen Vettern ersparen. Die Collies waren Modehunde geworden: ›Man mußte also der Modelaune Zügel anlegen, ihr verbieten,

Der Sprung durch den doppelten Feuerreifen ist mehr eine artistische Leistung als ein Schutzhund-Bedürfnis. Denn Feuerwehr-Aufgaben haben Hunde nur selten zu erfüllen.

den deutschen Schäferhund in Salons und Boudoirs zu locken, womöglich mit Bändern und Schleifen auszustaffieren und zu einem Schlemmerdasein auf Polstern und Teppichen zu verurteilen.‹ Solch Schreckliches geschah nicht, dank der Polizei blieb der Schäferhund Nutzhund.

So war denn auch der erste deutsche Polizeihund ein Deutscher Schäfer. Leider kümmerlich und kränklich, so daß er nach 3 Monaten wieder abgeschafft wurde. Nachfolger eine ›sibirische Dogge‹ (?), die wegen ›Schlafmützigkeit‹ ihren Dienst quittierte. Die Deutsche Dogge, die ihr folgte, war so scharf, daß man sie ›ein zweischneidiges Schwert‹ nannte. Auf deutsch: Sie biß auch die Beamten. Am geeignetsten erwies sich der Airedale-Terrier, danach kamen der Deutsche Schäferhund und der Dobermann. Der Boxer machte – schuld waren die damaligen Züchter – zu Beginn keine gute Figur. Der Rottweiler wurde in den Diensthundkreis aufgenommen, ebenso der große Schnauzer. Erster erfolgreicher Polizeihund: der zotthaarige Schäferhund Harras, der vor dem Ersten Weltkrieg in Braunschweig den Mädchenmörder Duwe entlarvte. Die heutigen ›anerkannten Diensthundrassen‹ rekrutieren sich aus Rassen, die folgende Eigenschaften haben müssen: Arbeitslust, Wachsamkeit, Gelehrigkeit, Schärfe, Spurentüchtigkeit. Dazu sollen sie beweglich, kräftig, schnell, ausdauernd und wetterfest sein. Alle diese Eigenschaften müssen in völligem Gleichmaß vorhanden sein, keine darf auf Kosten der anderen herausragen. Daß damit eine große Zahl von Rassen von vornherein ausscheiden, ist klar. Übriggeblieben bei uns sind Deutscher Schäferhund, Airedale-Terrier, Boxer, Rottweiler, Dobermann und Hovawart. Außer dem Airedale alles deutsche Rassen, was verständlich ist.

Der Deutsche Schäferhund wurde der beliebteste. In über 1400 Ortsgruppen werden jährlich 22000 Hunde als Schutzhunde geschult, von denen sich etwa 5000 bei Prüfungen bewähren. Aus ihnen rekrutieren sich die Diensthunde. Die besten von ihnen, runde 70, kämpfen jährlich um die Bundessiegerwürde, einmal für Privat- zum anderen für Staats-Diensthunde.

Wer die Polizeihundeprüfung I bestanden hat, bekommt in Bayern ein monatliches Futter- und Wartungsgeld von 69,– DM, statt 60,– DM wie Hunde, die die Prüfung noch nicht abgelegt oder nicht bestanden haben. Auch für Hunde-Karrieren sind Prüfungen wichtig. Zumindest, wenn sie in den Staatsdienst wollen.

Rund 7000 Deutsche Schäferhunde arbeiten zur Zeit als Diensthunde.

Hüter der Herden

Wenn der Hund wacht, mag der Hirte schlafen, wenn aber die Hunde schlafen, hat der Wolf gut Schafe stehlen. Das hat uns Karl Simrock überliefert, dessen Lebenswerk die Erneuerung der poetischen Schätze der Vergangenheit

So sind die wirklichen Schäferhunde: keine rassigen Schönheiten, dafür aber gute und wetterfeste Gebrauchshunde. Und nie überzüchtet und nervös.

war. Doch schon zu seinen Lebzeiten in der ersten Hälfte des vorigen Jahrhunderts hatte der Spruch keine Bedeutung mehr. Aus Hirten waren Schäfer geworden, Wölfe gab es bei uns keine mehr und schlafen konnten die Herdenbegleiter allemal, denn die Schäferhunde paßten darauf auf, daß die Herden schön beisammen blieben.

Daher der Name Schäferhund. Für unseren deutschen stimmt er eigentlich nicht mehr, bei ihm sind die Schutzhundkomponenten immer stärker herausgezüchtet worden.

Schafherden gibt es immer weniger – eine Folge der Landschaftskultivierung. Immerhin werden von den 841000 deutschen Schafen 270000 in Herden gehalten, und zwar sind es 802 Herden. Ihrer Größe nach brauchen sie manchmal mehrere Hunde. Es sind vorwiegend zotthaarige Hunde, die sogenannten Schäferpudel, die als Rasse aber nicht mehr anerkannt werden.

Weitere Hirten- und Hütehunde: die belgischen Schäferhunde Tervueren, Groenendael, Lakenois und Malinois, die ungarischen Hirtenhunde Kuvasz,

Komondor, Puli, Pumi und Mudi, Briard und Picard aus Frankreich und aus England Collie, Sheltie, die Corgis (Hunde der englischen Königin), der Bobtail und vor allem der Bearded Collie, den selbst ein Fachmann mit einem Bobtail verwechseln kann.
In Wales gibt es im August das große ›Sheepdog Trial‹. Diese Hütehund-Prüfung blickt auf eine hundertjährige Tradition zurück. Hier wird getestet, wie die Hunde selbständig und unter natürlichen Bedingungen arbeiten. Helden dieser Übungen sind die Border Collies, zotthaarige Hunde, die überall in der englischsprechenden schafehaltenden Welt die Herden hüten und die nur in Australien als Rasse anerkannt werden (Club-Kynologen sind schon eigenartige Menschen). Hauptaufgabe: eine Gruppe von Schafen durch mehrere Hindernisse in ein Gatter zu treiben, nur gelenkt durch Befehle des Schäfers, der manchmal bis zu 800 Yard (= 732 Meter) von Hund und Herde entfernt ist.
Über die Arbeit von Hüte- und Treibhunden hat Dr. M. Mäder 1951 in Zürich eine Dissertation geschrieben: ›Der Appenzeller Sennenhund‹. Interessant ist, daß der Hund sowohl das einzelne Tier wie die ganze Herde im Auge behält, aus Bewegungen das Vorhaben der Kühe erkennt und vorbeugend eingreift. Das wird mit Gebell oder aber mit gezieltem Fersenbiß gemacht.
Dieser Fersenbiß gehört zum Spielrepertoire eines jeden jungen Wolfes und damit auch Hundes. Erwachsene Hunde (darf ich noch mal rekapitulieren: *Der Hund ist ein nicht erwachsen gewordener Wolf*) behalten diese Spielform bei. Bei den Treiberhunden ist dieses ›Stechen‹ zur Kunst entwickelt. Von der Arbeit weg zum Vergnügen. Die Windhunde, die früher die verbreitetsten Jagdhunde waren, sind nur glücklich, wenn sie rennen dürfen. Das bietet man ihnen heute auf dem Sportplatz.

It's just for the betting

Bei den Windhundrennen, die die Engländer so lieben, weil sie dabei wetten (= *betting*) können, werden Millionen-Umsätze gemacht. Man nimmt an, daß in einem Jahr 12 Millionen Rennbahnbesucher etwa 60 Millionen Pfund zu den Totalisatoren tragen, und daß die rund 10000 Rennhunde ihren Herren etwa Geldpreise von 740000 Pfund einbringen. Bei deutschen Windhundrennen wird nicht gewettet, hier ist alles ›just for fun‹, zum Vergnügen, zum Spaß für die Tiere oder wie das der deutsche Windhundzucht- und Rennverband ernsthaft ausdrückt: ›Unsere Tiere brauchen Bewegung. Die verschaffen wir ihnen hinter dem falschen Hasen auf der Rennbahn. Rennen ist praktischer Tierschutz – sonst nichts.‹
Zusätzlich für die Windhundbesitzer ein nicht gerade billiges Hobby, zumal wenn man zu den Rennen anreisen muß. Hauptrenner sind die kurzhaarigen

Greyhounds rennen auf Distanzen von 350 bis 900 Metern, Whippets von 300 bis 550. Rempelnde und raufende Hunde werden disqualifiziert. Unten: Mehr Spaß als Sport: Pudelrennen in Berlin am Funkturm.

4
5

Hunde, die Greyhounds und die Whippets. Ihre Besitzer munkeln hinter der Hand, daß nur diese Rassen problemlose Renner sind. Die Barsois, Afghanen und Salukis akzeptieren nämlich nicht jedes Lockmittel als falsche Hasen. Dazu sind sie zu sehr Jäger. Was kümmert einen ehemals wolfjagenden Barsoi ein Stückchen Fell? So werden denn in England die Rennen nur von Greyhounds gelaufen, denn wenn es um 10000 Pfund geht (beim Greyhound-Derby 1971 gewann seit 22 Jahren zum ersten Mal wieder eine Hündin und trug diese Summe nach Hause), dann will man auf der Bahn rennende und nicht spielende oder sich raufende Hunde sehen. Zumindest aber haben Windhunde Gelegenheit, es ihren Vorfahren nachzutun: laufen, laufen, laufen.

Der Totengott Anubis betreute in der Unterwelt die Mumien. Lange Zeit als ›schakalköpfig‹ bezeichnet, weiß man heute, daß er einen Hundekopf trägt. Er wird mit einem Band um den Hals dargestellt.

Der große Hundegott

Im Zeitalter der Magie, das vor aller Religion und Wissenschaft steht, waren der Mensch und manche Tiere aufeinander angewiesen, um in einer durchwegs feindlichen Umwelt überleben zu können. Diese Bindung zueinander muß eng gewesen sein, so eng, daß wir sie uns heute nicht mehr vorstellen können. Wir haben die Sinne und Fähigkeiten dafür verloren, weil wir das intuitive Zwischenhirn zugunsten der intellektuellen Großhirnrinde vernachlässigt haben. Alte Sagen deuten noch darauf hin und die Verwandtschaft mit dem Tier über das Totem.

So erstreckt sich der Glaube an einen Hundestammvater der Menschen fast um die ganze Welt.

Einstmals fiel ein Hund vom Himmel auf die Erde, und zwar auf die Insel Umnak. Dieser warf zwei Junge, das eine männlichen, das andere weiblichen Geschlechts. Aus der Verbindung dieser beiden hundepfotigen Wesen stammen die Menschen.

So erzählen die Eskimo. Die Chinesen dagegen berichten:

Vor langer Zeit wurde ein Königreich von einem benachbarten Herrscher bedroht, und Verkündigungen wurden angeschlagen, daß der Mann, der das Königreich befreien würde, die schönste der drei Königstöchter zur Frau erhielte. Ein Hund las diesen Aufruf, riß ihn nieder, trug ihn zu Hofe und fragte um Erlaubnis, den Preis zu gewinnen. Sie wurde ihm gewährt, und der Hund ging über das Meer an den Hof des feindlichen Kaisers. Dieser war ein Trinker und lag in seinem Rausch, so daß ihm der Hund den Kopf abbeißen konnte. Er brachte ihn seinem König, machte einen Kotau und erinnerte ihn an sein Versprechen. Zuerst versuchte der König, den Hund zu überreden, ein anderes schönes Mädchen zur Frau zu nehmen. Aber der weigerte sich, und so wurden die drei Prinzessinnen gebracht. Der Hund bekundete seine Wahl, indem er den Rocksaum der Erwählten mit seinen Zähnen packte. Er bat dann, ihn unter eine Glocke zu legen, und sagte, daß er in sieben Tagen zu einem Mann würde. Doch der König war neugierig und schaute am sechsten Tag schon nach. Da lag der Körper eines jungen Mannes, der den Kopf eines Hundes trug. Da setzten sie ihn zum zweiten Mal unter die Glocke, und am Ende des siebten Tages war er ein vollständiger Mensch geworden. Er und die Prinzessin wurden die Ahnen der Chinesen.

Im Kongo berichten die Bambuti-Pygmäen ihre Erschaffung so: *Ein Neger hatte einen diebischen Hund, der ihm viel Verdruß bereitete. Eines Tages, als er wieder alle Eier aus den Nestern der Hühner gestohlen hatte, prügelte ihn sein zorniger Herr fast zu Tode. Am Abend befahl er seinen Söhnen, den seiner Meinung nach toten Hund wegzuschaffen, doch dieser war spurlos verschwunden. Die Hündin hatte sich sich wieder erholt und war in den Wald geflohen. Dort lebte sie mit einem Waldtier zusammen (Asamu). Aus dieser Verbindung warf die Hündin sechs Junge, und — oh Wunder — es waren Pygmäen, vier Söhne und zwei Töchter, die von nun an in den Wäldern lebten.*

Der Glaube an einen Hundestammvater — es kann als Stamm-Mutter auch eine Hündin sein, die sich durch Fellabwerfen in eine Frau verwandelt — wanderte von Mittelasien aus auf den großen Kulturstraßen im Osten über den Inselbogen der Aleuten, Grönland miterfassend, nach Amerika; im Süden über Hinterindien in den Bereich Neuguineas; im Südwesten drang er über Kaukasus und Mittelmeer bis ins Kongobecken vor, während er im Westen fast ganz Europa ergriff und mit einem Sprung nach Island den Kreisbogen nach Grönland schloß. In diesen Mythen kann der Hund auch durch den Wolf oder den Kojoten ersetzt werden, wobei die Kulturforscher glauben, daß der Wolfsmythos vorher da war, wie ja auch der Wolf selbst vor dem Hund existierte.

Wolf — das ist nicht nur ein männlich kriegerisches Tier, es ist auch ein verderben- und todbringendes Wesen. Aus dieser Zeit stammt unsere Angst vor dem Wolf — denken Sie an Rotkäppchen, dessen Geschichte auch heute noch den Kindern erzählt wird —, unser Unbehagen, das sich in Wolfsgegenden in Haß und Verfolgung äußert. ›Man muß sie alle töten‹, das ist die einzige Motivation, die kanadische Wolfsjäger anführen können. Daß Wölfe gar nicht so sind, haben die Verhaltensforscher inzwischen genau erforscht.

Der Hund hingegen war nie in der Wildnis zu Hause, sondern bei den Menschen. Daher fehlt diesen die richtige Distanz zum Hund. Wenn er auch einmal — vielleicht in einer Hund-Wolf-Verschmelzung — ein Gott war, so

Fetisch-Hund mit zauberkräftiger Medizin. (Linden-Museum, Stuttgart.)
Bild unten: Der mit Messingnägeln beschlagene Hund diente den Bayakas (Kongo) als Kopfstütze. (Sammlung Kegel-Konietzko, Hamburg.)

ist er unabänderlich vermenschlicht und schließlich zum Menschen selbst geworden. Frage: Können wir unserem Mami-Papi-Komplex diesen mythischen Unterbau geben und ihn dadurch ein wenig entschuldigen?

Unser schlechtes Kollektivgewissen

Frobenius nennt die Kulturstufe der animistischen Götter ›Denken im Tier‹. Wir können sie heute noch in allen Volksmärchen feststellen. Sie ist aus Angst vor der Rache der Tiere und zugleich aus der Bewunderung ihrer größeren Kraft und Geschicklichkeit entstanden. Der Mensch als Jäger, Vernichter und Nutznießer der Tiere versucht, sich von einer Bestrafung im Jenseits (wo die Tiere wichtige Funktionen haben, vor allem der Hund) dadurch loszukaufen, daß er sie verehrt und ihnen eine hervorragende Stellung einräumt. Zugleich will er sich damit aber auch jene Fähigkeiten aneignen, die ihm selbst fehlen. Er macht ihre Gestalten zu seinem Totem (und später noch einmal zum Wappen) und übernimmt so, seinem Glauben nach, ihren Mut, ihre Schnelligkeit, ihre Kraft und ihr Wohlwollen.

Der Hund als Kultur-Heros

Seine bedeutendste Rolle in den Mythen spielte der Hund als Schöpfer und Bringer: Er richtete den Menschen das Tageslicht ein, er brachte ihnen das Feuer oder das genauso lebenswichtige Salz. Er entdeckte im Sudan die Genießbarkeit der Hirse, erfand im Kongo bei den Songe den Palmwein und holte den Tetala im äquatorialen Regenwald fast alles Eßbare:
Früher wohnten alle Menschen am Lomani. Einer von ihnen ging nach Westen, doch er hatte kein Feuer. Trotzdem kamen alle Menschen zu ihm. Endlich kam Mwo, der Hund. Er stieg auf einen Baum, von dort ging er in den Himmel und holte das Feuer. Dann zündete der Hund den Baum an. Alle Leute kamen und holten sich vom Baum Feuer. Der Hund ging in den Himmel zurück und brachte von dort je ein Paket Hirse, Maniok, Mais, Erdnüsse, Bohnen, kleine Bananen und Palmkerne. Gott gab das alles Mwo, der Hund brachte es den Menschen, und der Mensch tat es in die Erde.
Als Feuerbringer gilt der Hund bei fast allen Indianern, in Mexiko galt er von den Kulturen der Mayas bis zu der aztekischen als Blitztier. Die gleiche Vorstellung finden wir in Afrika und in China. Dort spielte er als gefährlicher Himmelshund eine Rolle (Verkörperung des Hunds-Sternes Sirius), der überall, wo er hinfällt, Feuer verursacht. Der Lärm (= Donner) wird als Gebell dieses Hundes gedeutet. Deutscher Aberglaube: Der Blitz schlägt gern nach dem Hund.

Die guten Himmelhunde

Ansonsten spielt der Hund am Himmel eine freundliche Rolle, nachdem er in Wolfsgestalt der große Verschlinger war (*und wenn das letzte Gericht anbricht, sperrt der Fenriswolf seinen riesigen Rachen auf und verschlingt die Gestirne. Ewige Nacht bricht dann herein* – das ist die freundliche Jenseitsvorstellung der Germanen).

So haben Hund und Mond eine enge Beziehung. Eskimos und Indianer kennen keinen Mann, aber einen Hund im Mond. Der Mond wiederum ist der Herr der Fruchtbarkeit und für Frauen sehr gefährlich. Deshalb hat der Hund als Mondtier den Menschen das Lieben beigebracht. Bei manchen Stämmen war es der Kojote, der als Casanova unter den Tieren gilt. Stellen wir die kulturhistorische Brücke her zu den Hunden in den Tempeln der Liebesgöttin Astarte, die die Israeliten im Lande Kanaan trafen. Seitdem ist für sie der Hund das Symbol der Unkeuschheit, und Prostituierte beiderlei Geschlechts wurden von ihnen *Kaleb* (= Hund) genannt. Eine besondere Rolle spielten die Hunde, die die Diener der Aphrodite in Griechenland waren, und die Jenseitshunde der Parsen, die keine Jungfrauen in den Himmel ließen, weil sie die Liebe nicht kennen. Lebenserhaltend ist auch der große Hund der Potawomi-Indianer, der am Himmel wohnt. Er beobach-

Kerberos, Wächter der griechischen Unterwelt, wurde von frühen Autoren wie Hesiod und Pindaros als fünfzig- oder hundertköpfig beschrieben, in der Kunst aber immer dreiköpfig dargestellt. (Caeretaner Hydria, Ausschnitt. Um 530 v. Chr. Louvre, Paris.)

tet genau die alte Frau, die im Mond sitzt und einen Korb flicht. Immer, wenn sie fast fertig ist, frißt der Hund den Korb auf. Würde sie ihr Werk einmal vollenden, dann ginge die Welt unter. Die Menschen erkennen die Wachsamkeit des Himmelhundes an den Mondfinsternissen.

Wächter des Jenseits: Kerberos

Am Eingang zur griechischen Unterwelt steht der Hund Kerberos. Sein Herr ist Hades, der eine Hundskappe trägt, die ihm, wo er auch ist, die Nachtdunkelheit der Unterwelt verleiht: Sie macht unsichtbar. Der fürchterliche, dreiköpfige Kerberos aber war nur für die gefährlich, die aus der Unterwelt entweichen wollten. Sie fiel er an. Alle Eintretenden begrüßte er mit freundlichem Wedeln und Senken der Ohren. Hunde halfen auch der ägyptischen Göttin Isis bei der Suche nach dem toten Bruder-Mann Osiris. Deshalb liefen an der Spitze aller Isis-Prozessionen Hunde mit. Als dann Osiris Richter der Toten wurde, führte Anubis, der schakalköpfige Gott, die Verstorbenen vor den Thron seines Vaters. Da die Griechen den Schakal nicht kannten, nannten sie Anubis den ›Gott mit dem Hundekopf‹.
In jeder ägyptischen Stadt gab es Friedhöfe für Hunde. Dort wurden sie einbalsamiert beigesetzt: Hundemumien in vielen Museen künden davon. Es gab aber auch Spielzeughunde für Kinder – der erste Schritt vom Mythos zur Mode. Katzenpuppen gab es nicht. Das Tier Mau war den Menschen fremder und blieb deshalb länger heilig. Die toten, einbalsamierten Katzen brachte man ins Heiligtum von Bubastis, während es Hundefriedhöfe in allen Städten gab.
Bei den ersten Großstädtern, den Sumerern, lebten folglich die ersten Großstadthunde. Das sind jetzt siebentausend Jahre her. Sie waren geduldete Hausgenossen, geschätzte Jagdgehilfen und Kriegssöldner. Trotzdem wurde ein scharfer Trennungsstrich zwischen den Menschenhunden und den Wildhunden gezogen, die verhaßt, da ›kinderverschlingend‹ waren. Das kann aber ein Zweckgerücht gewesen sein, denn in der schwarzen Magie wurden Kinder Hunden geopfert.

Kerberos hatte viele Brüder

Ein schwarzer und ein scheckiger Hund sind die Boten Yamas, des indischen Totengottes. Mit Opfergaben kann man sie besänftigen. Nur Brandstifter, Giftmischer und Straßenräuber, Spezialgebiet Karawanen, hatten keine Chance. Sie wurden von den beiden in eine Spezialhölle gejagt, in der siebenhundertzwanzig Hunde mit diamantenen Zähnen die Sünder in alle Ewigkeit zerfleischten.

 Der Ruf der Wildnis. Vor aller Kunst und jedem Mythos waren die Wölfe.

Zwei Wachhunde stehen auch an der Grenze des Totenlandes der Papuas. Sie kann man bellen hören – wenn es donnert.
Je kriegerischer ein Volk war, desto wilder waren auch seine Hunde oder Wölfe im Jenseits: Blutig sind die Mäuler der blauen Wölfe der Kirgisen-Hölle, schauerlich bellen die Hunde im nordischen Weltenberg, und am Eingang zum Reich der germanischen Hel ›heult gellend Garm vor Gnipahellir‹, stabreimend das Totentum der Edda bewachend. Freundlicher sahen es die präkolumbianischen Mexikaner, die sonst in ihren Bräuchen gar nicht heikel waren. Sie und die Alt-Peruaner ermahnten ihre sterbenden Hunde, im Jenseits auf sie zu warten oder sie opferten sie zusammen mit dem Toten, denn nur ein Hund konnte einen über die dünne Brücke aus Haaren führen, die sich über den sieben- beziehungsweise neunarmigen Grenzfluß zum Land der Stummen spannte.

... und die Hunde sollen ihr Fleisch fressen

Bei den zornigen Männern der Israeliten galt das als der schlimmste Fluch. Prophet Elias hatte ihn gegen die Königin Jezebel zum ersten Mal benutzt. Denn wer von Hunden gefressen wurde – glaubten sie –, konnte nicht in den Schoß Abrahams zurückkehren.
Diese Vorstellung war ein Vorurteil. Weil bei Völkern, die sie für Heiden hielten, die Hunde die Leichen bestatteten, Heiden aber nicht in den Himmel kommen können ... Solche Argumentationen sind uns aus dem Christentum allzu gut bekannt.
Wolf, Schakal und Hund halfen dem Menschen, die Körper verschwinden zu lassen. Kein Wunder, daß Wolf und Hund zum Symbol des Todes wurden. Dazu kam noch, daß man beim Hund Fähigkeiten entdeckte, die man sich nicht erklären konnte – Verhaltensforschung gab es damals noch nicht – und deshalb wurde er auch der Verkünder des Todes.
Das spricht Zarathustra (auch Zoroaster genannt, Stifter der altiranischen Religion) im Awesta ganz deutlich aus: *Der Hund ist wie ein Geisterbeschwörer, denn er sieht die Geister und vertreibt die Dämonen mit seiner Stimme wie ein Geisterbeschwörer.*
In dieser religiösen und praktischen Schriftensammlung aus dem 5. Jahrhundert v. Chr. finden wir Vorläufer zu einer Art Hundeschutzgesetz: *Wenn sie zu meinen Häusern kommen, soll man sie nicht aussperren, den Schäferhund nicht und den Hofhund auch nicht. Denn es würde mein Haus nicht festgefügt auf der von Gott geschaffenen Erde stehen, wenn nicht der Schäferhund da wäre, um wie ein guter Hirte die Herden zu bewachen, und der Hofhund nicht, um es wie ein tapferer Krieger zu beschützen.* Für Hündinnen im Wochenbett ordnete er an: *Wer das der Hündin Lagerstätte zunächst*

Heulender Hund. Eine Tonfigur aus der klassischen Periode der präkolumbianischen Kunst Mexikos (300 bis 900 nach Chr.). Im Staat Colima wurde dieser haarlose Hund für Feinschmecker gemästet.

gebaute Haus bewohnt, der ist zu ihrer Wartung verpflichtet. So lange muß er Sorge tragen, bis die Hunde groß geworden sind. Das sind sie, sobald sie zweimal sieben Häuser umlaufen können. Nach Belieben soll der Hund dann hinausgehen im Winter, nach Belieben kann er es aber auch im Sommer tun. Merke: Sechs Monate muß man für einen Hund, sieben Jahre für ein Kind sorgen.

Dieser Hundefreund schrieb auch ein Gesetzbuch, das Videvdat. In ihm wird eine Bestattung durch Hunde genau beschrieben. Sie soll hier stellvertretend für diesen Brauch bei den Mongolen, Tibetanern und Indern stehen.

Wir haben zwei Phasen: 1. das Aussetzen des Leichnams zum Fraß für die Hunde und 2. die anschließende Bestattung der Knochen.

Die Leichen wurden entweder auf einem Hof oder auf einem Hügel ausgesetzt. Die Träger der Toten waren Verbrecher, die so ihre Strafe abbüßten. Sie waren gesellschaftlich der letzte Dreck, unrein wie die Leichen selbst. Niemand sprach mit ihnen, und wenn sie mit einem Toten über die Straße zogen, versteckten sich die Leute. Denn mit ihnen ging unsichtbar Nasu, die todbringende Leichenhexe.

Wenn dann die Hunde die Leiche aufgefressen hatten, wurden die Knochen vergraben oder verbrannt. Denn der Körper mußte verschwinden. So lange noch etwas von ihm übrig war, war auch die Bindung zwischen seiner Seele und dem Körperkleid nicht gelöst — er kam wieder. Die Tibetaner benutzten noch einen Trick: Sie ließen den Toten verkehrt herum aus dem Fenster schaffen, damit er den Weg zurück nicht mehr fand. Und dazu sprach der Familienälteste die liebevollen Abschiedsworte: ›Hör mal, du! Du bist jetzt tot! Merke dir das. Du hast hier nichts mehr zu suchen. Stärke dich für deinen Weg und komm nie, nie wieder.‹ Dabei hütete er sich, den Toten zu berühren, denn damit wäre er ja auch unrein gewesen.

Wer konnte die Unreinen wieder rein machen? Der Hund! Magie muß nicht logisch sein. Da man den Hund brauchte, als Hauswächter und Hirte für den Alltag, als Leichenbeseitiger für die Feiertage, machte er sich nicht unrein — er war stärker als die Toten. Und so konnte er auch die Unreinen wieder reinigen. Für die Leichenträger brauchte es noch etwas Stärkeres: einen besonderen Hund, den mit vier Augen.

Kleiner Exkurs über das Thema Vieräugigkeit

Vieräugler sind Hunde (oder Wölfe), die einen hellen Fleck über jedem Auge haben. In der sozialen Auseinandersetzung zwischen den Tieren kommt diesen Flecken die Funktion eines zweiten, starren Augenpaares zu, sie schüchtern den Gegner ein.

Aber auch die Dämonen haben Angst vor ihnen, sie wollen nicht angestarrt werden. Schon gar nicht gleich viermal. Die Verdoppelung der Augen gilt als magische Kraftvermehrung, wie jede Multiplizierung die Wirkung verstärkt.
Betrachten wir einmal folkloristischen Schmuck, die Ornamentik von Trachten und Teppichen, die Malerei von Schränken und Türfüllungen, dann werden wir überall das Augenmotiv entdecken: entweder in der Miribota-Form, als Fischblase (das von China her bekannte Zeichen ›Yin und Yang‹ besteht aus zwei kreisförmig zusammengeschlossenen Fischblasen) oder als einfacher Kreis (wie ihn der Apisstier Ägyptens auf der Stirn trägt).
Wer vier Augen hat, kann Gespenster und Hexen erkennen, glauben die afrikanischen Ibo genauso wie die Zigeuner. Und sie möchten vieräugige Hunde besitzen, denn sie sind auch gegen Diebstahl gefeit. Die Vieräuger können die Totenhexe verscheuchen, die Leichenträger rein machen und die Geister, die einen Sterbenden überfallen, bannen. Zurück ins Heute: Bei Schweizer Sennenhunden gehören die Augenflecken zum gefälligen Aussehen.

Die Sache mit den Hundekönigen

Noch immer erzählen die Athapasken-Indianer von einem Hundehäuptling, der ihren Stamm in gute Jagdgründe führte und ihm Wohlstand und Ansehen brachte. Doch diese Indianer waren nicht die einzigen, die sich unter einem Hundekönig wohlfühlten.
Wir haben hier eine der Übergangsstufen vor uns, die den Bedeutungswandel zeigen, den alle Mythen durchmachen. Auf dem Weg vom Hundegott zum Menschenhund liegt die Phase des Hunde-Häuptlings, wie überhaupt der Hund in Asien und Afrika eine Beziehung zum Königtum hat. So ist auf Darstellungen äthiopischer Königsbilder der Hund im Gegensatz zu allen anderen Gegenständen im richtigen Maßstab abgebildet, d. h., er gehört zum König und ist nicht nur Attribut.
Kommen wir in den nordischen Sagenbereich, dann vermischen sich Menschenwesen und Hundegestalt wie in dieser Geschichte:
Vortrefflich regierte der Hund Saur über die Drontheimer, die der König Eystein von Upland besiegt hatte. Mit einem goldenen Halsband geschmückt, saß Saur auf seinem Thron und sprach Recht. Denn die Drontheimer hatten in ihn den Verstand von drei Männern hineingezaubert. So konnte Saur auch reden, wenn er auch zwischendurch immer wieder bellte. Er starb nicht als König, sondern als Schäferhund: Wölfe waren in eine Herde eingebrochen. Da vergaß Saur seine Königswürde, wurde wieder ganz Hund und wollte die Wölfe vertreiben. Doch die zerrissen ihn.

Hier hat das Märchen den Mythos übermannt: Der Wolf (Symbol des Ur-Mythos) ist stärker als das Zwitterding von Hund und Mensch.
Völlig pervertiert wird die Idee des Hundekönigs durch den Seeräuber Gunnarus. Er hatte die Norweger unterworfen und setzte, um sie zu demütigen, einen Hund als Regenten ein. Adelige mußten Hofdienst bei ihm leisten und seinen Sprüngen mit achtungsvoller Ergebenheit hin und her folgen. Sie machten das Beste daraus, achteten den Hund und vertrieben unter seiner Führung den Piraten. Alle diese Geschichten, die aus den gleichen Urgründen kommen, wurden später für bare Münze verkauft. So beschreibt der Domherr Adam von Bremen um 1100 in seiner Kirchengeschichte einen Amazonenstaat jenseits der baltischen See, dessen Männer hundeköpfig sind. Der gelehrte Herr war auf Krieger hereingefallen, die sich die Schädel erschlagener Tiere auf den Kopf gestülpt hatten.
Genauso behauptet Johann von Plano Carpini, der im 13. Jahrhundert im päpstlichen Auftrag die Mongolei bereiste, er hätte Hundemenschen gesehen. Der Franziskanerpater Oderich von Pordenone erzählt von den Bewohnern der Nikobaren: ›Die Leute dort haben alle Hundsgesichter – alle – die Männer sowohl wie die Frauen.‹ Und er zeichnete die Leute, wie sie vor einem Götzenbild beten. Diese Hundeköpfige tauchen noch in weiteren Reiseberichten auf, in Sebastian Münsters Weltchronik findet man sie dargestellt. Das Merkwürdige: Alle diese ›mit eigenen Augen gesehenen‹ Hundeköpfigen gehören zu den Völkern, die dem Hundemythos anhängen. Die Reiseschriftsteller haben das zur Sensation aufgebauscht, Glaube und Wirklichkeit vermischt und aus den mit Hundefell bekleideten oder bemützten Leuten Hundemenschen gemacht. Geglaubt wurde es auch. Das Christentum hatte in seiner Lehre vom Guten und Bösen die Tiere zwar entmachtet – mit dem Jenseits hatten sie nichts mehr zu tun, aber sie waren Symbole geblieben. Für Gott (Taube, Fisch, Lamm) und für den Teufel (Hahn, Katze, schwarzer Hund). Deshalb war die Bereitschaft zur Tiermagie noch immer vorhanden, und sie wurde stärker zu einer Zeit, als das Volk in Armut und Elend lebte und die Feudalherren samt ihren Jagd- und Hätschelhunden in Reichtum schwelgten. Wenn ein Hund es besser hatte als ein einfacher Mann, warum sollte nicht der einfache Mann durch die Gestalt des Überhundes wieder stark und mächtig werden?

Mond, Mond, golden Hörnchen

Die älteste Quelle der deutschen Werwolfsage (es gibt das Phänomen der Wolfsverwandlung in der ganzen Welt, manchmal abgewandelt in Tiger- oder Leopardenmenschen) liegt bei Burkhard von Worms um das Jahr 1000. Ihren Höhepunkt erreichte der Wolfswahnsinn im 15. Jahrhundert, als er

Eine seltene Darstellung des menschenfressenden Werwolfs in seiner tierischen Gestalt. Alter Stich aus Frankreich.

für Teufelsbesessenheit erklärt wurde und unter die berüchtigte Hexenbulle des Papstes Innozenz VIII. fiel *(Innozenz = der Unschuldige)*.
Die Folge: eine Welle von Werwolf-Prozessen, bei denen die Verurteilten durch die Feuertaufe befreit, das heißt, lebendig verbrannt wurden. Der Frauenhaß der religiösen Fanatiker zeigte sich wie bei den Hexenprozessen. Es wurden weit mehr ›Werwölfinnen‹ auf den Scheiterhaufen gebracht als Werwölfe.
Die Lykanthropie, wie man die Wolfsbesessenheit wissenschaftlich nennt, ist eine echte Geisteskrankheit, verwandt dem Fuchs-Wahnsinn in Ostasien, wo Tengu, der Fuchsgott, den mythischen Wolf vertrat. Die moderne Psychopathologie erklärt den Tierverwandlungsglauben so: Der Lykanthropos ist das Opfer einer Autosuggestion. Ursprünglich war er ein ganz normaler Mensch. Von sensibler Psyche, wurde er vielleicht einmal von einer Predigt, in der vor den Tierzauberern gewarnt wurde, stark beeindruckt. Seine Phantasie malt ihm nun in immer deutlicher werdenden Bildern Szenen vor, in denen ein in einen Wolf Verwandelter Böses treibt, durch die Luft fliegt, Menschen angreift und selbst Leichen verzehrt. Seine Wachträume spinnen sich in den Nachtträumen fort, und hier tritt plötzlich die Identifikation mit dem Objekt ein: Der Träumende sieht sich plötzlich selbst in dem Mann, der zum Wolf wird. Am anderen Morgen erwacht er mit der Überzeugung: Ich bin ein Werwolf. Unter dem Einfluß der Bußprediger mit ihren Hinweisen auf Sünde und Hölle wird der Mann nunmehr in eine Zwangspsychose hineingetrieben. So stellt er sich selbst dem Gericht und nimmt

gern alle Folterqualen auf sich, um die jenseitige Erlösung wiederzugewinnen. Da die Menschen damals durch die furchtbaren Hexenprozesse in eine chronische Übererregung und Angst versetzt wurden, waren Massen-Psychosen keine Seltenheit. Der Werwolfglaube trat wie das Geißlertum epidemisch auf. Ganze Gruppen von Leuten rannten heulend in die Wälder und schrien nach Menschenfleisch. Sie bissen Leute und bellten und heulten nur noch. Der alte Wolfsglaube, vom Christentum in den Untergrund, in die Hölle gedrängt, wurde wieder wach, trat schockartig in das Bewußtsein der Menschen und machte sie verrückt.

Gehen wir noch einmal zurück. Nach altnordischem Glauben gab es Männer, die die Gestalt von Bären annehmen konnten. Diese Bärenhäuter, auch Berserker genannt, waren in Wahrheit nur Männer von ungewöhnlicher Kraft, die durch Wut in Ekstase gerieten und in ihrer Raserei (= Berserkerwut) die Feinde ohne Panzer und Schilde angriffen. Was die Feinde erschreckte, hieß es doch: ›Odin machte, daß seine Männer in der Schlacht ohne Brünnen kämpften und toll waren wie Hunde oder Wölfe. Sie töteten Männer, aber weder Feuer noch Eisen verletzten sie. Das nennt man Berserkergang.‹ Die Kerntruppe König Haralds bestand aus Wolfshemdtragenden; Kriegern also, die durch das umgehängte Wolfsfell die Kraft und die Wildheit des Wolfes übernommen hatten. Durch das Umhängen eines Wolfsfelles oder das Umlegen eines Wolfsgürtels wurde man später zum Werwolf: *Mond, Mond, golden Hörnchen, mache flüssig die Kugel, stumpfe die Messer, zertrümmere die Knotenstöcke, lasse los die Furcht auf das Getier, den Menschen und das Gewürme, daß sie den grauen Wolf nicht fangen, seinen warmen Pelz nicht schinden. Mein Wort ist fest, fester als der Schlaf und das Wort des Helden.* Aus Mythos wurde Aberglaube. Aus Aberglaube ein Thema für Horrorgeschichten.

Zum Fressen gern haben

Wenn Hunde gegessen werden, so hat das entweder kulinarische Bedeutung oder kultische. Manchmal überschneidet sich beides. Vor allem in Afrika, wo bei manchen Stämmen die Hunde extra gemästet, aber dann nur von den Männern gegessen werden dürfen. Geht man diesen Hundemahlzeiten genauer nach, wie es Barbara Franck in ihrem ›Die Rolle des Hundes in afrikanischen Kulturen‹ getan hat, dann findet man Hundefleisch als Ersatz für Menschenfleisch: ›Eine außergewöhnliche, nur rituell zu genießende Speise, die Frauen als vom Kultleben Ausgeschlossene nicht essen dürfen.‹

Die Chinesen dagegen essen Hund, weil er ihnen schmeckt. Deshalb heißen die von ihnen bevorzugten Tiere auch Chow Chow, was man mit *Happ Happ* übersetzen kann. Von den dicken Hunden Alt-Mexikos haben wir schon

gesprochen. Bei uns sind Hundefleischesser Sozialfälle und Futter für BILD. Der Schweizer Kynologe Hans Räber erzählt in der Rassengeschichte des ›Großen Schweizer Sennenhunds‹, wie im vorigen Jahrhundert die Bauern in den Bergtälern des Kanton Bern ihre Zuchtprobleme lösten: ›Man überließ das *(Decken)* dem Zufall und wählte nachher aus dem großen Wurf – Große Schweizer Sennenhunde werfen bis zu 18 Welpen – aus, was einem gefiel und passend erschien. Erwies sich später ein Hund als unbrauchbar, wurde er ohne Hemmungen geschlachtet und gegessen.‹
Das Aufessen wird mit die erste Verwendung gewesen sein, die der Mensch für den Hund hatte – neben seiner Hilfe bei der Jagd. Denn der Hund ist von Natur aus ein Jäger. Verlief die Jagd erfolglos, mußte der Hund dran glauben. Doch nicht so sehr über den Topf als über die gemeinsame Jagd kam der Mensch auf den Hund.

Hund gleich Jagd

Fangen wir gleich mit einigen Sprachuntersuchungen an: *kynegetes* ist griechisch und heißt sowohl ›Jäger‹ wie ›Hundeführer‹; *hundr* ist altnordisch und bedeutet ›Jäger‹, und das englische *hunter* ›Jäger‹ ist offensichtlich vom Wortstamm ›Hund‹ abgeleitet.
So hat denn auch die erste Darstellung eines Hundes mit der Jagd zu tun. Die Höhlenzeichnung in der Provinz Albacete in Ostspanien zeigt zwei Jäger und sieben Hunde, die einen großen Hirsch stellen. Das ist tatsächlich so und nicht mit den Augen der Liebe gesehen, die überall Hunde finden wollen. Die schlanken, ringelschwänzigen Vierbeiner sind Gehilfen der lanzenbewehrten Menschen und nicht Symbole eines Tierzaubers. Der Hund hat sich auf unsere Seite geschlagen. Das war vor 15 000 Jahren.
Nächste Dokumentation: Felszeichnungen aus Nordafrika, die man auf 7500 v. Chr. datiert: ein Bogenschütze und eine Meute von einem Dutzend Hunden.
Zweieinhalbtausend Jahre später beginnen die Ägypter mit ihren zahllosen Hundedarstellungen. Das bilderfreudige Volk malt sie an die Wände der Gräber, bildet sie in Stein und Ton, verziert seine Gefäße damit und konserviert sie als Mumien. Es sind viele Jagdhunde unter ihnen (vor allem Windhundartige), aber auch gefleckte, kurzbeinige und schwere Doggenartige.
Wir wissen auch, wie die Könige am liebsten jagten: von einem leichten, zweirädrigen Wagen aus, mit rennenden Hunden, die das Wild aufstöberten, hetzten und stellten. Dazu brauchte es eine Hochkultur, die solche leichten, hochbeinigen, schnellen und perfekten Hunde auch züchten konnte. Lautlos und mit dem Auge jagten diese Hunde die genauso eleganten Gazellen, und es muß eine fast schwerelose Jagd gewesen sein, die viel Spaß

machte. Daß die Ägypter Sportsleute waren, zeigt ein Bild, auf dem der Jäger mit seinen Hunden im Hinterhalt liegt, während gerade ein Löwe das als Köder angepflockte Rind angreift. In diesem Augenblick läßt der Jäger seine Hunde los, anstatt das Raubtier von seinem sicheren Anstand aus abzuschießen.
Die Windhundleute sind so stolz auf ihre Rassen, weil sie eigentlich als einzige eine lange und belegte Geschichte haben. Denn von Ägypten aus gingen die Windhunde in alle Welt, als wertvolles Geschenk für fremde Fürsten und waren durch viele Jahrhunderte die Präger der Jagd, der Hatz.
Die Sumerer und die Assyrer liebten es gröber. Ihre Hunde waren groß, schwer, und man muß schon achtgeben, daß man sie auf ihren Reliefs nicht mit den Löwen verwechselt, die sowohl Beute wie Jagdgenosse waren. Wenn man romantisch ist, kann man hier noch etwas vom alten Tierzauber finden: Löwe — Totem für Könige —, eine Verwandschaft, die sich nur noch in Restspuren am äthiopischen Hof gehalten hat. Haile Selassies Haustiere sind Löwen und ein Yorkshire Terrier.
Daß sich in Äygpten Hunde-Mythos mit Hundemode, ein Gottes- mit dem Mami-Papi-Komplex mischte, beweisen die Schmuckhalsbänder, die man gefunden hat, die aber nur selten dargestellt werden, während die assyrischen Hunde immer Halsbänder tragen.

Die Chinesen haben alles genau aufgeschrieben

In China hat es schon vor 3000 Jahren geduldige Menschen gegeben, die sich mit fast jeder Materie intensiv beschäftigten. Deshalb die vielen Erfindungen. So gab es auch Hundefreunde, die sich mit der gleichen Geduld mit der Zucht befaßten und, gewissenhaft und nüchtern, alles genau verzeichneten. So kennen wir das erste Erscheinen des Windhundes (Saluki) im Land der Mitte, wissen von einem schwanzlosen Hund (Bobtail), von den mächtigen Mastiffs, die den Palast bewachten, und können nachlesen, wann der Löwenhund, der Samojedenspitz, die Tibetdogge und der Hund zum Essen (Chow Chow) gehalten wurden. Eine Grob-Klassifizierung aus dem Jahre 800 v. Chr. teilt diese alle in Jagdhunde, Wachhunde und eßbare Hunde. *(Die Bezeichnung der Hunde nach ihrem Gebrauch und nicht nach äußeren Merkmalen wurde bis weit ins Mitelalter auch bei uns geübt. So konnten Hütehund und Jagdhund durchaus von den gleichen Eltern stammen. Wichtig war nur die Neigung und Eignung.)*
Über zweieinhalb Jahrtausende reichen in China die unzähligen Hunde-Darstellungen. Die ersten sind aus Stein oder Terrakotta: Fabelwesen, die eine Mischung aus Bulldogge und Löwe sind. Diesen Grundcharakter haben die Wachhunde der Tempel durch die Zeiten beibehalten. Sie sind zum

Image-Hebung durch einen großen und mächtigen Hund. Murillo malte den Granden Don Andres de Andrady y Col um 1650. Der Hund dürfte ein Alano (oder Alaunt) sein.

Schema erstarrt und in unzähligen Varianten in Eisen, Bronze, Jade und schließlich in Porzellan gemacht worden. Von drohend wandelten sie sich zu drollig – die Fo-Hunde sind verspielt. Heute bekommt man Nachbildungen in allen China-Geschäften, die nichts mehr mit Kunst zu tun haben.
Die ersten naturalistischen Hunde mit Ringelschwanz, Stehohren und einem modern anmutenden Halsband-Geschirr entstanden während der Han-Dynastie (206 v. Chr. bis 220 n. Chr.). Sie sind Grabbeigaben und wurden im dritten Jahrhundert n. Chr. (Wei-Dynastie) zum Abbild aller möglichen Rassen, so daß man sich die Figur des Lieblingshundes mit ins Grab geben lassen konnte. Höhepunkt der Tierdarstellung überhaupt: die T'ang-Zeit (7. Jahrhundert). Hier finden wir bewegte Hunde, die der Wirklichkeit abgeschaut sind. Ein Eldorado für Hunde-Kunstsammler ist dann erst wieder das 18. Jahrhundert unter Kien-Lung. Die Zahl der verschiedenen Modelle verschiedenster Rassen ist sehr groß, die Darstellung dekorativ.

Cave canem

Während die Griechen neben ihrem Pferdetick eine Schwäche für Hunde hatten (das zeigen wunderschöne Plastiken, Vasenbilder und Homers bewegte Worte über den Hund des Odysseus), waren die Römer praktisch. Bei ihnen war der Hund nützlich zum Bewachen der Häuser, brauchbar bei der Jagd, unerläßlich für die Patrouillen am Limes (es gab eigene Hundewachttürme) und eine ausgezeichnete Waffe in ihren Kriegen. Neben allerlei exotischen und sonstigen Raubtieren gehörten sie in die Arenen der blutigen Zirkusspiele. In Diktaturen haben auch die Hunde nichts zu lachen – außer vielleicht des Diktators Lieblingen.

Stiefkind der Musen

Blättert man in Kunstbüchern, wandert durch Museen und durchstöbert Archive, dann entdeckt man bald, daß des Menschen bester Freund keinen Ehrenplatz in der bildenden Kunst einnimmt. Genau gesagt, er wird sogar recht stiefmütterlich behandelt. Erst während der letzten fünfhundert Jahre taucht er als Attribut bei Porträts auf, auf Jagdbildern kann man auf ihn nicht verzichten, aber als Staffage von Landschaften ist er selten. Noch seltener ist er als alleiniges Darstellungsobjekt gewesen, wenn man an die unzähligen Pferde, Stiere, Widder, Adler und andere Vögel, Löwen, Drachen oder Einhörner denkt.
Ich nehme an, daß sein immer ›Dagewesensein‹, seine Vermenschlichung und seine Alltäglichkeit wichtige Hinderungsgründe waren. Ob es eine stichhaltige Erklärung ist, weiß ich nicht.

Gruppe von Hunden in einem Interieur, 1649 von Paulus Potter gemalt.
Unten: Sir Henry vom Herzogtum Jülich, heroisch in weiter Landschaft stehend.
Gemalt 1971 von Ludwig Schwarzer, Linz. (Im Besitz des Autors.)

So wie diese Kaminhunde des viktorianischen England müssen die Comforter ausgesehen haben, Schoßhündchen vom Typ der Toy Spaniels. Hundenippes aus dieser Zeit gibt es viel. Die hier abgebildeten sind etwa 25 cm hoch.

Frage: Um das Auto dreht sich heutzutage das Leben vieler. Aber hängen seine Liebhaber es sich als Bild an die Wand? Lassen sie es malen? Es ist ein Prestigefetisch, aber Wandschmuck ist es nicht. Vielleicht kann man hier Parallelen finden.

Über die Könige und Mächtigen und ihre Hunde habe ich schon berichtet. Bei den Frauenporträts ist es ein wenig anders. Hier ist der Hund mehr Dekoration. Die dargestellte Schönheit – mag es die reife Henrietta von Orleans mit einem Zwergspaniel oder die kindliche Clarissa Strozzi mit einem Bologneser sein – ist auf dem Bild nicht allein, doch der Hund lenkt nicht von ihr als Hauptsache ab. Sie hat einen ständigen Begleiter, der nur Spielzeug ist und keinen Bewerber abschreckt. Dazu kommt noch ein Klischee: Wer einen Hund bei sich hat, liebt Hunde, und wer Hunde liebt, ist ein guter Mensch (gleiche Motivation beim Starlet und ihrem Hund). Darüber hinaus unterstreicht bei Bildern von Fragonard oder bei Tizians Venus der Hund die Intimität der dargestellten Szene.

Als die Rassen wurden

Im vorigen Jahrhundert gab es in England die großen Kupferstecher wie Alken, die Jagd, Pferde und Hunde darstellten. Siegreiche Windhunde wurden genauso porträtiert wie siegreiche Pferde, und es ist eigentlich nicht verständlich, warum sich aus diesen genauen bis idealisierten Bildern nicht ein optischer Rassenstandard entwickelt hat. Warum werden das Aussehen und die Eigenschaften nur in Worten (die viel und gar nichts sagen) fixiert und nicht im Bild?

In der Kleinkunst und im Kunstgewerbe gehörte von nun an der Hund dazu. Jeder kennt die ›gewissen‹ Hunde, mit den goldenen, schwarzen oder roten Ohren und den aufgemalten Kettchen, die so herrlich dumm schauen und eine heikle Vergangenheit haben. Sie standen in den Fenstern

der käuflichen Damen, waren deren Markenzeichen und wurden von ihnen, da sie für die Liebe nichts verlangen durften, statt Liebeslohn an die Kunden verkauft. Diese, meist Seeleute, brachten sie als Liebespfand ihren Müttern, Bräuten oder Frauen mit, wo sie, einer inneren Kraft folgend, wieder in die Fenster wanderten.
Heute stehen sie, viel kopiert und immer gleich, auf den Kaminsimsen der Leute von Welt. Ich habe sie noch gekauft, als man die echten in Schleswig-Holstein, in Blankenese und auf den friesischen Inseln billig haben konnte, weil niemand sie haben wollte. Sie stehen in einer Sammlung von Hundedarstellungen, die vom altmexikanischen Colima über die Azteken, in den tiefsten Kongo (Jagdzauberhund) bis nach Japan reicht, hauptsächlich aber vom Nippes und Kleinkunst des vorigen Jahrhunderts bestritten wird. Hundeköpfe als Hundepfeifen, als Zigarrenspitze, als Spazierstockknauf, Hundedarstellungen auf Schnupftabakdosen, auf Koppelschlössern der Wells Fargo Company aus dem Wilden Westen oder auf Platztellern von Wedgewood. Ich habe sogar meinen Basset porträtieren lassen. Nicht von einem Hunde- oder Tiermaler (in den Jahren um den Ersten Weltkrieg gehörte es im Rheinland zum guten Ton, seinen Hund vom akademischen Maler Sperling darstellen zu lassen), sondern von dem magischen Realisten Ludwig Schwarzer aus Linz. Das Bild sehen Sie auf Seite 160.
Begründung: Ich wollte ein Bild dieses Malers. Warum sollte es nicht ein ganz persönliches sein? Mein Hund! Sie sehen, gegen den Mami-Papi-Komplex ist niemand gefeit, der Hunde liebt.

Der geheime Verführer

Ein langer Weg vom Hundegott zum besten Freund und schließlich zum geheimen Verführer, denn die Werbung hat den Hund für sich sehr intensiv entdeckt. Hier wird mit allen Mitteln gearbeitet. Mit dem Kindchen-Schema der jungen Hunde, das Weichheit, Liebhaben, Beschützenwollen und Ähnliches wachruft, mit dem sportlichen Appell der Schäfer- und Jagdhunde, mit der Sicherheit von Haus und Besitz durch das Symbol eines großen Hundes, mit der großen eleganten Welt durch repräsentative und elegante Hunde. Schauen Sie sich daraufhin einmal die Inserate an. Nicht umsonst heißt bei vielen Leuten der Basset Hush Puppie oder der Setter Frolic. Denn natürlich wirbt der Hund auch für sich selbst. Für das, was er gerne ißt. Und er wirbt für das Establishment, wenn er mit glücklicher Familie in bürgerlicher Idylle sitzt. Vergleichen Sie doch einmal die Klischee-Vorstellung von Lieschen Hundemüller über einzelne Rassen auf Seite 215 und Sie werden wieder einmal merken, daß die Werbeleute ganz schön clever sind.

In den Comics, der Literatur unserer analphabetischen Zukunft, spielen die Hunde eine untergeordnete Rolle. Sie werden um so seltener, je moderner die Comics sind. Wilhelm Busch und Rodolphe Töpffer zeichneten in ihren Bildgeschichten und Bilderromanen Hunde als Helden (Plisch und Plum) oder als wesentliche Elemente (der Hund des Bürgers). Phantom wird von einem Wolf begleitet, der aber durchaus hundliche Eigenschaften hat und häufig aktiv in die Handlung eingreift. Walt Disney hat Pluto, den Hund von Micky Maus geschaffen, der Franzose Hergé hat seinem Tim den Struppi beigegeben (einen Foxterrier, wie er in den Anfangsdreißigern, als diese Serie entstand, modern war), Obelix hat als Persiflage des Schoßhundes immer den winzigen Idefix bei sich, es gibt in England eine Bildserie mit ›Fred Basset‹, bei uns in der ›Brigitte‹ völlig unkynologisch ›Wurzel‹ genannt, und es gibt Snoopy, den Hund der Peanuts, der einzigen modernen Comic-Schöpfung, in der sich alles widerspiegelt, was ich im Kapitel über neurotische Menschenhunde gesagt und nicht gesagt habe. Aus! Weder Barbarella noch Pravda, noch Phoebe Zeitgeist, noch Bianca, Paulette oder wie die Damen noch heißen, kennen, haben oder treffen Hunde.
In Film und Fernsehen sind die Hundehelden falsche Götter. Sie sind nämlich keine Hunde, sondern Übermenschen, die nur wie Hunde aussehen. Warum läßt man sie sich so unhündisch benehmen? Warum bringt man ihnen Dinge wider ihre Natur bei? So konnte man schon im ›Querschnitt‹ Anno 1927 über ›Rin-Tin-Tin‹ lesen: *Es ist wirklich keine Kleinigkeit, Hundefilme zu machen; das sei hier ausdrücklich anerkannt. Ob man sie aber dennoch nicht mit ein wenig mehr Verständnis für die Hundeseele herstellen könnte, ob sie nicht gerade dann weit eher noch für die Liebe zum Tier wer-*

Wohl die bekanntesten Hunde der Welt sind die Comic-Figuren ›Snoopy‹ aus der ›Peanuts‹-Serie, die wöchentlich in aller Welt etwa 90 Millionen Leser erreicht, und ›Pluto‹, der wackere Wächter und ständige Begleiter der Micky-Maus-Familie.

Dackel als Symbol für Olympia: Münchens Oberbürgermeister Vogel eröffnet die Lotterie ›Ein Platz im Stadion‹. Zur Dackelparade waren 800 der deutschen Lieblingshunde erschienen, für die die Stadt 20 Buchsbäume zum Beinheben aufgestellt hatte.

ben könnten, das bleibt die große Frage. Es ist keine Frage, daß es anders besser wäre. Aber man hat in den fast 50 Jahren nichts dazugelernt. Die Wissenschaftler eine ganze Menge, die Hundefilmer gar nichts.

Lassie benimmt sich so wenig wie ein Hund wie Rin-Tin-Tin, der sich an den Feind anschlich wie eine Katze, der so weit sehen konnte wie wir mit einem Scherenfernrohr, obwohl Hunde meist keine Augentiere sind, der, ganz anders als ein abgerichteter Hund, seinen Feinden immer nur an die Hosenbeine fuhr, was im Ernstfall wenig Sinn hat, der Zeugen zur Gerichtsverhandlung schleppte, just, wenn sie benötigt wurden, oder eigenpfötig ein ausgegangenes Leuchtfeuer entzündete. Lassie treibt es genauso und verhält sich wie der beste aller Menschen auf dieser schönsten aller Welten.

Sie sind wirklich falsche Götter, diese sentimentalen Karikaturen von Tieren, denn sie verführen Dummgläubige zu völlig falscher Hundehaltung. Sie erwecken Wünsche, die von einem Hund nie erfüllt werden können. Sie bringen mich in rauchende Wut, die Lassies, Flippers, Judys und Furys. Man muß sie von ihren Podesten stürzen. Wie es die Propheten mit den falschen Göttern taten.

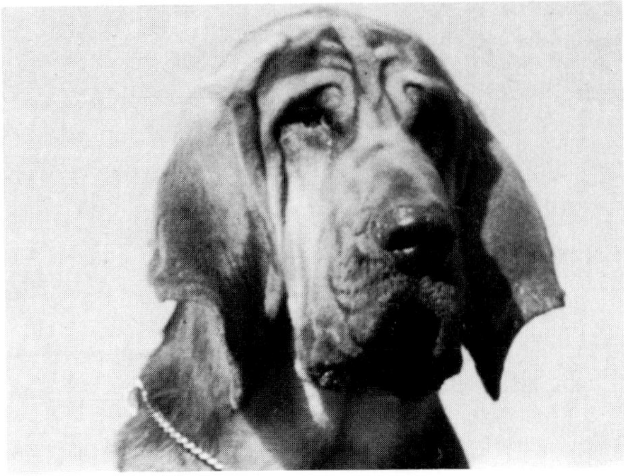

Dieses Kapitel ist zum größten Teil traurig. Es zeigt, daß die Hundezucht sehr auf den Mensch gekommen ist, ein Problem, das alle anderen Hundebücher bisher ausgeklammert haben. Der Bloodhound steht hier als doppeltes Symbol: als Ergebnis einer alten Hochzucht und als besonders skeptisch und tragisch ausschauende Rasse.

Harmonisches Gebäude was ist das?

Da hat Herr Nils Palmborg im ›Schwedischen Hundesport‹, der offiziellen Zeitschrift der dortigen Hundeorganisation einen interessanten Versuch gemacht. Nach Art der polizeilichen Phantombilder ließ er Hundezeichnungen machen. Er gab einer Grafikerin, die keine Ahnung von Hundezucht und Rassen hatte, einige Standard-Beschreibungen, erklärte ihr die notwendigen kynologen Fachausdrücke und ließ sie die Hunde zeichnen.

Die Bilder wurden drei Fachleuten, anerkannten Ring-Richtern, vorgelegt, und sie mußten danach die Rassen bestimmen. Das Ergebnis war niederschmetternd: Wo der eine einen Irish Water Spaniel sah, entdeckte der zweite einen Afghanen und der dritte einen Curlycoated Retriever. Der Standard für die Vorlage aber beschrieb den Kerry Blue Terrier. Ein nach dem Standard gezeichneter Basenij wurde einmal richtig erkannt, sonst für einen Jämthund (= großer schwedischer Elchhund) oder einen Greyhound gehalten.

Den einheimischen nordischen Buhund (= Schäferspitz) klassifizierten die Herren als Sibirian Huskie (= Schlittenhund), als Finnenspitz oder als schwedischen Grauhund, und der ebenfalls einheimische Karelische Bärenhund wurde mit dem Grönlandhund, dem Neufundländer und dem Alaskan Malamute (= Schlittenhund) verwechselt.

Nun wollen wir nicht folgern, daß die Kynologen ihr Handwerk nicht verstanden oder die Zeichnerin schlecht war. Der Kern für diese mehr oder weniger groben Fehler und Mißverständnisse liegt in den Rasse-Standards, die von ihrem Zweck her eine Rasse in allen ihren Kennzeichen, Vorzügen

Dieses Foto soll provozieren. Es zeigt den rassereinen Rauhhaar-Zwergdackel ›Drux von der kleinen Höhe‹, dem die Natur Stehohren mitgegeben hat. Ein Beitrag zum Kupierproblem: Wer Stehohren will, kann sie auch züchten.

 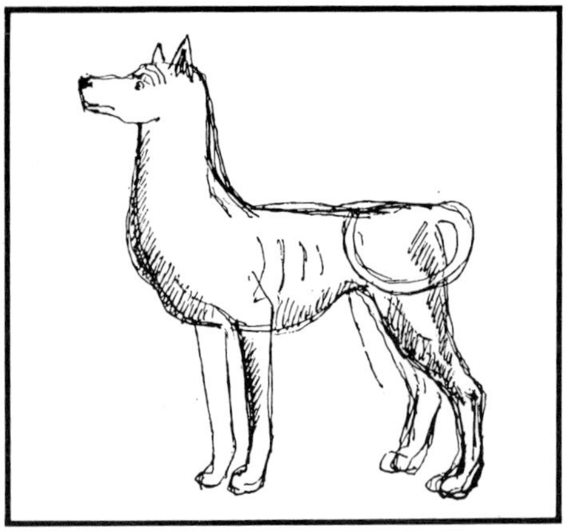

Die Standardbeschreibung des Basenji wurde der schwedischen Zeichnerin vorgelegt. Sie zeichnete danach diesen Hund. Die Hundefachleute bekamen nur die Zeichnung zu sehen. Nur einer tippte richtig.

und Fehlern korrekt beschreiben sollen, es aber in Wirklichkeit nur ungenügend tun.

Ich habe daraufhin etwa hundert Standards durchgelesen und kann die Zeichnerin völlig verstehen. Einige Dutzend Male fand ich einen ›kurzen, kräftigen und geraden Rücken‹, bei dem ab und zu das ›kräftig‹ durch ›fest‹ ersetzt worden war. Was heißt ›Rumpf ziemlich gestreckt, die Gesamtfigur dadurch etwas länger wirkend‹? Länger als was? Wie lang ist ›ziemlich‹? Was soll man sich bei ›Hüft- und Kniegelenkwinkel nicht zu stumpf‹ vorstellen? Würden Sie bei der Beschreibung ›kurze quadratische Figur‹ auf den Boxer kommen? Hier liegen unendliche Möglichkeiten für ein Quiz verborgen, und wenn man sich die Standards vom Welsh- und vom Lakeland-Terrier durchliest, fragt man sich verwundert, warum das zwei Rassen sein sollen.

Schlimmer noch wird es, wenn die Standard-Dichter in die Poesie-Kiste oder in den Wortschatz der Weinfreunde greifen. Dann müssen wir versuchen, uns etwas unter ›harmonischem Gebäude‹, ›kerniger Eleganz‹, ›trockenem Adel‹ oder ›fließenden Außenlinien‹ vorzustellen. Gegenargument: Die Richter sind doch Fachleute, sie wissen, wie ein guter Hund einer Rasse aussehen muß.

Antwort: Siehe Zeichentest. Außerdem lassen die Standards dem persönlichen Geschmack eines Richters viel zu großen Spielraum, ein Geschmack, der anschließend Anlaß zu Streit und Krach gibt. Der Schweizer Kynologe und Redakteur vom ›Schweizer Hundesport‹ H. Räber fragt hierzu: ›Wie kann es sonst dazu kommen, daß kleine, dem Apso ähnliche Hunde aus Nepal als Tibet Terrier mit CACIB aus dem Ring entlassen werden (CACIB = Certificat d'Aptitude au Championat International de Beauté, höchste Auszeichnung als Internationaler Champion, sozusagen Bester der Rasse). Und wie kann es

Nach der Standardbeschreibung des Karelischen Bärenhundes zeichnete die Schwedin dieses Tier, das von keinem der Kynologen richtig erkannt wurde. Folgerung: Standards sind zu ungenau.

möglich sein, daß zwei Dackel-Terrier-Bastarde als Dandie Dinmont Terrier erste Preise gewinnen?‹

Ein versierter Schäferhund- oder Boxer-Richter hat einen Überblick über den Stand einer Rasse und wird richtig urteilen. Er braucht den Standard eigentlich nicht. Doch die Richter, die in Pauschale ein halbes Dutzend hier noch wenig bekannter Rassen beurteilen, die gar nicht genug Überblick haben können, sind auf den Standard angewiesen. Den Standards, denen man anmerkt, daß sie in den zuständigen Zuchtvereinen um- und erkämpft wurden, die von Kompromissen und weichen Formulierungen strotzen, die teils unkorrekt übersetzt wurden und die mit Begriffen arbeiten, deren Bedeutung nirgends genau definiert ist. So verzichtet Dr. Schneider-Leyer in seinem Werk ›Die Hunde der Welt‹, in dem er 370 Rassen beschreibt, bewußt auf die Wiedergabe des offiziellen Standard-Wortlautes: ›Die Mentalität der Repräsentanten einzelner Rassevereine wirkte sich in der Fassung der Bestimmungen und Ausführungen manchmal eigenartig aus, vor allem in den Abschnitten ‚Herkunft' und ‚Allgemeine Erscheinung', die oft nach Abstrichen geradezu rufen.‹

Nun soll dieses Kapitel keine große Züchter-Beschimpfung werden. Denn ohne Züchter und ihre meist großen finanziellen Opfer hätten wir zumindest keine Rassehunde. Ich möchte nur in diesem Kapitel zeigen, daß man den Kult mit den Papieren auch übertreiben kann, daß man auch ohne in einem Verein zu sein ein guter Hundemensch ist, daß Vereinsfunktionär und Hundefachmann oft nicht dasselbe sind, und daß schließlich manche Rassen durch eben diese Vereinsmeierei entarteten, genauso wie andere wieder gerettet und gestärkt wurden. Das ist nicht neu, das hat es immer wieder gegeben, seitdem sich die deutschen Hunde organisierten.

Auch Hannover kann eine Keimzelle sein

Die deutschen Hunde haben Hannover viel zu verdanken. Zum ersten Mal im Jahre 1839, als König Ernst August den ›Verein zur Einführung englischer Hunde und Kreuzung derselben mit den hiesigen Rassen‹ unterstützte. Es bestanden innige Beziehungen zwischen Hannover und England, denn seit 123 Jahren hatten hannoversche Könige den englischen Thron, und nun saß die hundenärrische Queen Victoria darauf. Ihre Hundeleidenschaft färbte auf den deutschen Vetter ab. Die Deutschtümler unter den Kynologen hatten viel gegen diesen hannoverschen Jagdverein, denn sie glaubten nicht, daß auch nur ein englischer Hund existiere, der annähernd jene Aufgaben lösen könne, die deutsche Hunde so perfekt schafften. Nicht Veredelung deutscher Stämme durch englische Hunde sei nötig, sondern die Einführung einer allgemeinen Reinzüchtung derselben. Es gab natürlich Gegner dieser Auffassung, aber es fehlte die Persönlichkeit, um die Hundezucht mit Elan weiterzutreiben. Ein Herr Emil Meyer schaffte es, und zwar wieder in Hannover. Er gründete 1878 den ›Verein zur Veredelung der Hunderassen für Deutschland‹, dessen Vorsitz der Graf von Waldersee übernahm. In diesem Verein ging es hauptsächlich um Deutsche Vorstehhunde, um Schweißhunde und Dackel.

Fünf Jahre vorher hatten sich die Engländer schon in einer Spitzenorganisation, dem ›Kennel Club‹, zusammengefunden. Er wurde im Kristallpalast in London anläßlich einer großen Hundeausstellung gegründet, gab ein Jahr später sein erstes Zuchtbuch heraus, in dem die Herkunft von 4027 Hunden eingetragen war, die 40 Rassen angehörten.

Dieser englische Vorsprung machte sich bei uns bemerkbar. Die ersten Ausstellungen wurden mit englischen Rassen beschickt, von englischen Richtern gerichtet, und die englischen Hundehändler machten gute Geschäfte. Das ließ das deutsche Selbstbewußtsein – durch den eben gewonnenen Krieg noch mehr gestärkt – nicht ruhen. Wir mußten auch so einen Verband haben. Und da unser Nationalcharakter im Fremden gern ein Vorbild sieht, übernahmen wir die englischen Einrichtungen. Darüber schreibt Rudolf Löns, der Bruder des Heidedichters, in seiner Flugschrift ›Der deutsche Hundesport‹ von 1913, die insgesamt ungemein aktuell erscheint, so:

›Der neuzugründende Verband sollte ebenfalls dem Beispiel des in England völlig maßgebenden Kennel Club folgen. Dabei aber vergaß man ganz, daß man andersgeartete Verhältnisse vor sich hatte und daß man einem Kinde Zeit und Gelegenheit zur Entwicklung lassen muß. Im öffentlichen Leben spielen bei uns die Sachverständigen und besonders die Autoritäten eine große Rolle. Vor jeder neuen Aufgabe steht der richtige Deutsche mit einer gewissen heiligen Scheu, er hält sie für furchtbar schwierig und bereitet sich zu ihrer Bewältigung mit ernstem Eifer vor. Darum erscheinen ihm solche Leute, die sich auf diesen Gebieten wie zu Hause fühlen, als Genies. Dadurch kommen so leicht in den Vereinigungen die Prahlhänse und die zur Macht Strebenden an die Spitze, wenn sie sich nur den Heiligenschein der Autorität aufzusetzen verstehen. Das geschah im deutschen Hundesport, als man daranging, ihn zu organisieren. Der allerschlimmste Fehler aber, den die neue Organisation *(= Delegierte Commission oder D. C.)* machte, war ihre ausgesprochene Tendenz, möglichst alle Neugründungen, besonders aber die Entstehung von Spezialclubs für die einzelnen Rassen zugunsten der älteren Vereine zu unterdrücken. Ebenso machte sie es mit den sportlichen Veranstaltungen, die sie alle für sich reservieren wollte.‹

Wohlgemeinte Absicht, der Zersplitterung vorzubeugen, schlug ins Gegenteil um: Spaltungen kamen, ehe es kaum etwas zu spalten gab. Das scheint aber nicht nur ›typisch deutsch‹ zu sein. In den USA weiß ich von ähnlichen Streitereien, und in anderen Ländern ist es kaum anders. Ich finde den Ausschließlichkeits-Standpunkt viel grotesker: daß Hunde nur mit dem Erfinderbild des jeweiligen Clubs echt sein sollen. Wobei jeder sich für den einzig wahren hält. Das geht sogar so weit, daß Papiere und Stammbäume umgeschrieben werden — gegen Kosten natürlich —, damit der Hund auch wirklich reinrassig werde. So reinrassig, wie es der Verein befiehlt.

Ich habe vor Jahren meine Hundesendung im Fernsehen nicht zuletzt wegen des Unvermögens der Hundefunktionäre — die Dinge so zu sehen, wie sie sind — eingestellt, da diese mehr Schwierigkeiten machten als halfen. Da passierte folgendes:

In einer Sendung stellte ich den Deutschen Schäferhund vor und an seinem Beispiel den größten Zuchtverband der Welt. Mit einem Stammbuch, in dem eine Million Hunde eingetragen sind, mit seinen 1400 Ortsgruppen, seinen damals 35 000 Mitgliedern, dem ›Standesamt‹ in Augsburg, in dem 35 Angestellte (bei fast allen anderen Vereinen wird ehrenamtlich gearbeitet) die Karteikästen verwalten, in denen die Bilder und Unterlagen über die Schäferhunde in aller Welt liegen. Und alle 21 Minuten kommt ein neugeborener Schäferhund dazu. Das fand ich interessant, um es den Fernsehzuschauern zu zeigen. Da beschwerte sich beim Intendanten ein kleiner Splitterverein wegen unlauterem Wettbewerb. Ihm kam es gar nicht auf den Hund an, sondern aufs Vereinsabzeichen.

Ich habe auch selten solche Mißgunst erlebt, wie sie bei diesen Klubfreunden untereinander besteht. Einer der wichtigsten kynologischen Grundsätze scheint zu sein: ›Nur keinen Streit vermeiden.‹ Der Hund des anderen war viel weniger wert als der eigene, falsch bewertet und voller versteckter Fehler. Alle sind sich aber einig, wenn einmal ein besonderer Hund, ein Superstar, geboren wird. Lassen Sie mich hier der Objektivität halber zitieren. Und zwar keine Deutsche, damit wir das Nest nicht beschmutzen, sondern eine Engländerin, aus dem Land der sportlichen Fairneß. Pat Withers ist Richterin für Boxer auf der Cruft Show, der größten Hunde-Ausstellung der Welt: ›Sehr, sehr selten wird ein Hund geboren, der schöner als die Zeitgenossen seiner Rasse ist – und alle Hundezüchter und Aussteller auf der Welt vereinigen sich, um ihn auf jedmögliche Weise zu verdammen. Fehler werden erfunden, wo es keine gibt, Vorzüge in Fehler verfälscht, und wo äußere Mängel schwer zu finden sind, werden mysteriöse und versteckte erfunden: Wie steht es mit seinen Augen oder mit seinem Gebiß oder, noch besser, mit seinem Temperament? Was tut es, daß der Hund genau passend mit loser Leine mit aufrechter Rute und voller Selbstbewußtsein dasteht? Wenn er knurrt oder sogar etwas böse wird, gleich wird in dem einen Land der Argwohn bestätigt, daß der Hund ein Raufbold und bösartig ist und zweifellos diese schrecklichen Fehler auf seine Nachkommen vererbt. In dem anderen Land wird seine Ruhe von den Experten so ausgelegt: kein Temperament! Seine Nachkommen werden alle kriechende Neurotiker. Der glücklose Besitzer wird auf jedmögliche Art getadelt und beschimpft, Sportsgeist und höfliches Benehmen werden über Bord geworfen. Gehässige Bemerkungen fallen, man fragt sich, ist das Opfer der Hund oder der Besitzer? Ich frage mich, warum der Anblick eines schönen Hundes die Zuschauer so aufbringt und erregt? Warum können sie sich an seiner Schönheit nicht freuen? Die Sterngucker (die einen neuen Stern entdecken) und die Rosenzüchter (wenn eine neue Rosensorte aufgegangen ist) können es doch auch, warum denn nicht die Hundeaussteller? Ist es immer wieder die gute, alte menschliche Natur – wenn es nicht uns gehört, kann es nicht viel wert sein?‹

Hundebesitzer zu sein, setzt nichts voraus. Hund zu sein dagegen, setzt einwandfreien Charakter, Mut und Kampftrieb, einwandfreie Anatomie und eine Abstammungsurkunde voraus.

Wie edel doch die Hunde sind – auf die der Mensch kommt ...

Eine überspitzte Geschichte, eine unwahre?

Ich bitte alle Hunde-Aussteller, jetzt einmal drei Minuten Gewissenserforschung zu betreiben. Und Spaziergänger, sich zu fragen, ob sie nicht auch schon mal laut gesagt haben: ›Was für ein häßlicher Hund!‹ Ich habe so etwas schon oft gehört, wobei ›häßlich‹ soviel bedeutet wie ›unbekannt‹ oder ›nicht dem Gartenzwerg-Schönheitsideal entsprechend‹.

Um ein merkwürdiges Schönheitsideal geht es mir jetzt. Darum, gewissen Rassen die Ohren oder die Schwänze abzuschneiden. Um das Kupieren, das im neuen Tierschutzgesetz verboten werden soll und deshalb Stürme im Wassernapf der betroffenen Vereine hervorgerufen hat. Da ich überzeugter Gegner des Kupierens bin, möchte ich darüber ein wenig polemisieren.

Deutsche Frau, trag Tellerlippen

Stellen Sie sich vor, eine Regierung, eine schwarze oder rote, würde verlangen, daß allen kleinen Mädchen einige Wochen nach der Geburt von Ärzten und völlig schmerzlos unter Narkose Pflöcke in die Lippen operiert werden, so wie sie in Afrika die Frauen des Makonde-Stammes tragen. Die großen Mädchen könnten dann zwar nicht mehr so deutlich sprechen, aber sie entsprächen den Standardvorschriften für deutsche Frauen.
Was dieser Unsinn soll?
Bei einigen Hunderassen (zum Beispiel Boxer, Dobermann, Schnauzer, Pudel, Cocker Spaniel, einigen Terriern, einigen Jagdhunden) wird das wichtigste Sprachwerkzeug, der Schwanz, aus Modegründen und weil es ein von Laien (im Gegensatz zu Wissenschaftlern) willkürlich festgesetzter Standard es so will, verstümmelt. Dr. Heinz Brüll, Leiter der Forschungsstation ›Wild, Wald und Flur‹, faßt die Meinung der Zoologen und Verhaltensforscher so zusammen: ›Der Schwanz der Hunde ist keine belanglos auslaufende Verlängerung der Wirbelsäule, deren Ausmaß je nach Geschmack und Vereinsstatuten der

Ausstellungen sind auch Jahrmärkte der Eitelkeit. Die Züchter kennen eine Menge Tricks, ihre Hunde besonders gut vorzustellen.

Hätten Sie diesen Hund ohne das nebenstehende Foto erkannt?
Der Bedlington-Terrier wurde 1890 von Tiermaler Ludwig Beckmann porträtiert.
Im Standard hieß es: ›. . . er darf keineswegs windig aussehen.‹

Züchter zurechtgestutzt werden darf. Er ist ein wichtiger Vermittler von Hund zu Hund.‹

Die Argumente der betroffenen Zuchtverbände sind töricht. Anstatt zu sagen: ›Wir finden unsere Rasse kupiert schöner!‹ und ›Was für Jagdhunde recht ist, muß auch für andere Hunde billig sein!‹ (Jagdhunde dürfen nach dem neuen Gesetz weiter kupiert werden), sucht man fadenscheinige Rechtfertigungen, die in einem Referat gipfelten, das der Hauptgeschäftsführer des Verbandes für das Deutsche Hundewesen Hans Ditthardt vor dem Agrar-Ausschuß des Bundestages hielt. Darin heißt es: ›Wissenschaftler und Fachkapazitäten vertreten überwiegend den Standpunkt, daß das Kupieren der Ohren einer häufig auftretenden Krankheit in den Gehörgängen weitgehend entgegentritt . . . Darüber hinaus sind Hunde mit Hängeohren im Dienste des Menschen weitaus mehr Verletzungsgefahren an den Ohren ausgesetzt als solche mit Stehohren . . . Die Rute der Hunde, insbesondere die sehr kurzhaarige Rute bei gewissen Hunderassen, ist während der gesamten Lebensdauer des Hundes bei jedem Einsatz, gleichgültig ob zum Schutze des Menschen oder bei der Ausübung jeglicher Tätigkeit, ständigen Verletzungsgefahren an Dornen und Büschen, an Mauern und Stacheldrahtzäunen, bei der Überwindung von Hindernissen, bei der Verbrechensbekämpfung, bei der Vermißtensuche, im Rettungswesen, beim Grenzschutz-, Zoll- und Polizeidienst ausgesetzt. Außerdem äußert jeder Hund seine Gefühlsempfindungen und -regungen durch ständiges Wedeln oder Pendeln mit der Rute, was bei der nicht kupierten Rute mit erheblichen Verletzungsgefahren verbunden ist. *(Das ist Brutal-Philosophie nach dem Grundsatz: ›Damit sich mein Kind nie in den Daumen schneidet – was sehr schmerzhaft ist –, lasse ich ihn sicherheitshalber gleich amputieren.‹)* Das moderne Verkehrsmittel Automobil ist

Der deutsche Schäferhund von anno 1890 hat nur wenig mit dem heutigen Modell gemeinsam: Er war sowohl Hütehund wie Wachhund und überhaupt noch nicht verzüchtet. Er sah noch wolfsähnlich aus.

auch zum Transportmittel des Hundes geworden. Er muß oft mit dem Automobil an seine Aufgaben herangebracht werden. Aus dem Automobil erfolgt der notwendige schnelle Einsatz. Auch dort ist die Rute des Hundes durch Zuschlagen der Autotüren äußerst gefährdet.‹ Herrn Ditthardts Resümee: ›Der nicht kupierte Hund würde während großer Zeitabschnitte zum Beispiel für die Verwendung als Schutz- und Gebrauchshund oder Diensthund infolge Erkrankung der Ohren und Verletzung der Rute ausfallen. Er hätte bei Ohrenerkrankung, Wundschlagen oder Bruch der Rute erhebliche, lang anhaltende Schmerzen und Leiden zu ertragen, die oft gar nicht oder nur durch operative Eingriffe oder Kupieren behoben werden können. Die Präventivmaßnahmen müssen also im Interesse des Hundes gefordert werden ...‹ Das habe ich so ausführlich zitiert, um Ihnen einmal zu zeigen, was für einen Unsinn Hundefunktionäre verzapfen, wenn es um ihre Standards geht.

Es ist fast müßig, die Argumente zu widerlegen. Warum werden Schäferhunde nicht kupiert? Oder fahren sie nie Auto? Warum läßt man bei der Deutschen Dogge den Schwanz lang (der sehr empfindlich ist), beschnippelt aber die Ohren? Warum hat man den Cockerspaniel so lang und so dicht behaart gezüchtet, daß die Ohren beim Füttern hochgebunden werden müssen, den Schwanz aber schneidet man ihm kurz. (Damit er ihn sich beim Stöbern im Unterholz nicht wundschlägt?) Wirklichen Stöberern wie dem Kleinen Münsterländer schneidet man den Schwanz nicht ab. Beim Dobermann schreit man Zeter und Mordio, daß er mit langem Schwanz unharmonisch aussähe und die Rasse zugrunde gehen würde. Dabei hat er windhundähnliche Formen, und alle Windhunde sind gerade durch ihre lange Rute elegant. Gegenargument: Hunde mit sehr dünnen Ruten leiden an soge-

nannter Blutarmut des verlängerten Rückgrats. Mein Vorschlag: Wenn man Züchter sein will, behebe man diesen Mangel durch Umzüchtung.
Doch über Geschmack kann man nicht streiten. Deshalb ist und bleibt das Kupieren – da gibt es kein Drumherumgerede – verstümmeln aus Modegründen. Es spielt auch ein Stück Aberglauben mit hinein. Früher galt das Kupieren als ein Mittel gegen die Tollwut, denn noch bis in unser Jahrhundert glaubten Züchter, daß die Wutkrankheit ihren Sitz in einem Nerv an der Schwanzspitze habe. Dann glaubte man, ein stummelschwänziger Hund würde weniger wildern als ein langgeschwänzter. Eine andere Meinung empfahl das Kupieren, damit man die Hunde besser vom Wolf unterscheiden könne. Schließlich empfahl man, den Hundeschwanz abzubeißen und nicht abzuschneiden, denn Hunde mit abgebissenen Schwänzen würden in der nächsten Generation stummelschwänzige Nachkommen gebären.
Zum Schluß der Debatte möchte ich noch mal Rudolf Löns zitieren: ›Das Stutzen der Ruten und Ohren ist in fast allen Fällen eine Modenarrheit, ein Überbleibsel aus früherer Zeit, wo man damit, wie bei den Hatzrüden, den Zweck verfolgte, dem wehrhaften Wild möglichst wenig Angriffsflächen zu bieten. Auch der Aberglaube wirkt dabei mit. Heute ist davon nur das Stutzen geblieben, während der Zweck längst nicht mehr am Leben ist. Darum ist zu wünschen, daß die üble und zwecklose Mode des Verstümmelns bald zu Grabe getragen wird. Die Zeit der durch operative Eingriffe gemachten Rassen ist vorbei. Der Züchter will Arbeit für seinen Schöpfergeist, nicht für seine Schere haben.‹ Rudolf Löns, der dies 1913 schrieb, irrte leider. Es wird in Deutschland weiter geschnippelt.
Merke: Hunde haben von Natur aus Stehohren, Hängeohren sind ein Domestikationsmerkmal. Es ist also nicht schwer, Stehohren einer Rasse wieder anzuzüchten. Die Bullterrierleute haben das bewiesen. Auch Stummelschwänzigkeit vererbt sich gut, wie die Rottweiler, die Entlebucher Sennenhunde, die Bobtails zeigen. Es sind Züchtungsaufgaben da – man muß nur die Geduld haben, sie zu lösen.
Wozu die Schere sonst noch gut sein kann, zeigt sich im Fall des Pudels. Hier aber war es die Schere des Friseurs.

Vom Hanswurst zum Modehund

Der Pudel, einer der klügsten und liebenswürdigsten Haushunde, hat eine wechselvolle Geschichte hinter sich. Er war lange Zeit Modehund, starb dann wegen seiner Frisur fast aus. Vorne mit einem bis auf den Boden hängenden Haarwust, hinten nackt oder mit albernen Fell-Ornamenten besetzt. Normale Leute wollten ihn nicht mehr haben. Bis Hans Thum in den zwanziger Jahren die Karakul-Frisur erfand, einen Haarschnitt, der die anatomischen Gegeben-

Zwischen diesen Abbildungen liegen fast 150 Jahre. Trotzdem kann auch ein Laie erkennen, daß beide Hunde der gleichen Rasse angehören. Würde man dem Stich jedoch einen Pudel in Modeschur gegenüberstellen, wäre die Identifizierung schon wesentlich schwieriger.

heiten des Hundes herausmodellierte und ihn in eine Reihe mit einem gut getrimmten Rauhhaarterrier stellte. Doch über die Frisur erhitzten sich Jahrzehnte die Gemüter. Im Dritten Reich wurde sie von der ›Fachschaft Pudel‹ als undeutsch abgelehnt, ›modern‹ frisierte Pudel bekamen teilweise keine Futterkarten. Und wurde eine ›klassisch‹ frisierte Pudelin (mit nacktem Po nach Pavianart) von einem modern frisierten Pudel gedeckt, dann bekamen die Welpen keine Papiere. Denn die moderne Frisur machte die Hunde ›rasselos‹! Folgerichtig wurden solche Tiere auch nicht zu Ausstellungen zugelassen.

Die Baronin Dumreicher machte es möglich. Sie erschien mit Karakul-Pudeln (die inzwischen Mode-Schnitt-Pudel geworden sind) und einem Strickstrumpf auf Ausstellungen, rief Menschenaufläufe hervor und begeisterte diese Menschen wieder für den Pudel. Es machte sich ein Club mit ›C‹ auf, der mit ›K‹ war weiterhin für die klassische Frisur, der alle Frisuren zuließ. Der K-Klub erkannte dann auch die Modefrisur an, wandelte sie aber in seinem Sinne ab. Modehund wurde der modisch frisierte Pudel.

Die ›klassischen‹ sieht man hierzulande fast nicht mehr. Trotzdem werden sie bei den Ausstellungen besser bewertet. Was passiert? Große Züchter, die Wert auf Prädikate legen, beschicken die Ausstellungen mit standardfrisierten und handeln mit modefrisierten. Denn England, das Walhall aller Kynologen, mag nur die Pavian-Pudel. Dem muß man seine Reverenz machen. Ist es ein Wunder, wenn es in den Hundevereinen immer wieder zu Spaltungen kommt?

Das Ding mit den Dackeln

Wieder ist wie vor dem Ersten Weltkrieg der Teckel die beliebteste und verbreitetste Hunderasse in Deutschland geworden. Nicht zu seinem Vorteil. Im Zeichen des Olympiadackels werden allenthalben Dackel gezeugt und sicher schon in den Hochburgen der Zucht für die Zeit der Münchner Sporttage auf Kiel gelegt, um dann meistbietend an Frau und Mann aus Übersee verkauft zu werden: ein nettes Souvenir an good old Germany und die Gemütlichkeit.

Was heute so an Dackeln entsteht, hat eigentlich wenig mit den Hunden von früher zu tun: leichte, kleine, manchmal zu dünn, dann wieder zu lockig dicht behaarte Tiere, die entweder überängstlich sind oder aber sich mit der Todessehnsucht japanischer Kamikazeflieger auf jeden größeren Hund stürzen und deshalb häufig von Tierärzten auf Bißverletzungen behandelt werden müssen. Der Dackel von heute ist genau das, was er eigentlich schon seit 50 Jahren ist, ein Schoß- und Etagenhund. Mögen die wenigen Gebrauchszüchter und Jäger auch dagegen wettern.

Dabei ist dieser Hund in seinem Standard von Anfang an widersprüchlich angelegt worden. Die Rassekennzeichen behaupteten, der Teckel sei ein Erdhund, und sein langer Körper auf kurzen Beinen sei am besten geeignet für die Jagd auf Fuchs und Dachs unter der Erde. Nun sind Füchse von Natur aus hochbeinig, und die Terrier haben bewiesen, daß Hunde mit höheren Läufen und kürzerem Rücken auch unter der Erde beweglicher und gewandter sind. Für das langsame Brackieren, für das niederläufige und langrückige Hunde früher geschaffen wurden, kam der Teckel bei uns zu spät und er wurde stur auf die Bau-Arbeit festgelegt. So kamen lange Zeit die Dackel zu Zuge, die recht lang und niedrig sind, eine Brust haben, die fast auf dem Boden schleift und deren Hinterhand irgendwie verkümmert wirkt. Diese Tiere sieht man heute auch bei den Züchtern nicht mehr, die ihre Hunde durch die strengen Prüfungen schicken, sich – streng nach den Bedingungen der Tierschützer – mit lebenden Füchsen und Dachsen ertüchtigen und in Kunst-Bauen für die Arbeit unter der Erde vorbereiten. Doch das sind grob gerechnet fünfzehn- bis zwanzigtausend Dackel, die restlichen dreihundertachtzigtausend sind Schoßhunde und Salonschnörkel, die sich nicht für den Fuchsbau, sondern fürs Bett entschieden haben.

Am Beispiel Deutscher Schäferhund

Er ist der zweitbeliebteste unter den deutschen Hunden, vor kurzem erst von dem Spitzenplatz, den er viele Jahre behauptet hatte, durch den Dackel verdrängt. Nach wie vor aber wird er organisatorisch am besten und straffsten betreut. Heute zählt sein Verein (die kleinen Splitterer möchte ich bewußt übergehen) 52 000 Mitglieder, 1500 Ortsgruppen, und bei ihm sind 1,2 Millionen Hunde seit der Gründung im Jahre 1899 eingetragen. So etwas gibt es auf der ganzen Welt nicht mehr. Und trotzdem will und muß ich in dieses riesige Fettnäpfchen treten. ›Deutschland voraus! Auf der ganzen Linie hat der deutsche Schäferhund gesiegt. Wenn schon der allgemeine Satz nicht umstritten wird, daß Deutschland im Laufe der Zeiten für die Menschheit eine Arbeit geleistet hat, die von keinem Volk übertroffen wird (*hier wird wohl auf das Volk der Dichter und Denker angespielt?*), so ist die enger begrenzte Behauptung, daß Deutschland auf kynologischem Gebiet der Kulturwelt durch die Arbeit seines Schäferhundes unendlichen Nutzen gebracht hat, gleichfalls anerkannt.‹ So jubelte 1928 Freiherr A. v. Creytz in seinem Buch ›Der deutsche Schäferhund‹ und prophezeite Wahres. Denn er hat wirklich auf der ganzen Linie gesiegt. In Deutschland ist er der große Hund (jedes Jahr gibt es 30000 neue Schäferhunde), in England löste er den Cockerspaniel ab und behauptet erste Plätze vor dem Zwergpudel. Psychologen begründen diesen Wechsel mit dem Niedergang Englands als Weltmacht. Der große, scharfe Hund ist eine Demonstration der individuellen Stärke. Man kann es aber auch als Sahib-Komplex der Engländer bezeichnen, als Ersatz für die kolonialen Diener sucht man sich ein neues Befehlsobjekt, und dafür eignet sich der deutsche Schäferhund als ›Inbegriff des treuen Gehilfen des Menschen‹ nun einmal besonders gut.

Eine starke Nation kann sich kleine Hunde als ihre Lieblinge halten, sagte man von den USA, die seit 17 Jahren den Pudel favorisieren. Doch ihm ist der Schäferhund hart auf den Hacken: Vietnam und Dollarkrise haben auch auf Hundemoden Einfluß.

Zwischenfrage: Beweist die Goldmedaille für den Dackel bei uns, daß wir endlich wieder stark geworden sind? Ich gebe dagegen zu bedenken, daß viele Dackel von heute dazu neigen, sich zu überschätzen, sich stärker und größer zu fühlen als sie sind. Womit wir beim nächsten Punkt unserer Schäferhund-Betrachtung wären.

Besitzer anderer Hunde lieben die Schäferhunde nicht. Denn keine Rasse neigt so dazu, ohne Warnung und ohne Fairneß über kleinere Hunde herzufallen (wohlgemerkt, nur über kleinere!) und sie hemmungslos zusammenzubeißen, ohne auf Unterwerfungsgesten zu achten. Sie erinnern sich, in der Hundesprache gibt es ein bedingungsloses Händehochheben – der Hund wirft sich wie ein Junghund auf den Rücken und bietet seinen Bauch an. In den beißt ein Schäferhund dann gerne hinein.

Es ist erstaunlich, daß der Hund, der dem Wolf am ähnlichsten sieht, fast am meisten von allen Hunden die Sprache und die Fairneß der Wölfe verlernt hat. Man könnte fast annehmen, daß wir Menschen uns in ihm einen Wolf geschaffen haben, wie er in unserer Vorstellungswelt existiert: angriffig, scharf, dreist und furchtlos. Und dabei uns völlig untertan. Doch Wölfe sind nun mal nicht so!

Nachdem ich eine Menge solcher Beiß-Überfälle gesammelt hatte – auch ich selber wurde schon davon betroffen –, unterhielt ich mich mit Tierärzten darüber. Am eindeutigsten beantwortete mir Dr. Ludwig Friedl in München meine Frage: ›Die meisten zerbissenen Kleinhunde meiner großen Praxis wurden von Schäferhunden so zugerichtet. Es ist eine merkwürdige Rasse, ein Teil von ihnen sind fabelhafte Hunde, ja wahre Superhunde, ein Teil ist charakterlich gar nichts wert.‹ Gerechter Nachtrag: die meisten Gebissenen sind Dackel und von deren Kamikaze-Natur habe ich Ihnen ja schon erzählt.

Eine Schwächung des Charakters geschieht immer, wenn viele Hunde gezüchtet werden. Nun hat der deutsche Schäferhund als Lieblingshund Hitlers im Dritten Reich einen zusätzlichen großen Aufschwung gehabt. Viele sehr gute Tiere wurden im Zweiten Weltkrieg an der Front getötet, anschließend wurden weitere Spitzentiere gegen Dollars und Carepakete nach Amerika verkauft. Es mußte auf schmaler Basis weitergezüchtet werden und das sehr breit, weil der Hund so beliebt war. Außerdem hat der heutige Schäferhund zwei widersprüchliche Anlagen: den friedlichen Hütetrieb und den ausgeprägten Kampftrieb, der charakterlich verlangt wird. Widersprüchliche Anlagen aber können immer wieder zu Konflikten führen.

Betrachten wir hier kurz die Geschichte dieser Rasse, die vor allem das Verdienst eines großen Hundemannes ist, des Rittmeisters Max von Stephanitz.

Einstmals waren die Hütehunde große zotthaarige Tiere wie zum Beispiel der alte Hovawart. Denn als es bei uns noch Wölfe gab, durften die Schäferhunde ihnen natürlich nicht gleichen, sondern mußten einen Kontrast dazu bieten. Außerdem schützte sie ihr zottiges Fell wie ein Panzer vor Wolfsbissen. Als das Land dichter bebaut wurde, mischten sich die Hirtenhunde mit kleineren wehrhaften Hunden. Die daraus entstehenden Fixköter – wie die Jäger gern alle Nicht-Jagdhunde nannten – waren das Rohmaterial, das der Herr von Stephanitz vorfand, der frühzeitig seinen Abschied vom Dienst nehmen mußte, weil er eine nicht standesgemäße Ehe mit einer Schauspielerin eingegangen war. Ein Jahr später gründete er den Verein für deutsche Schäferhunde, kurz SV genannt. Damit war eine glückliche, in der Hundezucht wohl einmalige Konstellation erzielt worden: Ein Mann, der sein ganzes Leben in die Entwicklung einer Rasse stellt und dabei zielbewußt, vorausschauend und eisern einen Verein regiert, der dafür sorgte, daß sich der Schäferhund nicht zu einem übertriebenen Modehund entwickelte (wie zum Beispiel der Collie), daß er weder Zierhund noch reißende Bestie wurde.

Dabei fing alles recht schwierig an. In der Vor-Stephanitzschen Zeit, in den

Max Emil Friedrich v. Stephanitz, 1864 in Dresden geboren, Rittmeister a. D., seit 1899 Gutsbesitzer auf dem Jahrholzwieshof bei Grafrath in Oberbayern. Stephanitz ist Altmeister der großen deutschen Schäferhundbewegung.

Jahren 1891 bis 1898 versuchte der Verein ›Phylax‹ die Schäfer sogar durch erhebliche Geldzuwendungen zu bewegen, ihre Hunde auszustellen. Sie waren weder an Reinzucht (Hauptsache der Hund hütet gut) noch an Preisen interessiert – neumodisches unnützes Zeug! Und die Herren von Phylax gaben sich alle Mühe, wenigstens ein Dutzend Hunde vorzuführen, sahen sie doch im Schäferhund das Ideal für den deutschen Kriegshund.
Aber nicht die Tauglichkeit zum Soldaten brachte die Schäferhundbewegung weiter, sondern seine Eignung und sein Dienst bei der Polizei. Durch die Diensthundbewegung bekam die Rasse auch die ihr gemäße Arbeit, so daß die Forderung des damals schon aufgestellten Standards immer wieder erfüllt werden konnte: *Gefällige Erscheinung ist anzustreben, doch darf die Gebrauchstüchtigkeit des Hundes dadurch nicht in Frage gestellt werden.* Alle Häretiker und falschen Propheten wurden aus dem SV entfernt, der in seiner ganzen Geschichte nie Kompromisse geschlossen hat, und so ist interessant zu beobachten, wie ein Hund über siebzig Jahre in eine damals gegossene Form hineingewachsen ist, sich eigentlich nicht verändert hat und trotzdem heutig wirkt. Als von Stephanitz starb, bellten ihm zu Ehren auf der Kölner

Ausstellung vom 22. 4. 1936 siebenhundert Schäferhunde eine Minute lang. Der hütende Hund war zum Bewacher geworden. Bewachen soll er neben Dingen die Menschen, seine Feinde sind aber auch Menschen. Es ist beim Schäferhund so wie bei allen Waffen: Sie selbst sind unschuldig. Wir wollen also nicht die Rasse oder den Hund verdammen, sondern den Menschen, der ihn falsch hält. Aber leider werden zu viele Schäferhunde von Menschen gehalten, die eigentlich keine Schäferhunde haben dürften. In der Hand eines Laien kann ein unausgebildeter Schäferhund so gefährlich sein wie eine ungesicherte Maschinenpistole. Eine Ausbildung aber, die für den Herrn genauso wichtig ist wie für den Hund, kostet Zeit und Geld. Geld, das kann bis zu einigen tausend Mark gehen, Ausbildung – das dauert schon ein Jahr und ständige weitere Arbeit. Jährlich werden um die 20 000 Hunde in Deutschland ausgebildet, in Angriffstaktik geschult und auf absoluten Gehorsam gedrillt. Der Hundeführer aber ist der Kopf des Mensch-Hund-Gespanns, er entscheidet über den Ausgang des Kampfes, er muß den Hund mit unbedingter Sicherheit jederzeit von einem Angriff abhalten oder einen begonnenen abbrechen können. Schäferhunde sind keine Hunde für alte Mütterchen. Die Ausbildung dient im übrigen auch der Zucht. Jeder Hund, der zur Weiterzucht verwendet werden soll, muß auf einer Ausstellung ein ›Gut‹ bekommen und eine Wesens- und Gehorsamsprüfung abgelegt haben. (Persönliche Anmerkung: Übt der Begriff ›Polizeihund‹ nicht eine solche Faszination aus, daß über der Wehrhaftigkeit, die meist nur Bissigkeit ist, die wichtigeren Haushundeigenschaften vergessen und vernachlässigt werden?) Nervöse, bösartige und überzüchtete Hunde sollten keine Nachkommen bekommen. Bei ihnen kann sogar die Tötungshemmung wegfallen, durch die schreckliche Unfälle passieren.

Die Schuld liegt immer beim Menschen. Deshalb sollte der Verein für deutsche Schäferhunde Tiere nur in Hände geben, die dem Hund eine richtige Ausbildung garantieren, genauso wie Jagdhunde nur an Jäger abgegeben werden. Im Namen vieler Kleinhundebesitzer fordere ich den Waffen- und Führerschein für Schäferhunde.

Berechtigte Frage aus Züchterkreisen:

Wo bleibt das Positive, Herr Klever?

Ganz bewußt habe ich Ihnen an einigen Beispielen gezeigt, welche krummen Wege die Hundezucht in den knappen hundert Jahren ihres Bestehens gegangen ist. Ich hätte Ihnen noch Bernhardiner- oder Dachsbrackenstreit in der Schweiz und vom Cocker-Ärger in den Vereinigten Staaten erzählen können. Im letzten Kapitel können Sie lesen, wie augenblicklich bei uns die Bassets ruiniert werden, bei den Yorkshire-Terriern ist es nicht anders. Aus purer Geschäftemacherei wird hier eine Vermehrungszucht betrieben, die es sonst auf der Welt nur in proletarischen Bevölkerungsschichten gibt, die scharf

Orden wie ein russischer General trägt Urman, der beste seiner Rasse. Die russisch-europäische Laika ist in der Sowjetunion der bevorzugte Jagdhund. Es sind etwa 80 000 registriert.

auf Kindergeld sind. Nur daß bei den Hunden die Väter immer Ausstellungssieger (= Siegerblut haben) sind, die die schlechten Eigenschaften der Hündinnen ausgleichen sollen. Doch wer das glaubt, versteht nichts von Zuchtgesetzen, die mehr sind, als nur ein Addierung der Eigenschaften nach der Überlegung: Wenn ich zwei gute Tiere miteinander paare, dann muß ihr Nachwuchs gut plus gut, also sehr gut, sein. So einfach ist es in der Natur nicht. Das Unfeine am Siegerblut ist, daß es in der Zucht nicht so wirksam wird, wie wir das gerne hätten.

Grundsätzlich aber ist es so, daß viel mehr Hunde an falscher Fütterung und falscher Haltung leiden als an vererbten Fehlern. Warum diskutiert man in Zuchtvereinen so selten über zweckmäßige Fütterung, um das gesund am Leben zu erhalten, was man fabriziert? Hier ist ein weites Feld für Vereinsarbeit.

Erstaunlich ist, wie schnell sich eine Rasse verschlechtern kann. Das fängt beim Yorkshire mit der Größe und dem Körperbau an, dann kommen Haar und Farbe — besonders peinlich bei einer Rasse, bei der Haar und Farbe 50 Prozent der Bewertungspunkte ausmachen — und dann folgen Wesen und Intelligenz: sie verkümmern.

Es ist erstaunlich wie schnell so eine Talfahrt der Qualitätsminderung vor sich geht und wie lange es dauert, bis eine Rasse sich wieder regeneriert hat.

Ratschlag für Yorkie-Liebhaber: Das Fell soll lang — fast bis auf den Boden —, seidig und feinhaarig sein, die Länge entwickelt sich aber erst im Verlauf des ersten Lebensjahres, außerdem werden die Tiere schwarz geboren. Die Farben müssen rein sein. vor allem das Gold am Kopf darf nicht mit dunklen Haarsträhnen vermischt werden. Erlaubt sind Gold und Stahlblau, das den Glanz und Farbton von sonnenbeschienenem Koks zeigen soll. Silbergraue oder fast schwarze Tiere sind nicht stahlblau und meist ist dann das Haar noch grob und wattig. Die Kalkulation für den Handel sieht so aus: Einkaufspreis 30 bis 40 Pfund, Verkaufspreis bei etwa 1200,– DM. Und das alles, weil ungeduldige Käufer sofort so ein Tierchen haben wollen. Doch über diese Praktiken mehr im nächsten Kapitel. Zurück zu den Züchtern.

Die wirklichen, ernsthaften Züchter machen keine Geschäfte mit Hunden, sie zahlen sogar meist drauf. Nicht umsonst gibt es einen Entscheid des Finanzgerichtes in Köln, den ich im nächsten Kapitel auf S. 201 zitiere und der Hundezucht als verlustbringendes Hobby einstuft.

Da haben wir es schwarz auf weiß vom Fiskus, und ich kann dem nur zustimmen. Keiner der echten Züchter, die ich kenne, ist durch Hunde reich geworden. Entweder hat er schon Geld oder aber er steckt viel Arbeitskraft und Zeit (= Geld) hinein. Glauben Sie deshalb auch nicht dem Gerede von den sagenhaften Preisen, für die Hunde verkauft worden sind. Die werden genauso übertrieben wie Angaben über Gehälter oder Wert von Kunstgegenständen. Und wenn wirklich mal ein Zuchtrüde oder eine Hündin für einige Tausender verkauft worden ist, dann denken Sie auch daran, wie selten so etwas vorkommt. Wenn man wirklich unter einigen hundert Hunden einmal einen Sieger hat, dann ist die Summe aus diesem Geschäft nicht überwältigend. Wer darin Verdienstmöglichkeiten sieht, der macht ähnliche Milchmädchenrechnungen wie der Bankräuber, der nach monatelangen Vorbereitungen hunderttausend erbeutet, dafür vielleicht fünf Jahre ins Gefängnis geht und schlußendlich auf einen Monatsverdienst von 1350,– DM kommt.

So soll ein Yorkshire-Terrier aussehen: seidiges, feinhaariges Fell bis auf den Boden, die Farben absolut rein. Das Kopfhaar wird mit einem blauen Bändchen zu einem kleinen Schopf hochgebunden.

Die Sache mit dem Stammbaum

Kaum woanders auf der Welt wird ein solcher Rassismus wie in der Hundezucht getrieben. Eher kann eine Prinzessin einen Proleten heiraten, in der Tieraristokratie sind solche Verbindungen unmöglich. Da gibt es keine Brükken und wenn einmal so etwas passiert, dann ist der Skandal da. Noch immer spukt das Märchen von der Telegonie durch die Züchterköpfe. Telegonie = Einfluß der Erstbefruchtung auf alle folgenden. Arthur Dinter hatte darauf seinen antisemitischen Roman ›Die Sünde wider das Blut‹ aufgebaut: Eine in ihrer Jugend von einem Juden geschändete Blondine gebiert in späterer Ehe mit einem Edelgermanen einen typisch semitischen Sohn. Bei Hunden heißt es so: eine durch einen andersrassigen oder rasselosen Rüden gedeckte Hündin ist fortan für die Zucht wertlos, weil sich der Einfluß dieses Fehltritts auf alle weiteren Würfe auswirkt. Daß das barer Unsinn ist, liegt auf der Hand. Wie sollten Junge das Erbgut der Mutter verändern und – stimmte dieser Aberglaube – wäre überhaupt keine Hochzucht möglich, denn alle Welpen aus einer Mutter stünden unter dem Einfluß des ersten Vaters.
Ein ebenso großer Unsinn ist die Sache mit den Blutlinien. Da denkt man schlicht, das Blut, ein besonderer Saft, sei der Träger der Erbanlagen und mischt und addiert sich (ein Achtelchen Blut von da, ein Viertele von hier) auf dem Papier Zucht- und Blutlinien, die überhaupt nicht stimmen. Erbanlagen mischen sich nicht wie Flüssigkeiten, sondern in etwa wie verschiedenfarbige Kugeln, die selber immer sie selbst bleiben, wie man sie auch mischen mag. Sie sehen, gutes Züchten ist kein Kinderspiel.
Ein Hund aus einer guten Zucht wird durch einen Stammbaum dokumentiert. Er zeigt seine Reinrassigkeit. Daß das biologisch gesehen eine übertriebene Behauptung ist, habe ich Ihnen schon erklärt. (Reinrassigkeit ist nicht gleich Reinerbigkeit.) Deshalb gibt es innerhalb der Rassen so breite Variationsmöglichkeiten, bei wirklicher (genetischer) Reinrassigkeit müßte jeder Boxer oder Pudel oder Dackel wie die anderen aussehen, völlig gleich, wie Produkte aus einer Massenfabrikation. Und die Hundehaltung und Zucht hätten ihren Reiz verloren. Anmerkung von Hund zu Hund: ›Meine Ahnen lassen sich bis auf 1656 zurückverfolgen!‹ – ›Da kann ich nicht mit. Meine Papiere sind bei der Sintflut verlorengegangen!‹
›Rassereine Hunde, aber ohne Stammbaum‹ sind in den Augen der Züchter ›nur‹ Promenadenmischungen. Sie bleiben sozusagen ›private‹ Hunde, mit denen man weder züchten, auf Ausstellungen gehen, noch an Arbeitsprüfungen teilnehmen kann. Dazu braucht man bei der straffen Organisation der Hundeklubs Papiere.
Man kann sie aber liebhaben, und ich kenne viele Leute, denen solche Papiere völlig gleichgültig sind, und die ihrem Hund keine Ausstellung zu-

muten wollen. Ich selbst gehöre auch dazu. Ich bin nun mal kein Hundesportler, der sich über eine farblose Zehe oder ein zu helles Auge oder einen Brustfleck erregt, wenn das alles nach dem Standard verboten ist. An Schönheitsfehler wird man sich gewöhnen, an Charakterfehler nie. Unser Hund bleibt unser Hund – und wir wohnen bei ihm!

Merke: Das Wesen eines Hundes ist immer wichtiger als sein Erscheinungsbild. Ideal, wenn beides hervorragend ist. Aber leider legen viele Zuchtwarte mehr Wert auf das Äußerliche. Sie sind in meinen Augen ›kynologische Briefmarkensammler‹, Leute, die sich buchstäblich an den Standard klammern, der irgendwann einmal von Laien mit der Festlegung aller Farbspielereien entworfen wurde. Rassen, die von solchen Standardpedanten verwaltet werden, entwickeln sich nicht oder aber sie bringen immer groteskere (oder elegantere oder kleinere oder schwerere) Hunde hervor – wobei das Wesen völlig vernachlässigt wird –, die schließlich ohne den Menschen nicht mehr lebensfähig wären, nur mit Kaiserschnitt auf die Welt kommen können und sich schnaufend, schwankend oder humpelnd durch ein hundselendes Leben bewegen. Aber hochdekoriert sind.

Die Tötung wertvollen Lebens

In vielen Hundeklubs gibt es die strenge Standardbestimmung, die eine bestimmte Zahl von Welpen zuläßt und befiehlt, überzählige zu töten. Wenn so ein Fall bekannt wird, kommt es zu Schlagzeilen: ›15 dieser Hundebabies mußten sterben!‹, zu Protesten und wütenden Leserbriefen und einem hin und her gerissenen Züchter, der sich an die Satzung seines Vereins halten muß: *Grundsätzlich dürfen der Zuchthündin nicht mehr als sechs Welpen zur Aufzucht gelassen werden. Alle über diese Zahl hinausgehenden Welpen müssen getötet werden.* Andernfalls kann er mit Zuchtsperre belegt werden, auf jeden Fall bekommen die überzähligen Tiere keine Papiere.

Das Argument der Standard-Verteidiger: Mutterschutz! Die Mutter kann die Welpen nicht ernähren, die Mutter wird zu sehr geschwächt, die Mutter wird durch diese Unnatur (große Würfe sind eine Domestikationserscheinung) zugrunde gerichtet.

Biologisch stimmt das nicht. Bei weniger Welpen reduziert die Hündin auch die Milch, sie kann aber auch die Milchleistung steigern, doch geschieht dies nicht ins Uferlose. Zehn Welpen werden wohl genausoviel Milch insgesamt gerechnet bekommen wie acht, wobei die Milchmenge bei einer gut genährten Hündin für acht Welpen durchaus ausreicht. Außerdem gibt es Ammen nicht nur für Menschen, und es gibt auch Hundenährmilch.

Von der Zucht her und von der Wirtschaftlichkeit (ich weiß, daß Hundezucht Sport ist und Hobby) ist das Töten überzähliger gesunder Welpen geradezu schwachsinnig. Es gehen der Rasse wertvolle Tiere verloren und dem Züchter Geld, das keineswegs stinkt. Zeigen Sie mir den Bauern, der einen großen Wurf kerngesunder Ferkel von sich aus dezimiert, und zeigen Sie mir den Züchter, der bei der Tötung überzähliger Welpen sich ganz sicher ist, daß er die Schlechtesten des Wurfs eliminiert. Was er keinesfalls weiß, ist die wesensmäßige Anlage der getöteten Tiere. Also werden durch solche Standardbestimmungen wieder einmal die Äußerlichkeiten einer Rasse betont und das Wesen vernachlässigt. Dazu sagt der Artungsforscher Kurt F. König, der wohl am meisten von allen etwas davon versteht, in seiner deutlichen Art: ›Ernsthafte Züchter, die ihre Tiere genau beobachten, möchte ich bitten, nicht etwa jedes Tierchen, das nicht den Erwartungen entspricht, umgehend abzutun, sondern abzuwarten, was daraus wird. Für Standardfanatiker und ähnliche Geister ist das Unsinn, doch es können aus solchen Beobachtungen wichtige Hinweise auf die Wege herankommen, die diese Zucht noch gehen könnte. Wer aber der festen Überzeugung ist, wir hätten mit jedem derzeit gültigen Standard schon der Weisheit letzten Schluß, dem ist nicht zu helfen, und er wird nicht weiterkommen damit. Das gilt nicht für Tiere mit organischen Mängeln und krankhaften Fehlern. Aber daß ein ‚Zuchtwart', wie es immer wieder geschieht, einem Züchter einfach einen Welpen aus der Hand nimmt und ohne Erlaubnis tötet, ist eine Ungeheuerlichkeit, ein Mißbrauch einer Vertrauensstellung und ein Eigentumsdelikt. Und das nur, weil das Tier eine Färbung zeigte, die bei einer Gruppe von Züchtern unerwünscht war, obwohl es sich um eine Leistungszucht handelte.‹ Funktionärs-Terror gibt es eben überall.

Nachsatz für den Laien: Oft höre ich die Frage: Muß man seine Hündin aus gesundheitlichen Gründen wenigstens einmal decken lassen? Nein! Mutterfreuden als gesundheitliche Prophylaxe, als Verhinderung von Gebärmutterentzündungen oder als Lebensverlängerung sind nicht nötig. Aus psychischen Gründen ist es für sie (und den Besitzer) sicher eine Bereicherung, allerdings werden Charakterfehler wie Ängstlichkeit oder Nervosität durch die Mutterschaft nicht beseitigt. Auch sollte man wegen der Vererbbarkeit eben dieser Charakterfehler eine solche Hündin nie decken lassen.

Wer, und wenn es auch nur einmal ist, züchten will, sollte wegen Papieren und Beratung einem Klub beitreten. Es gibt inzwischen für jede Rasse eine ganze Reihe. Das liegt in der menschlichen Natur und ist Ihnen sicher nach der Lektüre gerade dieses Kapitels klar geworden. Der Ur-Klub hat Dissidenten ausgestoßen, die wieder neue Klubs gründeten oder der Ur-Klub erstarrte und versteinerte in seinen Anschauungen, die Fortschrittlichen traten aus, gründeten einen neuen Klub, der wiederum im Laufe der Jahre erstarrte und versteinerte, und die Dinge nahmen ihren oben geschilderten Verlauf zum zweiten, manchmal zum dritten oder vierten Mal. Ich möchte hier für keine

Hundeorganisation Reklame machen (den großen Schäferhund-Verein habe ich als einmaliges Beispiel genau beschrieben), Sie werden sicher in den Verein eintreten, dem Ihr Züchter, bei dem Sie Ihren Hund gekauft haben, angehört oder aber in einen, in dem Ihnen die anderen Leuten gefallen. Es wäre nicht auszudenken, wenn ein Verein keinen Nachwuchs mehr hätte. Genug davon.

Vom Überhund und anderen neuen Rassen

Seit Jahren geistert der südafrikanische Genetiker Dr. Daan Marais und sein Riesenhund durch die Presse, den er in 13jähriger Arbeit gezüchtet haben will. Wunschvorstellung: gelehrig und intelligent, lieb zu Kindern, gleichzeitig ein scharfer Wachhund mit dem Mut und der Kraft, um auch einen Leoparden zu töten. Ich sah ein Foto; auf ihm war ›Pony‹, eine glatthaarige Bernhardiner-Mastiff-Doggen-Mischung von guten Proportionen, etwa 200 Pfund schwer. Das Traumgewicht liegt bei 250 Pfund. Mich macht stutzig, daß dieser Buren-Frankenstein sogenanntes Wolfsblut eingekreuzt hat, was, wie wir inzwischen wissen, noch keiner Hunderasse zur Auffrischung gut tat. Außerdem ist Übergröße nur selten mit Überintelligenz verbunden. Dr. Marais experimentiert auch an einer Antilopenrasse herum, die angeblich ein besserer Futterverwerter als die bisherigen ist, sich stärker vermehrt und Fleisch für Millionen hungriger Menschen liefert.
Ob sein Riesenhund wirklich eine brauchbare Rasse wird, steht dahin. Bei uns sind im Laufe der Sportzucht einige neue Rassen entstanden.

Ein Herr namens Dobermann

Er war in Apolda zu Hause, äußerst vielseitig (Hilfssteuereintreiber, städtischer Abdecker, amtlicher Hundefänger und V-Mann der Polizei) und hatte Hundeverstand. Mit den Hunden, die er einfing und denen, die er auf dem Apoldaer Hundemarkt (ab 1863, jedes Jahr acht Tage nach Pfingsten) kaufte, züchtete er eine Rasse, die sich besonders für Personenschutz eignete. Das dauerte über Dobermanns Leben hinaus. Als er schon vier Jahre tot war, schrieb die Zeitschrift ›Unsere Hunde‹ (1898): ›Ende der sechziger Jahre besaß der damalige Sandsteinbruch-Besitzer Dietsch von Apolda eine mohnblaue oder mausgraue Hündin, eine Art Pinscher, die der Besitzer von einem schwarzen Fleischerhund decken ließ. Dieser Rüde hatte rostbraune Abzeichen und entstammte einer Kreuzung von Schäfer- und Fleischerhund. Die Nachzucht dieser beiden Tiere, die schon zur Zeit als Hofhunde gut zu verwenden waren, kreuzte dann in späteren Jahren der leider bereits verstorbene Abdeckerei-Besitzer Louis Dobermann mit deutschen Pinschern. Und daraus

Heinrich Essig (1808 bis 1889) aus Leonberg, in seiner Heimatstadt der ›kleine Hagenbeck‹ genannt, hielt sich neben allerlei anderem Getier Hunde verschiedener Rassen und betrieb einen Handel, bei dem er jährlich zwischen 200 und 300 Hunden verkaufte. Er züchtete den Leonberger (1846) und nutzte es mit schwäbischer Geschäftstüchtigkeit aus, daß diese Rasse Modehund wurde.

entstammte nun unser heutiger Dobermann-Hund, dem wir auch, da dieser Mann nachweisbar der erste Züchter war, diesen Namen belassen wollen.‹ Sein heutiges Gesicht bekam er erst im Laufe der folgenden Jahre, seine Eigenschaften, die ihm den Spitznamen *Gendarmenhund* gaben, hatte er schon: Unbestechlichkeit, Schärfe, Schneid, Arbeitsfreude und eine unbedingte Loyalität seinem Herrn gegenüber.

Herr Essig und sein Spaß an Löwen

Die Oberamtsstadt Leonberg, nahe bei Stuttgart gelegen, führt einen Löwen im Wappen. 1846 nun kam dem Ökonomen Heinrich Essig in den Sinn, eine Hunderasse zu züchten, die diesem Löwen ähnlich sah und den Namen der geliebten Heimatstadt tragen sollte. Stammeltern der Zucht wurden ein Bernhardiner und ein Neufundländer, und nach 15 Jahren gab es Hunde, wie Herr Essig sie sich vorgestellt hatte: mächtiger Kopf, dunkler Fang, wallende Mähne und löwengelb. Der Hund wurde zur Mode, nachdem Zeitschriften wie ›Gartenlaube‹ und ›Die Woche‹ enthusiastisch über ihn berichteten. Essig selbst war skeptischer und schrieb 1882: ›Mein Neffe wird zur Ausstellung in Hannover drei Hunde bringen, ob sie dort als Neufundländer oder Bernhardiner erkannt werden, ist ihm gleichgültig. Es sind drei Hunde von löwengelber Farbe.‹

Als dann Kaiserin Elisabeth (Sissy) sich auch einen Leonberger anschaffte, man munkelte von einem Preis von 1400 Gulden, war die Leonbergerei perfekt. Wer keinen besaß, taufte schlicht seinen Bernhardiner in Leonberger um. Herr Essig machte Geschäfte, und es gab Neider, die da sprachen: ›Was man nicht definieren kann, sieht man als Leonberger an.‹ Kurz, der Hundesport mauserte sich.
Der erste Klub wurde 1895 durch den Tiermaler Albert Kull aus Stuttgart ins Leben gerufen, später auch der Standard festgelegt. Heute gibt es rund 100 deutsche Zwinger.

Der Stammvater kam mit US-Soldaten

Die jüngste deutsche Hunderasse ist der Kromfohrländer, benannt nach einer Höhe (Krom Fohr = krumme Furche) im Siegerland. Dort erlebte Frau Schleifenbaum das Ende des Krieges. Sie nahm einen Hund auf, der an einer Tankstelle seine GI's verpaßt hatte. Dieser, von Fachleuten als bretonischer Griffon erkannt, wurde Vater mit der nachbarlichen Foxterrierhündin. Die Welpen fielen so gut aus (anspruchslos, wachsam, Fell brauchte weder getrimmt noch gewaschen zu werden), daß weitergekreuzt wurde. In Jahren entstand ein knapp mittelgroßer Hund von ansprechendem Äußeren, der außerdem erstaunlich alt wurde. Kromfohrländer, unter diesem Namen wurde die neue Rasse mit ihrem Standard 1955 von der FCI (Féderation Cynologique Internationale) anerkannt, können 17 und 18 Jahre alt werden.
Schön, daß bei dieser Rasse weder Ohren noch Rute kupiert werden müssen. Sie jagen kaum, sind robust und anschmiegsam und haben schon als Welpen eine gute Merkfähigkeit. Bisher sind etwa 180 Tiere ins Zuchtbuch eingetragen, die 1970er Produktion betrug 12 Hunde.

Die rauhhaarige Kromfohrländer-Hündin Alice vom Melchermeer.

Der Zürcher Geologe Prof. Dr. Albert Heim (1849—1937) erkannte, daß sich aus verschiedenen Lokalschlägen Rassen herausholen lassen,und bewahrte so den Großen Schweizer Sennenhund vor dem Aussterben.

Der Artungsforscher Kurt F. König (76) betreibt seit über 60 Jahren Inzuchtforschung. Als Entdecker der Wege vom Wildhund zum Haushund und als ›Rekonstrukteur‹ des Hovawarts ein ganz wichtiger Hundemann.

Der Zufall bestimmt das Schicksal einer Rasse

In der Geschichte des Großen Schweizer Sennenhunds spielt das Wort ›wenn‹ eine wichtige Rolle. Wenn 1908 auf der Ausstellung in Langenthal nicht der Kynologe (in des Wortes wahrster Bedeutung) Professor Heim Richter für Berner Sennenhunde gewesen wäre, gäbe es heute sehr wahrscheinlich keine kurzhaarigen Großen Schweizer Sennenhunde; die Rasse wäre verschwunden. Hier die Story:

Ein Förderer und Liebhaber der Berner Sennenhunde hatte in Schönentannen im Kanton Freiburg einen starken, schöngefärbten Hund gesehen und ihn gleich gekauft. Er gab ihm den Namen ›Bello vom Schloßgut‹ und brachte ihn auf die Ausstellung, um zu hören, was die Richter dazu sagen würden. Während ihn jeder andere als kurzhaarig und deshalb für die Berner Zucht ungeeignet weggeschickt hätte, erkannte Professor Heim die Möglichkeit für eine neue Rasse. Er sagte damals: ›Dieser Hund gehört in eine andere Klasse. Er ist zu rassig und herrlich, um ihn unter den Bernern als ungehörig einfach wegzuschieben. Er ist ein Exemplar der fast ausgestorbenen, ehemaligen Metzger- und Treiberhunde. Wäre er unter ‚Bisher nicht genannte Rassen' gemeldet, hätte ich ihm den ersten Preis mit viel Freuden zuerkannt.‹ Und er gab ihm spontan den Namen ›Großer Schweizer Sennenhund‹. Nach ihm wurde der Rassenstandard erstellt, und Bello wurde der Vater einer neuen, alten, wiederentdeckten Rasse.

Der Hovawart ist mehr als nur ein Rasse-Hund

Das sagt Kurt F. König, der ihn nun zum dritten Mal rekonstruiert hat. Ich habe diesen Forscher und Praktiker mehrfach in diesem Buch zitiert, weil ich aus dem Gespräch mit ihm und durch seine Schriften Dinge um und über den Hund erfahren habe, die mir sonst keiner sagen konnte. ›Hovawarte waren und sind wieder eine alte Domestikationsstufe der wölfischen Hunde . . . Man kann ältere Haustierformen oft aus jüngeren Rassen wiedergewinnen . . . wo wir rückwärts tendierende Entartungen provozieren können und dazu die passenden Selektionen zu handhaben gelernt haben, ist auch eine Rekonstruktion möglich. So fand ich die ersten meiner Hovawart-Hunde überraschenderweise als Übereinstimmungen der Nachkommen verschiedener alter Hunderassen, die ich damals wie wohl jeder ‚Kynologe' für völlig verschiedene Wesen ansah. Die Nachkommen eines Neufundländers damaliger leichterfüßiger Art mit meiner persischen Hirtenhündin, beide schwarz, wurden zumeist schwarzmarkenfarbig und sämtlich gute und sehr selbstsichere Hunde. Als aber die Kinder eines schwarzmarkenfarbigen zotthaarigen, sogenannten altdeutschen Hirtenhundes mit meiner persischen Hündin genauso ausfielen und den Gestalten des ersten Wurfes wie Brüder glichen, waren wir verblüfft. Die Nachkommen von großen altschweizer Sennhunden mit unseren Hirtenhunden ergaben die gleichen Gestalten und Färbungen wie die von Goralenhunden (Goralen = Viehzüchter in den Westkarpaten) oder ungarischen Hirtenhunden mit unseren Hirtenhunden. Alle diese Tiere züchteten untereinanderbleibend und in gleicher Richtung.‹ Die alten Hovawarte sind genau das, was die ersten wölfischen Haushunde waren: ein in ein nicht mehr verwilderungsfähiges, erstmaliges und einmaliges Haustier gewandelter Wildwolf.
Im Ersten Weltkrieg ging diese erste Rekonstruktion des alten Hofwächterhundes verloren. Nach dem Krieg fand König im Harz und im hessischen Odenwald Hunde, die unverkennbar das Erbe der alten Hovawarte trugen. Neufundländer konnte er in die zweite Rekonstruktion nicht mehr mit hineinnehmen, weil bei dieser Rasse alle Farben außer Schwarz ausgemerzt und die Tiere zu schwerfällig geworden waren. Bei den Leonbergern gab es keine Schwarzmarkenfärbung mehr, und sie war wichtig. König hatte gelernt, daß dieser Färbungstyp das Signal setzt auf der Ausartungslinie zwischen Haushund und Wildhund. Solange dieser Punkt nicht verlassen wird, kann eine Zucht weitgehend ausarten (= eine neue Richtung einschlagen), ohne zu entarten. Das ist das Geheimnis der Königschen Erfolge. Eines Mannes, der buchstäblich mit den Wölfen aufwuchs (seine Eltern legten dem sechs Wochen alten Kind einen gleichaltrigen Wolf in die Wiege) und jetzt seine dritte Hovawart-Rekonstruktion vollendet hat und endlich seine Zuchtergebnisse veröffentlicht.

Um die Jahrhundertwende waren die Hundehändler recht clever. Die Firma Caesar & Minka in Zahna verkaufte ihre Hunde per Buch: ›Durch die Zwinger, die der verlockende Duft der Hundekuchenbäckerei durchzieht, geht ein unendlich wohltuender Zug humanster Tierfreundlichkeit.‹

Wie man sich einen Hund anschafft

Die pingeligsten Fachleute zählen etwa 400 Hunderassen auf der Welt, 300 davon dürften eigenständige Rassen sein, die anderen sind nur nationale Schläge. Rund 125 werden in Deutschland gehalten, manche allerdings nur in einigen Exemplaren.

Der normale Bundesbürger kennt etwa ein halbes Dutzend, mit Sicherheit Dackel, Boxer, Pudel und Schäferhund, ein Hundezüchter vielleicht ein bis zwei Dutzend. Wer 50 Hunderassen oder mehr aufzählen oder bestimmen kann, ist reif für ›Alles oder nichts‹ im Fernsehen.

Alle Rassen sind Gebilde aus Menschenhand, aus den verkleideten Wölfen wurden sie immer mehr zu Wunschbildern stilisiert. Aus Oldtimern zu schnittigen, marktgängigen, modischen Modellen. So drängt sich der Vergleich mit Autos geradezu auf, zumal Züchter (und Besitzer) für die eigene Rasse oft so modellblind sind wie Autofahrer für die eigene Marke und die Rassebeschreibungen mehr Werbeprospekten gleichen als der Aufklärung dienen.

Wenn ich im nächsten Kapitel zwei Dutzend Hunderassen so beschreibe, daß Sie sich eventuell eine Rasse davon aussuchen, um sie zu kaufen, dann mache ich etwas, was eigentlich dem widerspricht, was ich auf vielen Seiten dieses Buches geschrieben habe. Daß jeder Hund ein Individuum ist und in seinem Wesen auch noch von seinem Herrn geprägt wird. Daß man ehrlich genausowenig den Dackel beschreiben kann wie den Schwaben oder den Scotch Terrier wie den Schotten.

Frau Wiebke Steen aus Hamburg, langjährige Kennerin der Terrier-Rassen, sagte mir dazu: ›Wenn man vom Kerry Blue sagt, er sei oft bissig, werden Liebhaber und Halter dieser Rasse in Scharen kommen und das Gegenteil beweisen. Und sie haben recht. Wenn man aber sagt, er sei ein liebenswerter, temperamentvoller und unscharfer Terrier, kommen andere und beweisen das genaue Gegenteil. Im Kerry Blue steckt eine gute Portion Schärfe – man kann sie als Schutzhunde ausbilden –, doch bei richtiger Erziehung werden sie nicht bissig sein.‹ Dann schilderte sie mir einen der vielen Fälle, in denen Hunde verdorben werden und aus denen sich dann wiederum das Bild einer Rasse prägen kann.

In Hamburg wird ein Kerry-Welpe verkauft. Die Besitzer gehen kurze Zeit später ins Ausland. Der Hund kommt zu Kindern, die nett zu ihm sind. Aber die Nachbarskinder ärgern ihn, wann immer sie können. Das beliebteste Spiel: ihn an den Ohren herumzuziehen. Zuerst weinte er nur, dann schnappte er nach den Kindern, bald darauf – die Quälereien gingen weiter – biß er sogar. Schließlich die eigenen Besitzer und deren Kinder. Also wurde er verkauft. Er duldete überhaupt nicht mehr, daß man an seinen Kopf kam, und knurrte, wenn man sich ihm näherte. Wieder Weiterverkauf! Er kam zu einer alten Dame, aber auch deren Liebe half nichts mehr. Mit 11 Monaten mußte er eingeschläfert werden. Wegen Bissigkeit? Wegen der Dummheit und Herzlosigkeit von Menschen, die sich einbilden, einen Hund haben zu müssen.

Ein anderer Fall, der noch mal gut ging: Ein junger Scottie wird an eine Dame verkauft, die noch nie einen Hund hatte und wohl auch wenig Beziehung zu Tieren. Sie wußte also nicht, daß Junghunde versuchen, aus Spielerei den Menschen in die Hacken zu beißen, weil sie das bei ihrer Mutter auch so machen. Die Dame rannte schreiend davon, der Hund juchzend hinterher. Behauptung: Der kleine, 10 Wochen alte Scottie habe die Dame anfallen wollen. Der Hund wurde von der Züchterin zurückgekauft. Er ist jetzt knapp ein Jahr alt, völlig normal und hat sich längst anderen Dingen als Damenhacken zugewandt. Wäre er bei der ängstlichen Dame geblieben, könnte er jetzt schon bissig sein. Und die kurzfristige Scotch-Terrier-Besitzerin behauptet sicher, Scotties sind bissige Hunde!

Zwei Beispiele für viele.

Kann man also eine Rasse nicht beschreiben? Was heißt es, wenn im Rassestandard unter Charakter folgendes steht: ›Er hat ein temperamentvolles Wesen und ist sehr liebebedürftig. Hat er einmal seinen Herrn mit seiner Familie richtig anerkannt, kann man sich keinen treueren Begleiter für Haus, Hof und Kinder vorstellen. Jedoch braucht er viel Bewegung und ist dankbar für jede Minute, die er im Freien verbringen kann. Er ist furchtlos, nervenfest und wachsam und eignet sich aufgrund seiner natürlichen Schärfe, seines vorzüglichen Geruchssinns, seiner Arbeitslust und seines Gehorsams besonders zur Ausbildung. Seines kurzen Haarkleides wegen kann er gut im Haus gehalten werden. Er bringt keinen Schmutz mit ins Haus. Ebenso ist er unempfindlich, wenn er auch im Winter draußen in einem trockenen und zugfreien Zwinger gehalten wird.‹

Mit dieser Beschreibung, die auch für manche andere Rasse gelten kann, ist der Dobermann gemeint, und zwar sein Idealbild, der Hund in Perfektion und ohne einen Fehler. Denn der Rassestandard soll das Zuchtziel beschreiben. Diesen perfekten Vertreter einer Rasse hat es noch nie gegeben und wird es auch nie geben. Genauso wie es unter uns keine wirklichen Heiligen gibt.

Andererseits hat jede Rasse ihren Rassencharakter, eine Summe von Eigenschaften, die speziell bei Dobermännern, Dackeln oder Boxern vorhanden sind. Doch haben Aufzucht, Haltung und Erziehung einen großen Einfluß auf deren positive oder negative Entwicklung. Falsche Erziehung macht einen naturscharfen Hund zum Raufer oder Beißer, einen sensiblen zum Hysteriker und einen temperamentvollen Hund zum unleidlichen Wirbelwind und Kläffer.

Wichtiger als das Aussuchen einer passenden Rasse ist zunächst einmal die Überlegung und Gewissenserforschung, ob man überhaupt zum Hundehalter taugt. Denn die Qualifikation des Hundebesitzers muß genauer geprüft werden als die spezielle Eignung einer Rasse und deren Hunde-Individuum für eben diesen Besitzer.

Konsumreiz ist kein Hunde-Grund

Die Auslage des Warenhauses in Hamburg ist ganz britisch: Der Union-Jack signalisiert in gekreuztem Blau-Weiß-Rot, daß hier eine englische Woche veranstaltet wird. Neben Tee, Bonbons und Wollsocken werden als typisch englisch auch Bassets angeboten. Jene Hunde mit den überlangen Ohren, die gegenwärtig so snobby sind und deren knautschige Welpen besonders zu Spontankäufen führen. Sie schauen schon jetzt so traurig, als würden sie ihr Schicksal ahnen: in ein paar Monaten in der Rubrik ›Tiermarkt‹ einer Tageszeitung zum Verkauf ›in nur gute Hände‹ angeboten zu werden.

Damit haben wir den Kernpunkt des Hundekaufs fixiert: Einen Hund schafft man sich so wenig spontan an, wie man eine Frau heiratet. Denn die Beziehung zu beiden soll ein Leben lang halten, was beim Hund mindestens 12 Jahre bedeutet.

Einen Hund kauft man auch nicht wie einen Markenartikel, dessen Qualität durch Zwingernamen, Papiere und Preis garantiert sind. Man sucht ihn sich nicht aus einem Schaufenster aus, und man läßt ihn sich nicht durch ein Versandhaus schicken. Einen Hund kauft man – nach langen Überlegungen und nach mehrmaligen Besuchen – bei einem Züchter und sonst nirgends. Wenn man ein echter Hundenarr ist, kann man ein herrenloses Tier aus dem Tierheim zu sich nehmen, einen jener 15 000 Hunde zum Beispiel, die Jahr für Jahr zur Urlaubszeit aus Bequemlichkeit und Geiz ausgesetzt werden. Des Menschen bester Freund wird zum Wohlstandsmüll, den man einfach wegtut. Hunde, die man ins Tierheim bringt, weil man die Steuer und das Futter nicht mehr zahlen kann oder will, weil man den Hauswirt nicht gefragt hat, oder weil man sich nicht vorher überlegte, was es heißt, einen Hund zu halten und wieviel Mühe das macht.

Führerschein für Hunde

Wenn wir uns ein Auto kaufen, dann überlegen wir es uns gründlich, wir lesen Tests, wir machen Probefahrten, wir fragen andere. Außerdem müssen wir einen Führerschein haben.
Beim Hund (einem Lebewesen) scheint das alles viel einfacher. Man kauft ihn, läßt ihn von Essensresten leben, füttert ihn mit Fertigfutter oder verwöhnt ihn mit Steaks. Man behandelt ihn gut oder schlecht oder gibt ihn auch wieder ab. Die wenigsten Neu-Hundebesitzer machen sich Gedanken darüber, daß hinter der Hundehaltung eine große Verantwortung steht.
Lesen Sie bitte die Gewissenserforschung einige Male genau durch, die der Verhaltensforscher E. Trumler präzisiert hat. Wägen Sie dazu noch Ihre Lebensumstände, Ihre Freizeit und Ihren Lebensraum genau ab und stellen Sie fest, ob ein Hund darin wirklich Platz hat. Trumler sagt: ›Es heißt 10 bis 15 Jahre ein Geschöpf zu halten, das nur dann zur vollen Lebensentfaltung kommt und damit auch den Sinn unserer Hundehaltung erfüllen kann, wenn es ein echtes Mitglied der Familie sein darf. Mit allen Pflichten eines Familienmitgliedes, aber auch mit allen Rechten. Wer einen Hund nur als Eigentum betrachtet, über das er als Besitzer frei verfügen kann, geht an der Natur des Hundes vorbei und sollte kein Hundehalter werden.‹ Wer ein guter Hundehalter sein will, der muß sich mit dem Hund und seiner Welt befassen. Er soll sozusagen einen Hundeführerschein machen. *Kleine Einblendung: Sie, die Sie dieses Buch bis hierher aufmerksam gelesen haben und gewillt sind, das alles, was darin steht und anwendbar ist, in die Praxis zu übertragen, Sie haben diesen Führerschein symbolisch schon in der Tasche. Lesen Sie doch auch noch mal nach, was im Kapitel ›Was das heißt, ein Hund zu sein‹ über Geruchssinn und angeborenes Meuteverhalten steht.*
Bei schwierigen Hunden (oft das Produkt schwieriger Menschen) schlägt der ›Hunde-Psychiater‹ Dr. Brunner vor: ›Es wäre gut, wenn mancher Hundebesitzer, zumindest anfänglich, durch Einzelstunden eines Hundelehrers oder

in einem Abrichtekurs eines Vereins praktisch erlernen und üben könnte, wie er seinem Hund das richtige Unterordnungsverhalten beizubringen hat, denn Unterordnungsübungen sind mehr als militärischer Drill. Sie ersparen den Rangordnungskampf zwischen Herrn und Hund. Ohne eindeutige Rangfestlegung kann sich kein gedeihliches Verhältnis zwischen Hund und Herrn einstellen, das sind nun einmal naturgesetzliche Gegebenheiten, die nicht zu ändern sind.‹ Zum Hundeführerschein gehört aber auch das Gespräch mit dem Züchter der Rasse unserer Wahl. Der Hundehändler ist dafür ungeeignet. Er kauft Hunde aller Rassen auf, um sie so schnell wie möglich wieder zu verkaufen. Der Hundehandel ist für die ehrbaren Zoo-Kaufleute laut eigener Mitteilung ›ein risikoreiches und undankbares Geschäft‹. Der Züchter dagegen, mit mehr oder weniger Idealismus versehen, steht einem auch später noch mit Rat zur Verfügung. Er kennt ›seine‹ Hunde und hat einen Ruf zu verlieren.
Und nun wollen wir einmal mit beiden Händen ein heißes Eisen anpacken.

Hundehandel – ein teils schmutziges Geschäft

Sie führen hochtrabende Namen wie ›Zoo-Versand‹, ›Rassehunde-Center‹ oder ›England-Import‹, sie verstecken sich hinter der Bezeichnung ›Rassehundzwinger‹, bieten aber Hunde verschiedenster Rassen an. Sie verkaufen per Versand und meist gegen Nachnahme und sind staatlich geduldete und nicht verfolgte Tierquäler, manchmal ›nur‹ Schreibtischtäter.
Ein typisches Beispiel: Eine Hausfrau aus Flein bei Heilbronn bestellt bei einem Versandhaus einen Dackel. Er trifft bei sengender Sommerhitze als Expreß auf dem Bahnhof Heilbronn ein. Als der Zusteller den Hund abliefern will, verweigert die Bestellerin die Annahme, sie hat das Geld für die Nachnahme nicht. Der Hund landet wieder bei der Bundesbahn. Und wäre in der Hitze umgekommen, wenn nicht ein Beamter gegen die Dienstvorschrift die Sendung geöffnet und sich um den Hund gekümmert hätte.
Zu Dutzenden habe ich solche Geschichten im Archiv. Die Tierschutzvereine bezeichnen jene Art des Handels schlicht als Tierquälerei. Dazu kommt noch, daß sich die Bundesbahn keineswegs an die Versendungsvorschriften hält. Das lebende Expreßgut reist und steht nicht selten kopf, weil die Bundesbahner nicht aufgepaßt haben oder nicht deutsch lesen können.
Im neuen Tierschutzgesetz soll der Versandhandel in zu kleinen Behältern und zu jeder Jahreszeit nicht verboten werden, auch nicht das Feilhalten von Hunden in Schaufenstern. Bleibt doch der Hund in unserer christlich-mittelalterlichen Rechtsprechung weiterhin eine Sache, und wenn man ihn totschlägt, ist es nur eine Sachbeschädigung. Deshalb haben es auch die Hundediebe so leicht, die monatlich einige tausend Hunde stehlen, nicht,

um sie, wie TV-Hundedieb Theobald (Karl-Heinz Schroths unselige Sonntagabendrolle und Vorbild für solche, die's noch nicht wußten), besonders gut zu pflegen und dann Frauchen – auch mal gegen eine saftige Belohnung – wiederzugeben, sondern um sie für einen Schnauzenpreis von 40 bis 60 Mark an Laboratorien zu verkaufen, die immer Bedarf an lebender Ware haben, oder sie in den mehr oder weniger illegalen Hundehandel zu schleusen. Praktische Zwischenbemerkung: *Das Halsbandtäschchen mit dem Telefongeld, der Telefonnummer und dem Namen des Hundes sind hilfreich, wenn er entlaufen ist und in ehrliche Hände gerät. Wird er dagegen gestohlen, ist natürlich ein Hund, der auf seinen Namen hört, leichter abzusetzen als ein nicht ansprechbarer Hund. Merke: Auch scharfe Hunde können vom Hundefänger gestohlen werden, da die Profis unter ihnen mit Drahtschlingen arbeiten und dem Tier gleich die Luft abschneiden. Das beste ist, den Hund nie aus den Augen lassen.*

Hundekauf per Katalog

Da schlägt man einen dicken Versandhauskatalog auf und findet auf zwei Seiten unter der Überschrift ›Rassehunde mit Ahnentafel – die besten Freunde und Gefährten‹ Farbbilder vom Langhaardackel (*fröhlich, eigenwillig und keck – ein kleines Bündel Leben, Rüde Best. Nr. 6791 DM 198,–, Hündin Best. Nr. 6792 DM 183,–*), vom Cocker Spaniel, vom Rauhhaardackel, vom Zwergpudel (*viel Übermut und Intelligenz stecken in diesem kleinen Kerl*), vom Kleinpudel und vom Collie. Er ist gleich Arm in Arm mit einer Spielkameradin abgebildet, als kinderlieb apostrophiert und kostet 279,– oder 264,– DM, je nach Geschlecht.

Von den 8000 Hunden, die auf diese Weise seit Übernahme des Bestell-Artikels Hund, Frühjahr 1970, verschickt wurden, waren denn auch 40 Prozent Collies, etwa 25 Prozent Langhaardackel und 20 Prozent Cocker Spaniels. Der Versand von Rauhhaardackeln und Zwergpudeln wird jetzt eingestellt, dafür werden Dalmatiner in den Versand übernommen. Sie sehen ja auch so schick aus!

Stellungnahme der Pressestelle zum Thema Hundeversand: ›Wir haben auf dem Gebiet des Hundeverkaufs neue und bis in kleinste abgesicherte Wege beschritten. Das gilt für die Auswahl der Züchter, für die veterinärmedizinische Fürsorge wie für die Versorgung der Tiere während des und nach dem Versand. Wir gingen davon aus, daß für viele Hundekäufer der Empfang auf dem Versandweg seit langem üblich war. Aber wir meinten, daß die Absicherung dieser Übergabeform des Tieres an seinen neuen Herrn nicht vorsichtig und gründlich genug vorbereitet und durchgeführt werden kann. Wir sind sehr froh darüber, daß wir im Züchterverband Gergweis e. V. (Niederbayern) einen Partner gefunden haben, der wie wir dachte. Die Zusammenarbeit mit ihm ist so erfreulich wie die mit den Farbwerken Hoechst auf veterinärmedizinischem Gebiet. Die Elterntiere sind schutzgeimpft. Der Hund wird 10 Tage vor dem Versand mit Candur SHL gegen Staupe, Hepatitis und Leptospirose geimpft. Der Versand erfolgt direkt vom Züchter in einem Spezialbehälter per Bahnexpreß. Beigefügt werden die international anerkannte Ahnentafel, Impfpaß, Reiseproviant, Futter- und Pflegeanleitung.‹

Das verdackelte Dorf

In den fünfziger Jahren machte Gergweis im Niederbayerischen häufig Schlagzeilen. Nette und böse, falsche und richtige. Es wurde sowohl als ›Deutsche Dackelhochburg‹ wie als ›Dackelfabrik‹ tituliert, die Züchter machten eine Affäre ›falscher Stammbäume und minderwertiger Hunde‹ daraus, und die Tierschützer regten sich über den Versand auf. Hundehandels-Agenturen inserierten in Großstädten ›Gergweiser Dackel‹, bezogen sie in Dutzenden und verkauften sie dann. Das hat damals viel Ärger gegeben, wobei Meldungen, wie Prinz Charles habe einen echten niederbayerischen Dackel geschenkt bekommen, das Image des Dackeldorfes nicht verbesserten.
Die ganze Geschichte hatte mit bäuerlichem Geschäftssinn und weniger aus Hundeliebe angefangen. 1956 berichtete die Süddeutsche Zeitung so: ›Vor 27 Jahren war es, daß Zenta Richter den Grundstock solchen Hundesegens (*662 Einwohner und 300 Dackel*) legte. Weil ihr Mann ein begeisterter Jäger ist, bestellte sie ihm ein Sportgewehr in Zella-Mehlis. Der freundliche Gewehrfabrikant, selbst Züchter, legte der Sendung gratis eine Dackeldame bei, die bereits nach einem Vierteljahr in Gergweis 3 Hündinnen und 3 Rüden zur Welt brachte. Als Frau Richter für die 3 Rüden 120 Mark erlöste, brach in Gergweis das Dackelfieber aus und hielt sich bis zum heutigen Tag. Jeder zweite Dorfbewohner züchtet kleine, krummbeinige und gemütvolle Hundewesen.‹
Die Gergweiser bissen sich durch. Mit Prozeßandrohungen verbaten sie sich die ›Hundefabrik‹ und den Vorwurf der Tierquälerei. Sie gründeten den ›Internationalen Dackelklub Gergweis‹, der inzwischen 15 000 Mitglieder hat, über jagdliche Anlagen im ganzen Bundesgebiet verfügt, Ausstellungen durchführt und Stammbäume ausstellt. Überdies versendet er Hunde selbst oder liefert sie an den Versandhandel. Mit dem im ›Verband für das Deutsche Hundewesen‹ organisierten ›Deutschen Teckelklub e. V. Gegründet 1888‹ traf der ›Internationale Dackelklub Gergweis‹ das Übereinkommen, sich gegenseitig in Ruhe zu lassen und nicht mehr zu beschimpfen.

Mehr Gewinn als Ferkel

Seitdem der Hundehandel heiße Konjunktur hat, rüsten auch an anderen Orten die Bauern auf Hundezucht um. ›Denn‹, so ein bäuerlicher Züchter, ›eine Hündin frißt weniger als ein Schwein, aber Welpen bringen mehr Geld als Ferkel.‹ So werden verdreckte Schweinekoben in Hundefabriken umfunktioniert, in denen Hündinnen als Gebärmaschinen Jungtiere wie am Fließband produzieren. Sechzehnmal in 8 Jahren mußte eine Schäferhündin in Freiburg in einem winzigen Käfig werfen. Ertrag des ›Züchters‹ etwa 30000 DM. Als das Tier nicht mehr zum Gebären fähig war, wollte ihr Herr sie an ein Institut verkaufen, Tierschützer verhinderten dies.

Gewinnspannen liegen beim Hundehandel etwa bei 400 Prozent, schätzungsweise werden alljährlich 30000 bis 40000 Tiere auf diese Art verschachert. Sie werden aus England, Dänemark und Holland importiert, schlechte, armselige Tiere, die dort nicht abzusetzen sind. Was zum Beispiel in den letzten zwei Jahren an dünnknochigen, leichten, zwergenhaften Bassets so in unser Land gekommen ist und für teures Geld an Laien verkauft wurde (Motto: Aus England eingeflogen), kann die ganze Rasse in Mißkredit bringen. Wobei ich es fast wünschen möchte, denn nichts ist schlimmer für eine Rasse und deren Individuen, als Modehunde zu werden.

Wenn man die Anzeigenseiten einer Spezialzeitschrift wie ›Geflügelbörse‹ liest, kann es einem als Hundefreund schlecht werden. Man braucht kein sentimentaler Tierschützer zu sein oder ein emotioneller Seit-ich-die-Menschen-kenne-liebe-ich-die-Tiere-Typ. Da findet man *Suche Bernhardiner, ganze Würfe, mit unbedingt egaler Maske* (als Adresse ist der Expreßschalter des Kölner Hauptbahnhofs angegeben) oder *Verkaufe bei Mehrabnahme rassereine Zwergpinscher, Foxterrier, Chow-Chow und Pekinesen* oder *Achtung, Tierhändler! Kaufe laufend Hunde und Katzen. Suche gute Dauerlieferanten, zahle gute Preise, aber keine Phantasiepreise. Erbitte Preisangebote an Labortierhandel* ... Auch mit wenig Phantasie kann man sich hier Schmerz, Angst, Grauen und weitere Scheußlichkeiten vorstellen.

Was man gegen den Versandhandel unternehmen kann

Versandhändler sind Geschäftemacher. Ihnen ist das Geld wichtiger als der Hund. Wenn man bei ihnen keine Hunde kauft, werden sie das Geschäft aufgeben und mit etwas anderem handeln. Deshalb boykottieren Sie den Versandhandel! Kaufen Sie beim richtigen Züchter, der aus Liebe zum Hund sich mit einer oder zwei Rassen befaßt.

Merke: *Wer mehr als drei oder vier Hunderassen anbietet, ist kein echter Züchter. Mag er seinem Laden auch noch so klingende Namen geben oder*

sich Rassehundzwinger oder Zuchtstätte für Rassehunde nennen. Es ist nicht wichtig, ob die angebotenen Hunde noch so edel gedruckte Stammbäume haben, die macht sich heutzutage fast jeder Verein selbst. Und es gibt sogar einen Zuchtverband, der hauptsächlich von Hundehändlern geführt wird.
Ich will mich in die Vereinskämpfe und Absplitterungen nicht einmischen. Ich finde nur, daß ein Zuchtverband, der etwas auf sich hält, seine Mitglieder gnadenlos hinauswerfen muß, wenn sie Hunde an den Hundehandel liefern.
Es gibt eine amtliche Definition über die Hundezucht. Das Finanzgericht in Köln hat in einem Streitfall so entschieden: ›. . . daß die Zucht und Aufzucht trotz gelegentlicher Einnahmen durch Welpenverkauf (aus Würfen eigener Hündinnen oder als Entgelt für Deckrüden) auf lange Sicht eine verlustbringende Liebhaberei ist, da sehr hohe Kosten für Wartung, Ernährung, Versicherung, Steuer, Ausstellungsfahrten usw. erforderlich sind. Von einem Gewinnstreben bei Zucht und Aufzucht von Hunden kann hiernach nur gesprochen werden, wenn Mutter- und Vatertiere entgegen züchterischen Gesichtspunkten ausgenutzt werden.‹
Zu einem richtigen Züchter müssen Sie gehen (Adressen zum Erkundigen finden Sie bei den einzelnen Rassen). Sie werden nicht überfordert werden, Sie können sich mit ihm unterhalten, und es kann Ihnen passieren, daß Sie von ihm Ihren Traumhund gar nicht bekommen, weil er Sie für seine Haltung nicht geeignet hält. Dann sollten Sie auf ihn hören und Ihre Wahl noch einmal genau überdenken.

Wie wichtig sind Papiere?

Wenn Sie auf den Stammbaum pfeifen und es Ihnen gleich ist, ob Ihr Hund Burga von Trutzburg oder nur Maxel heißt, wenn Sie nur einen Hund an sich wollen und keine bestimmte Rasse, dann nehmen Sie sich einen Rasselosen, richtiger gesagt, einen Mehr- oder Vielrassigen. Ihn bekommen Sie beim Nachbarn, dessen Hündin ein Unglück passiert ist, oder im Tierheim. Man nennt sie Promenadenmischung, unfreundlicher Bastard, in München (nach dem Ort ihrer Zeugung) ›Stiegengelander‹, in Köln (wegen ihrer Häufigkeit) ›Frau Schmitz‹ und in Berlin (wegen ihrer Abstammung) ›Pudeldackelmops‹. Kennern zufolge sollen sie die intelligentesten Hunde sein, liebenswert sind sie auf jeden Fall. In der Publikumsmeinung haben zumindest ihre Besitzer ein gutes Image. Es sind Leute, die souverän und frei sind, oft aus echter Tierliebe sich einen Hund anschaffen, kein Statussymbol brauchen und immer unkonventionell sind. Ihre Besitzer sind häufig einfache Leute, Rentner oder ältere Frauen.
Oft werden auch ›rassereine Hunde ohne Stammbaum‹ angeboten. Das ist eigentlich ein Unding, denn durch die Abstammungspapiere soll ja die Rasse-

VDH

Sammelzuchtbuch des Verbandes für das Deutsche Hundewesen e. V. Sitz Dortmund

Ahnentafel

Rasse: Basset-Hound

Name des Hundes: Sancho vom Herzogtum Jülich

Geschlecht: Rüde Zuchtbuch ~~650317~~

Wurftag: 9. Mai 1965 Farbe u. Abzeichen: dreifarbig

Züchter: Frau Mitzel Droemont, 532 Bad Godesberg, Mainzer Str. 318

Eltern	Großeltern	Urgroßeltern
1. Vater Hardacre Sungarth Endeavour DSaZB-Nr. 650314 CACIB Bundessieger	3. Sungarth Trumpeter 74733/61	7. Crochmaid Bold Turpin of Blackheath 2085AT (A.K.C. Ch & CH)
		8. Sykemoor Amorous 53499/59
	4. Sungarth Plover 116931/60	9. Sungarth Sykemoor Aimwell 22AT
		10. Aesops Able 5791/59
2. Mutter Peggy vom Herzogtum Jülich DSaZB-Nr. 63/279 CACIB Bundessiegerin	5. Pierre of Saigon DSaZB-Nr. 63/276	11. Greenbriers Falstaff H783656
		12. Lady Veronica Widowbi H904853
	6. Rossingham Emerald DSaZB-Nr. 61/0351	13. Rossingham Badger (Ch) 20945/55
		14. Rossingham Anxious (Ch) 46111/53

Nach Prüfung der Abstammungsangaben eingetragen in das Sammelzuchtbuch des Verbandes für das Deutsche Hundewesen e. V.

Dortmund, den 17. August 1965

Mitzel Droemont
Unterschrift des Züchters

VDH
Zuchtbuchführer

Koffler-Druck Dortmund

Ein ›Stammbaum‹ des ›Verbandes für das deutsche Hundewesen‹.

reinheit dokumentiert werden. Und nachdem heute alles und damit auch die Kynologie straff organisiert ist, kann man ohne Papiere nirgendwo dabeisein, bei keiner Ausstellung, bei keiner Arbeitsprüfung, und Züchten kann man mit einem solchen Hund auch nicht. Wobei ich nachdrücklich keinem Anfänger und Hundeneuling das Züchten empfehlen möchte. Es gibt genug Hunde aus berufener Hand.
Nun hat jede Rasse ihren Klub, und da sich auch bei den Hunden die Menschen nicht einig sind, gibt es von manchen Rassen mehrere Klubs. Über die mehr oder weniger weltanschaulich-kynologischen Spaltungen habe ich Ihnen auf Seite 187 berichtet.
Ein Hund, der nicht die Papiere des VDH (Verband für das Deutsche Hundewesen), älteste und größte Zuchtorganisation, hat, sondern die des VDRG zum Beispiel (Verband Deutscher Rasse- und Gebrauchshundvereine), ist nicht weniger reinrassig als einer, der sie besitzt. Nur wer Ausstellungen besuchen und züchten will, muß sich auf eventuellen Papierkrieg gefaßt machen. So streng sind die Hundebräuche, wenn sie von Funktionären ausgeübt werden, und Mischehen sind nicht nur in den christlichen Kirchen mühsam. Doch hier wie dort, mit Gebühren läßt sich alles regeln.

Der Wille zum Hund

Eines Tages ist es soweit, man möchte einen Hund. Dabei assoziiert man Gedanken wie *Des Menschen bester Freund* oder *Die einzige Treue der Welt, die sich kaufen läßt,* oder *Ein Hund ist immer für einen da.* 69 Prozent aller Deutschen glauben an eine Seele im Tier, getreu dem Bismarck-Wort: ›Gibt es einen Himmel, so ist er auch für Tiere da. Ich hoffe zuversichtlich, im Himmel meinen Hunden wiederzubegegnen.‹
Ein weiterer Anreiz ist optisch. Man sieht das Foto eines Hundes (oder ein Exemplar dieser Rasse begegnet einem auf der Straße), und er gefällt, weil er unseren Beschützer- und Brutpflege-Instinkt anspricht (Kindchenschema, das uns zum Spontankauf junger Hunde verlockt), weil er unserer Eitelkeit schmeichelt (Hebung des eigenen Prestiges), weil ein verehrter TV- oder Filmstar die gleiche Rasse besitzt (Identitätsbestreben = durch den Hund dem Vorbild ähnlich zu werden), oder weil der Hund einen an die Kindheit erinnert (33 Prozent der Deutschen schaffen sich den Hund ihrer Jugend wieder an). Die wichtigsten Anreize aber gibt ein immer stärker werdender Naturhunger, je naturferner das Milieu ist, in dem wir leben, und die Einsamkeit. Wahre Freundschaft ist selten geworden, man will ein Wesen um sich und für sich haben.
Der Psychologe A. Fischer aus Frankfurt hat untersucht, warum sich die Deut-

schen einen Hund anschaffen. Er kam, bei Mehrfachnennungen (daher mehr als 100 Prozent) zu folgenden Zahlen:

Als Wachhund und zum Schutz	35 Prozent
Weil der Hund für Abwechslung sorgt	34 Prozent
Hatte schon immer einen Hund, auch als Kind	33 Prozent
Bringt mich an die frische Luft	32 Prozent
Um etwas Lebendiges um sich zu haben	31 Prozent
Für die Kinder	24 Prozent
Erhielt ihn als Geschenk	25 Prozent
Um nicht allein zu sein	18 Prozent.

Wenn man den Wunsch nach dem ›Lebendigen‹ und das ›Nicht-allein-sein-Wollen‹ zusammenzählt (beide Gründe entspringen ja den gleichen Motiven), kommen wir auf 49 Prozent, den weitaus stärksten Kaufgrund. Und das ist ein Grund, der seine Berechtigung hat, der nicht einer momentanen Laune entspringt. Man kann annehmen, daß mit dieser Motivation der Hund nicht bald wieder auf die Straße gestellt wird.
Bevor wir jedoch weiter Für und Wider abwägen, wollen wir feststellen, ob wir uns überhaupt zum Hundehalter eignen.

Eigentest: Bin ich ein guter Hundehalter?

Folgende Fragen sind ehrlich und nach genauer Gewissenserforschung mit *Ja* oder *Nein* zu beantworten. Sie gelten für Erwachsene, denn Kinder haben entweder ein ganz anderes Verhalten zum Hund und empfinden ihn als eine Art Bruder/Schwester, oder sie überlassen ihn doch bald wieder den Eltern. Das möchte ich zu überlegen geben, wenn Ihre Kinder sich einen Hund wünschen. Auch dann nämlich müssen Sie diesen Test machen.

1. Würden Sie sich noch mal oder überhaupt ein Kind anschaffen? Baby pflegen, großziehen, sich darum kümmern?
2. Können Sie eine Zeitlang (vielleicht sogar für fast immer) verzichten, ins Kino, Theater oder auf Partys zu gehen?
3. Würden Sie auch mal eine Urlaubsreise ausfallen lassen?
4. Wissen Sie in etwa, wie die nächsten 10 Jahre bei Ihnen verlaufen (ohne prophetisch begabt zu sein, natürlich)?
5. Können Sie täglich mindestens 2 Stunden zusätzliche Zeit erübrigen?
6. Gehen Sie gerne spazieren? Nicht nur bei schönem Wetter, sondern auch bei Regen, Nebel, Kälte oder Sturm?
7. Sind Sie beherrscht und verlieren nicht bei jeder Gelegenheit die Nerven?

8. Sind Sie konsequent, ohne stur oder gar diktatorisch zu sein?
9. Haben Sie in den nächsten 9 Monaten einige Zeit übrig?
10. Können Sie eine Sache, die Sie einmal begonnen haben, durchstehen, auch wenn sie sich nicht als rosig erweist, wie Sie sie erträumt haben?
11. Sind Sie treu?
12. Sind Sie sehr eigen, wenn es um die Sauberkeit Ihrer Böden, Teppiche und Wände geht?
13. Ärgern Sie sich über Flecken, Schmutztapfen und nasse Schuhe?
14. Sagen Sie häufiger: ›Hast du dir auch die Schuhe abgeputzt?‹
15. Haben Sie Schonbezüge über den Polstermöbeln oder im Auto?
16. Putzen Sie täglich mehr als 2 Stunden Ihre Wohnung, ud können Sie sich ähnlich den Damen in TV-Werbespots über die Vorzüge von Reinigungsmitteln unterhalten?
17. Ärgern Sie sich sehr über Laufmaschen oder einen Fleck auf der hellen Hose?
18. Fürchten Sie sich vor großen Hunden?
19. Sind Sie sehr weichherzig, besonders Hundeaugen gegenüber?
20. Sind Sie ein lauter Typ, schreien oder rufen Sie gern, haben Sie eine durchdringende Stimme und lachen Sie oft plötzlich und scherzhaft?
21. Sind Sie alleinstehend und den Tag über berufstätig und können einen Hund nicht mit zur Arbeit nehmen?

Wenn Sie die Fragen 1 bis einschließlich 11 mit *Ja,* Frage 12 bis 21 mit *Nein* beantworten können, sind Sie ein idealer Hundehalter.
Können Sie die Fragen 2, 3, 7, 9 und 11 nicht mit *Ja* beantworten, rate ich Ihnen vom Kauf eines Hundes ab, genauso wenn Sie die Fragen 12, 18 und 21 mit *Ja* beantworten müssen.
Vor allem ist die letzte Frage ein absoluter Hinderungsgrund. Man kann einen Hund den Tag über nicht allein lassen. Wenn er nicht mindestens alle 6 Stunden ausgeführt wird, um sich zu lösen, wird er mit Sicherheit nach ein paar Jahren nierenkrank. Das heißt, man muß drei- bis viermal am Tag mit dem Hund Gassi gehen, damit man die 10 Stunden Nachtruhe ausgleicht.
An diesen Fragen haben Sie sicher gemerkt, was es heißt, einen Hund zu haben. Er macht Arbeit wie ein Kind und beansprucht einen genauso (manchmal noch mehr). Er ist zumindest als junger Hund nicht gern allein und als erwachsener eigentlich auch nicht. Wie Professor Dr. Konrad Ullrich, Ordinarius der Tierärztlichen Fakultät der Universität München, in einem Interview sagte, kann ein Hund nicht begreifen, daß sein Frauchen oder sein Herr nur für kurze Zeit weggeht und wiederkommt: ›Fährt das Herrchen weg, so bedeutet das für den Hund den Verlust des für ihn wichtigsten Lebewesens. Daß dieser Verlust nur vorübergehend sein wird, kann der Hund nicht er-

Hotelausweis

Nebenstehender Hund

Asbachus

Besitzer Frau und Herr, Fräulein

Müllen

ist innerhalb eines Lehrganges
für einwandfreies Verhalten speziell
zu gesittet-ruhigem Benehmen
in Gaststätten, Hotels und allen
Gesellschaftsräumen erzogen.

Wagenfeld, 3. 3. 72

Fachinternat für
Hundeausbildung und -erziehung

Im Fachinternat für Hunde-Ausbildung und -Erziehung kann man seinen Hund zum ›Familienhund‹, ›Haushund‹, ›Allround-Hund‹ oder ›Schutz-‹, ›Betriebswach-‹ oder ›Fährtenhund‹ ausbilden lassen. Es liegt in 2841 Wagenfeld.

kennen.‹ Das gilt vor allem für den Urlaub: ›Allerweltshunden, die sich mit jedem anfreunden, macht das nichts weiter aus. Aber auch sie leiden, wenn sie in den Zwinger einer Hundepension eingeliefert werden. Es gibt Hunde, die längeren Aufenthalt in einem engen Zwinger nicht aushalten. Ich würde sagen — dann lieber den Hund den Strapazen einer weiten Reise aussetzen.‹ Seien Sie sich von allem Anfang an klar darüber, daß Sie sich kein wohlerzogenes, in Liebe zu seinem Herrn sich verzehrendes Wesen ins Haus holen, sondern ein junges, verspieltes, mehr oder weniger wildes Tier, dem Sie erst einmal alles das beibringen müssen, was zwar wider seine Natur, aber in der Menschenwelt notwendig ist, um gut miteinander auszukommen. Wie man natürliche Veranlagungen des Hundes geschickt ausnutzt, um sie in ›menschliche‹ Verhaltensweisen umzuwandeln, habe ich in unserem Verhaltensforschungskapitel beschrieben. Außerdem gibt es eine Menge Hundebücher, die sagen, wie man aus ihm ein ›ziviles‹ Wesen macht. Andere Hundebesitzer sind meist nur bedingt zu Auskünften bereit, sie huldigen dem Grundsatz ›Jeder besitzt den Hund, den er verdient‹, weil sie es meist auch nicht besser wissen.

Wenn Hunde zur Miete wohnen

Bevor Sie sich zum Hundekauf entschließen, studieren Sie Ihren Mietvertrag. Der Hauswirt kann etwas gegen Hunde haben. Zwar hat die Justiz in den letzten Jahren bei der Urteilsfindung eine gewisse Hundefreundlichkeit bewiesen, und Vermieter wurden mit dem Ansinnen, der Mieter müsse den Hund abschaffen, abgewiesen. Dabei wurden aber dem Mieter strenggefaßte Auflagen gemacht, die vor allem die Lärmbelästigung der Nachbarn betrafen. Nach den Erfahrungen von Rechtsanwalt John Schmidt aus Hamburg, der eine Reihe erfolgreicher Mietprozesse führte, wenn der Hund zum Kündigungsgrund wurde, sind die hundefreundlichsten Städte Berlin, Lübeck und München. Hier gehört der Hund nach Ansicht der Richter zum Leben.
Insgesamt wohnen 40 Prozent der deutschen Hundehalter zur Miete. Das bedeutet, daß etwa 1,2 Millionen Hunde in Mietwohnungen leben. Gewissermaßen sind sie und ihre Herren Freiwild der Hausbesitzer. In den Mustermietverträgen steht nichts über den Mieterschutz für Tiere, und es hängt vom Willen des Hauswirts ab, ob der Mieter einen Hund halten darf. Hat aber der Vermieter einmal die Erlaubnis erteilt, dann müssen schon vernünftige und triftige Gründe vorliegen, diese Erlaubnis zu widerrufen. Die Tatsache, daß zum Beispiel den Hausmeister und seine Familie die Hundehaltung stört, ist kein triftiger Grund (Landgericht Hamburg, Aktenzeichen 11 S 1/63 – 42 C 184/62 v. 8. 3. 63). Weitere Urteile liegen mir vor. Sie können aber selbst als Besitzer eines Reihenhauses Scherereien mit Ihren Nachbarn bekommen.

Hundehaltung in den Großstädten geht zurück

Die Zahl der versteuerten Hunde nahm in den letzten 10 Jahren in 8 deutschen Großstädten beachtlich ab. Die möglichen Gründe: Wegzug der Hundebesitzer aus der Stadt in Randgemeinden, größere Schwierigkeiten mit den Vermietern, vor allem in Hochhäusern und modernen Wohnblocks, größere Hundesterblichkeit durch Abgase, verminderte Möglichkeit, in Großstädten mit dem Hund spazierenzugehen, das Gassigehen stört den geruhsamen Fernsehabend, während man beim Eigenheim den Hund einfach in den Garten lassen kann. Nach Auskunft der Steuerämter sind Steuererhöhungen kein Grund, den Hund abzuschaffen. Aufschlußreich sind die folgenden Vergleichszahlen ›steuerzahlender‹ Hunde.

	1960	1970		1960	1970
Berlin	84 961	64 971	Düsseldorf	18 236	14 388
Hamburg	50 297	41 802	Frankfurt	17 234	14 086
München	32 899	28 154	Hannover	15 256	9 884
Köln	20 640	17 773	Stuttgart	12 370	9 600

Faustregeln für den Hundekauf

Je größer die Stadt, desto kleiner der Hund. Je höher die Etage, desto kleiner der Hund. Lange Rücken auf kurzen Beinen brauchen Parterrewohnungen oder Lifts. Große Hunde oder solche, die viel laufen müssen, zwingen den Vater aufs Fahrrad. Je knapper Ihre Freizeit, desto ›pflegeärmer‹ sollte Ihr Hund sein (Hundesalons sind überfüllt wie gute Friseure). Je kleiner oder je voller Ihre Wohnung, desto ruhiger der Hund. Lebhafte Hunde brauchen einen Garten oder Anlagen vor der Tür. Kräftige Hunde brauchen eine kräftige Hand, um sie an der Leine zu halten. Jagdhunde gehören nur in die Hand eines Jägers. Diensthunde brauchen Arbeit. Sind Sie kein Nachtwächter, Polizist oder Grenzschützer, dann gehen Sie auf den Übungsplatz und werden Hundesportler. Seien Sie beim Kauf nicht bequem. Gewiß, der Hundehändler kann Ihnen mehrere Rassen anbieten, die Sie vielleicht nur drei Straßen weit mit nach Hause zu nehmen brauchen. Der Versandhändler schickt Ihnen den Hund sogar an die Haustür. Zum Züchter muß man fahren, und außerdem kann er nicht sofort liefern, wenn Sie den Wunsch nach einem Hund haben. Er produziert ja nicht am Fließband.

Wie man beim Züchter kauft

Wenn Sie sich für Ihre Rasse entschieden haben, dann suchen Sie sich einen Züchter aus. Mit ihm korrespondieren Sie, besser noch, Sie fahren hin und lassen sich alles über die Rasse erzählen. Sie schauen sich seine Hunde an und fragen, wann er wieder Welpen haben wird. Wenn er Sie dann benachrichtigt, fahren Sie wieder hin und suchen sich den Hund aus, wenn er 3 Wochen alt ist. Dann sollten Sie häufiger hinfahren und mit ›Ihrem‹ Hund spielen (ein Züchter in der Nähe ist also zu empfehlen, aber Sie machen ja sonst auch Auto-Ausflüge, bei denen es Ihnen auf ein paar Kilometer mehr oder weniger nicht ankommt).
Wann Sie den Hund zu sich nehmen, ist eine Streitfrage. Bisher wurde den Züchtern empfohlen, wenn nicht sogar vorgeschrieben, keinen Welpen vor Beendigung der 10. Lebenswoche zu verkaufen. Professor Herre aus Kiel steht auf dem Standpunkt, daß die jungen Hunde den Umgang mit der Mutter und den Geschwistern weit über die Säugezeit hinaus brauchen. Nach seinem Rat sollte man sie frühestens in einem Alter von einem Vierteljahr aus dieser Hundeschule nehmen, ›dann kann man auch schon viel besser das persönliche Verhalten, den Charakter und die Art des neuen Hausgenossen beurteilen‹.
Untersuchungen, die über Jahre hinweg von Scott und Fuller an der Bar-Harbor-Versuchsstation in Amerika gemacht wurden und über die Clarence

Pfaffenberger in dem Buch ›The new Knowledge of Dog Behaviour‹ berichtet, zeigen, daß junge Hunde, die zu lange im Zwinger gehalten werden und ohne menschliche Kontakte bleiben, Gemütsdepressionen bekommen oder an übersteigerter Erregbarkeit leiden. Zu lange, das heißt, wenn die Hunde 3 oder 4 Monate alt sind. Und je differenzierter der Hund veranlagt ist (je bessere Anlagen er hat), desto größer der Schaden. Je früher man sich intensiv mit dem Welpen befaßt, desto unbefangener wird seine Einstellung der Umwelt gegenüber sein, und er wird genausoviel Subordination (= Unterwerfung) dem Menschen gegenüber zeigen, wie er haben muß, um Freund, Begleiter und Helfer, nicht aber Sklave zu werden. Zu ähnlichen Ergebnissen kommt auch Trumler, der das Abgeben mit 8 Wochen vor allem befürwortet, wenn die Welpen in einer ›vaterlosen‹ Familie aufwachsen, was bei unseren Züchtern meist der Fall ist. Denn in der natürlichen Hundefamilie spielt der Rüde mit den Jungtieren, nicht die Mutter. Hier muß der Mensch zum ›Hundevater‹ werden. Je mehr er sich in den ersten Wochen mit dem jungen Hund befaßt, desto inniger wird die Gemeinschaft ›Mensch—Hund‹ werden, denn in dieser Zeit (7. bis 9. Woche) erfolgt die ›Sozialisierungsprägung‹, bei der sich der Hund seinem Menschen anschließt. Die Stärke dieser Prägung ist bei einzelnen Rassen verschieden. Besonders stark ist sie nach Konrad Lorenz bei den Chow Chows, besonders schwach bei Schäferhunden, die sich auch noch als erwachsene Tiere leicht anderen Personen anschließen.

Es gehört also Zeit dazu, wenn man einen wirklich guten Hund bekommen will, die Anlagen dafür sind in den meisten enthalten. Man muß sie nur wecken. Trumler sagt: ›Es kommt allein und ausschließlich darauf an, ob und wieviel man sich mit den Welpen in einem bestimmten Alter beschäftigt. Ich kann nicht mit Sicherheit genaue Zeitabgrenzungen angeben; hierzu sind weitere Versuche notwendig. Fest steht jedenfalls, daß die kritische Phase um den 18. Lebenstag herum beginnt und daß sie nicht weit über die 7. Lebenswoche hinausgeht, wozu allerdings noch das Phänomen der Menschenbild-Erweiterung kommt.‹ Das bedeutet, daß der Welpe die erste Person, mit der er in Kontakt kommt, als seinen Sozialisierungspartner betrachtet, den Züchter oder Pfleger also. Auch Sie können es sein, wenn Sie häufiger mit ihm ein wenig spielen, denn damit überwinden Sie seine natürliche Angst vor weiteren Menschen. Eine Anpassung ist in so einem Fall auch noch nach der 8. Woche optimal, eben wenn er vorher nicht von Menschen isoliert wurde. Schwierig fällt jungen Hunden die Anpassung, wenn sie bis zur 12. Woche menschenisoliert aufgewachsen sind. Auch das muß man beim Hundekauf beachten.

Nachdem wir uns so ausführlich über das Alter des Hundes unterhalten haben, wollen wir uns auch noch mit dem Alter des Menschen befassen, der sich einen Hund anschaffen will.

Gibt es eine Hunde-Mündigkeit?

Auch hier dürfen wir nicht verallgemeinern und sagen: ›Kleine Hunde haben es bei alten Menschen am besten, denn die beschäftigen sich am meisten mit ihnen, und temperamentvolle Rassen finden ihre Erfüllung bei Kindern, weil die viel mit ihnen spielen.‹

Man muß das Problem anders angehen. So hat der ›New Yorker Kennel Club‹ über 5 Jahre die Zusammenhänge zwischen Beruf und Hundehaltung überprüft, von der richtigen Annahme ausgehend, daß eine befriedigende Einstellung zum Beruf und berufliche und gesellschaftliche Anerkennung eine Art permanente Hochstimmung erzeugen, die auch auf die häusliche Hundehaltung abfärbt. So sind Schwerarbeiter mit 18–35 Jahren, Handwerker, Werkmeister und arbeitende Frauen mit 20–45 Jahren, Büroangestellte, Sekretärinnen, leitende Angestellte und Selbständige sowie Künstler zwischen 22 und 60 Jahren für Hundehaltung besonders geeignet.

Englische und französische Züchter sind zu ähnlichen Ergebnissen gekommen. Wer im Beruf Erfolg hat und ihn gern ausübt, eignet sich besser zum Hundehalter als Absteiger, Unzufriedene, Erfolglose. Aber insgesamt scheiden alle als gute Hundehalter aus, die nicht gewillt sind, sich mit dem Hund zu beschäftigen, die ihn als Statussymbol, Mitbringsel, Spielzeug betrachten.

Für Jagdhundrassen ist diese Rechnung einfach: Sie leben am besten bei Personen, die jägerisch im besten Alter sind. Das heißt bei uns in Westeuropa zwischen 25 und 60 Jahren.

Und wie steht es mit alten Leuten und Kindern?

Der Hund als Lebensaufgabe

Die Psychologen sagen, Hunde geben alten Menschen wieder und noch eine Lebensaufgabe. Oft ist er für sie fast die einzige Verbindung zur Außenwelt. Er zwingt sie dazu, täglich an die frische Luft zu gehen, Spaziergänge und kleine Wanderungen zu machen, und wird dadurch zu einem wichtigen Therapeutikum. Auch verschafft er ihnen die Gelegenheit zu Gesprächen mit anderen Hundebesitzern, denn während es normalerweise unschicklich ist, fremde Leute auf der Straße anzusprechen, ist das unter Hundebesitzern erlaubt. Der Freiburger Nervenartz Dr. Teirich hat den Hund als Mittel gegen die Neurose entdeckt. Man kann manche seiner Untersuchungen auch auf alte Menschen beziehen: ›Jeder Hundefreund weiß, daß es kaum eine bessere Gelegenheit gibt, gleichgesinnte Menschen kennenzulernen als beim Spaziergang mit seinem Hund. Daraus ergeben sich mit einer gewissen Selbstverständlichkeit Gespräche, zu denen mancher Patient sonst nicht fähig wäre. Tierfreunde sind nicht selten etwas wunderlich, aber gegen Neurotiker auf-

fallend tolerant.‹ Wenn der Nervenarzt empfiehlt: ›Auch in einer relativ gesunden Familie kann durch einen Hund jenes dumpfe Schweigen, das oft bei Kinderlosen herrscht, wo alle Gesprächsthemen längst erschöpft sind, durchbrochen werden. Es gibt wieder etwas Gemeinsames, tausend Anregungen. Mancher würde abends zu Hause bleiben, so aber kommt er zu seinem Spaziergang, der für sein körperliches und seelisches Gleichgewicht notwendig ist, und vielleicht auch zu einem kleinen Schwatz mit anderen Hundefreunden. Viele brauchen solche Begleiter: das introvertierte Kind, die verlassene Frau, der einzelgängerische Sonderling.‹ So kann man das auch auf alte Leute ausdehnen: ›Hunde tragen dazu bei, innere Hilfe zu gewähren – sie können zwar nicht sprechen, aber sie beherrschen das vollendet, was die meisten Menschen ihr Leben lang nie lernen konnten: zuhören.‹
Außerdem helfen die Hunde, uns auch von dem Stammplatz vor dem Bildschirm und aus dem ›Mastkäfig Fernsehsessel‹ wegzulocken. Doch das konnte Dr. Teirich 1961 noch nicht ahnen.
Bei der Aufzählung der Hunderassen, die sich besonders für ältere Menschen eignen, muß ich naturgemäß verallgemeinern. Von ihrem durchschnittlichen Rassencharakter und ihrer Größe her sollte man diese Rassen bevorzugen: Pekinese, Japan Chin, Toy Spaniel, Cocker Spaniel, Französische Bulldogge, Malteser, Klein- oder Zwergspitz, Cairn Terrier, Border Terrier, Yorkshire Terrier, Scotch Terrier, West Highland White Terrier, Lhasa Apso, Tibet-Spaniel, Tibet-Terrier, Zwergschnauzer, kleinere Promenadenmischungen, Dackel. Nicht geeignet sind kräftige Hunde, die die alten Menschen zu Fall bringen können, wenn sie stark an der Leine ziehen.
Alte Leute, die fast hilflos sind, in schlechten Zimmern oder Heimen hausen, sollten keinen Hund bei sich verkümmern lassen!

Hunde und Kinder

In seinem Märchenstück *Peter Pan oder der Junge, der nicht groß werden wollte* läßt Autor Sir James Barrie die Rolle des Kindermädchens Nana von einem Neufundländer spielen. Und das ist gar nicht so märchenhaft, wie es zunächst erscheint, denn der Neufundländer gehört zu den Hunderassen, denen es im Blut liegt, ohne besondere Dressur Kinder zu beschützen und zu bewachen.
Nicht nur Psychologen, auch Kinderärzte betonen immer wieder, daß das gemeinsame Aufwachsen von Kind und Hund ein Verantwortungsgefühl weckt, das für das Kind von großem erzieherischem Wert ist, denn es macht das Kind selbständig. Ich stelle immer wieder fest, daß Kinder, die mit Hunden aufwachsen und mit ihnen spazierengehen, ein viel natürlicheres Verhältnis zu Erwachsenen haben. Es sind fast nie affektierte Kinder oder solche,

die extreme Moden mitmachen. Sie unterhalten sich mit Erwachsenen selbstbewußt, ohne vorlaut zu wirken, sozusagen von Hundehalter zu Hundehalter. Und ihre Hunde sind ihnen ähnlich. Ich habe noch nie einen hysterischen Kinderhund getroffen. Nun wird als erstes immer die Frage nach der Kinderfreundlichkeit von Hunden gestellt. Sie zeugt von wenig Hundeverständnis, denn jeder junge Hund ist naturgemäß kinderlieb. Erst Erfahrung lehrt ihn leider oft das Gegenteil. Schlecht erzogene, falsch angeleitete und bösartige Kinder können ihn zum Kinderfeind machen. Auch sollten ältere Hunde, die bisher keinen Umgang mit Kindern hatten, nur vorsichtig mit Kindern zusammengebracht werden.

Das beste ist, Kind und Hund wachsen zusammen auf. Dabei gibt es Rassen, die sich nach ihrer Anlage besser zu Kinderhunden eignen als andere. Stellen wir doch einmal zusammen, welche Eigenschaften ein Wesen haben muß (von Vater und Mutter einmal abgesehen), das ständig mit kleinen Kindern zusammenlebt.

1. Es darf nicht lärmempfindlich sein. 2. Es darf nicht nervös und ängstlich sein. 3. Es muß äußerst gutmütig sein. 4. Es muß ausdauernd im Spiel sein. 5. Es muß auch mal einen Knuff vertragen können. Diese Eigenschaften finden wir vornehmlich bei größeren Hunden und bei nervenfesten. Sie sind gutmütig, kaum Angstbeißer, voller Würde und sich ihrer Kraft durchaus bewußt. Sie haben einen angeborenen Beschützerinstinkt (Wach- und Hütehunde), sind von Natur aus ruhig, lassen sich auch durch plötzliche Bewegungen nicht erschrecken. Sie sind robust und nicht wehleidig und werden deshalb auf auch einen schmerzhaften Knuff nicht gleich aggressiv reagieren (ich verallgemeinere bewußt). Sie haben zwei Nachteile: Sie brauchen viel Platz und sind keine Etagenhunde, und man kann sie, außer sie sind besonders gut erzogen, nicht mit den Kindern allein spazierengehen lassen. Wie oft erlebe ich in Münchens Englischem Garten (genausoviel Kinder wie Hunde), daß ein Achtjähriger oder ein zehnjähriges Mädchen von ihrem Hasso, Tobias oder Prinz quer über Wiesen und Wege gezerrt wird, weil eine Spur so gut riecht, ein Todfeind oder Liebfreund gesichtet wurde. Denn große Hunde sind stark und können manchmal kaum von einem Erwachsenen gehalten werden. Dafür brauchen sich Eltern um ihre Kinder, die mit großen, gut erzogenen Hunden spazierengehen, nicht zu sorgen, daß freundliche fremde Onkels ihnen zu nahe treten. Es ist erstaunlich, wie sich gerade solche Typen vor Hunden fürchten. Kinder dagegen haben von sich aus vor Hunden keine Angst, es sei denn, eine dumme Mutter oder ein sonst pädagogisch Unbegabter erzählt ihnen häufig genug, daß die Hunde sie beißen, wenn sie nicht artig sind.

Man sollte einem Kind den ernstlichen Wunsch nach einem Hund erfüllen, besonders wenn es ein Einzelkind ist und die äußeren Umstände gegeben

sind. Unter ›äußere Umstände‹ verstehe ich: keine berufstätige Mutter, eine Wohnung, die groß genug ist, und die Möglichkeit zum regelmäßigen Spazierengehen. Besitzer von Häusern mit Garten können ihrem Kind eigentlich nur aus Egoismus den Wunsch abschlagen.
Nachstehend eine Auswahl von Hunderassen, die sich kleinen Kindern besonders gut anpassen:
Beagle, Bernhardiner, Boxer, Bobtail, Collie, Sheltie, Chow Chow, Englische Bulldogge, Foxterrier, Landseer, Neufundländer, Schweizer Sennenhunde (Appenzeller, Entlebucher und Berner), Ungarische Hirtenhunde (Kuvasz, Komondor und Puli).

Wie steht es mit der Toxoplasmose?

1946 hat Professor Bamatter von der Genfer Universitätsklinik zum ersten Mal diese Krankheit beschrieben, an der Kinder während der Schwangerschaft absterben oder mit Hirnschäden geboren werden können. Verursacht wird sie durch einen Einzeller, der, wie man bisher annahm, vornehmlich durch Hund und Katze übertragen wird. Neueste Untersuchungen haben den Hund als Überträger ausgeschieden. An der tierärztlichen Fakultät der Freien Universität Berlin wurde 1971 experimentell festgestellt (*Dr. Weiland, Dr. Kühn und Dr. Saar*), daß Hunde auch nach künstlicher Infektion weder über Tränen, Nasensekret, Speichel, Harn oder Kot Erreger ausscheiden, genausowenig wenn sie infizierte Versuchsmäuse gefressen haben. Hunde erkranken außerdem nicht an Toxoplasmose. Alle Sensationsmeldungen über Infektionsgefahr durch den Hund stimmen nicht. Es ist also kein Risiko, während der Schwangerschaft einen Hund zu halten.

Warum man sich einen Hund hält

Eine qualitative Untersuchung, die die ›Interessengemeinschaft Deutscher Hundehalter‹ im Oktober und November 1971 in der Bundesrepublik durchführen ließ, zeigt die Motive auf, die nach Volkes Meinung für die Haltung von Hunden ausschlaggebend sind. Die Fülle der Meinungen gibt ein etwas bizarr umrissenes Bild des deutschen Hundeherrchens, Angehöriger eines Volkes, von dem 77 Prozent das Quälen eines Tieres für ein strafwürdigeres Verbrechen hält als das Schlagen eines Kindes (59 Prozent) und das sich selbst zu 81 Prozent als tierlieb einstuft.
Man hält sich einen Hund aus Tierliebe und Interesse an der Natur, aus Ängstlichkeit, Sicherheitsbedürfnis und weil man sein Eigentum schützen will, aus Angst vor dem Alleinsein, aus Liebhaberei, als Hobby und weil man gern dressiert, als Statussymbol und der Mode wegen, als Ersatz für Kinder,

als Spielzeug für Kinder und Hilfsmittel bei der Kindererziehung, aus Autoritätsbedürfnis und der Möglichkeit, Befehle zu geben, aus gesundheitlichen Gründen, weil man spazierengehen und schlank werden (bleiben) muß, zur Beseitigung von Kontaktschwierigkeiten, um eine Ausrede (Gassigehen) zu haben, abends noch ein Bier zu trinken, aus Tradition, weil schon immer Hunde in der Familie gehalten wurden, um Familienglück zu zeigen: lachende Kinder – tobende Hunde. Hier sieht man, daß Klischees der Werbung zu realen Leitbildern werden.

Alle diese Schilderungen und Meinungen stammen von Nichthundehaltern. Ihre Erfahrung schöpfen sie nach eigenen Angaben aus Bekanntschaften mit Hundehaltern, Beobachtungen von Nachbarn oder auf der Straße. Manchmal auch aus dem Fernsehen, aus Lektüre von Illustrierten oder aus eigener Vorstellung.

Faßt man bei diesen spontan geäußerten Meinungen nach, so ergibt sich ein noch erschreckenderer Mischmasch aus Klischees, Wunschdenken, Emotionen und praktischer Sachlichkeit. Es kann einem um der Hunde willen leid tun, wenn aus dieser Menschengruppe neue Hundehalter kommen, ohne daß sich ihre Motivationen, einen Hund anzuschaffen, ändern. Hunde werden heute wie Kinder behandelt. Tierhaltung wird Mode, besonders bei Linken und Studenten. Hundehalter haben keine Eigenschaften, die Nichthundehalter nicht auch haben. Stadthunde werden meist aus Egoismus gehalten. Hunde machen Dreck und kosten Geld. Hundehalter vernachlässigen wegen der Hunde ihre Kinder. Halter von Schäferhunden sind Faschisten. Jagd, Country Look, Elitehund: Das ist das feine Leben. Wenn man diese Gedanken auch nicht katalogisieren kann, um aus ihnen den deutschen ›Herrn Hund‹ zu konstruieren, so werden die Vorstellungen von Hundehaltern, die eine Rasse bevorzugen, um so deutlicher. Doch auch hier werden die Eigenschaften, die als typisch für die Halter bestimmter Rassen angesehen werden, grob verallgemeinert, sie können sich sogar aus Modeströmungen heraus zu Stereotypen entwickeln, die sich über Jahrzehnte halten.

Feste Assoziation: Pudel = Prostituierte

So wie sich seit Hitlers Zeiten und seiner Vorliebe für Schäferhunde die Verknüpfung Schäferhund–Nazi hält, so hat die Dame Nitribitt die Pudel in der Meinung des Volkes zu Prostituiertenhunden gemacht. Obwohl er in den sechziger Jahren der Modehund war und mit Prestigebedürfnis, Neureichtum und Wohlstand assoziiert wird, ordnen ihn immer noch eine große Anzahl der Befragten (2. Stelle nach ›Prestigebedürfnis‹) dem ›Milieu‹ zu. Oder kommt es daher, daß die Kokottenhunde immer Modehunde sind? In der Zeitschrift ›Der Querschnitt‹ erschien im Oktober 1927 ein kleines Essay über

diese Art Hunde, das ich zitiere, weil es noch immer stimmt und zugleich das Phänomen des Modehundes beleuchtet: ›Eine richtige Kokotte darf kein Herz haben, und danach reguliert sich auch ihre Einstellung zum Hund. Noch vor wenigen Jahren wäre es für eine Dame unmöglich gewesen, einen großen Windhund zu haben: Sein nur dekorativer Zweck machte ihn zum gegebenen Aushängeschild für die grande Cocotte, die Kleid und Hut nach ihm abstimmte. Vor ihm waren es die ganz winzigen Rehpinscher, die favorisiert wurden und, im Ridicule (= *Muff*) getragen, eine wirkliche Dame kompromittiert hätten. Heute gibt es kaum mehr eine speziell favorisierte Rasse. Man liest zuviel über Modehunde und richtet sich danach, führt den Hund, den die Mode gerade verlangt, wechselt ihn, wenn er nicht zum Kleid paßt, wie man einen Hut wechselt. Eine Zeitlang waren es die Pekinesen, die aber in den letzten Jahren in die Sphären der Gesellschaft und ins Boudoir der Diva von Film und Operette anvanciert sind.
Natürlich verbindet auch ein besonderer Konnex den Hund mit den Freunden des Hauses, soweit sie selbst stabil sind und die Herrin samt Hund näher kennenlernen. Männer haben ja immer mehr Interesse für Hunde als gerade die Lebedame. Da der Hund in seinem Milieu charakterlos geworden ist, sympathisiert er natürlich immer am meisten mit dem Herrchen, das ihm am meisten mitbringt, mit seinem Frauchen darin wetteifernd. Seinen Geruchssinn verliert der Kokottenhund ganz und gar, der, zum parfümierten Sofakissen degradiert, schlecht angezogene Leute anknurrt und nur sehr selten seine Besitzerin verteidigt, wenn ihr irgendwelche Angriffe drohen.
Nur eine Ausnahme bilden Findlinge. Meist mit dem Verblassen der Jugend bekommt die Kokotte, ob groß, ob klein, Einsamkeits- und Sehnsuchtskomplexe, dann klaubt sie sich irgendwo einen Bastard auf, päppelt ihn auf und konzentriert auf ihn ihr armseliges Familienleben, allerdings hinter der Fassade, hinter die sie sich mit ihrem Pudel-Mops-Pinscher zurückzieht, um dem dekorativen Zwang ihres Berufes einmal auf Minuten zu entgehen, um auf ihre primitive Art sie selbst zu sein.‹

Dackel und Boxer — am positivsten beurteilt

Die Nichthundler sind sich darüber einig, daß 1. Hundehalter ihrer Rasse oft ähnlich sehen, 2. Leute sich Hunde aussuchen, die zu ihrem Typ passen (griesgrämige, phlegmatische, sportliche), 3. Hundehalter den Charakter des Hundes durch ihr Wesen beeinflussen, 4. Besitzer von Hunden, die viel kläffen, unangenehme Charaktereigenschaften haben.
Am besten kommen in der Rassenbeurteilung die Boxer-Herrchen weg: sie sind sportlich und energiegeladen, haben ein gutes Familienleben und immer Kinder. An zweiter Stelle der mehr positiven Zuschreibung stehen die Dackel-

Besitzer: es sind behäbige, gemütliche, gutbürgerliche Leute mit Herz, die gern Bier trinken, mehr Ältere als mit Kindern, tolerant, mit Ruhe und Geduld. Der obligate Oberförster gehört hierher wie das Mütterchen mit selbstgestricktem (grasgrünem) Dackelmäntelchen.

Der Collie wird ganz vom Lassie-Klischee beeinflußt. Man stellt ihn sich nur zusammen mit Kindern vor. Seine elegante Erscheinung überträgt sich auch auf die Besitzer. Er wird — weit entfernt von seiner Hütehund-Herkunft — reichen Leuten zugeordnet. Ebenfalls reich sind in Lieschen Hundemüllers Vorstellung Windhund-Frauchen. Sie sind exaltiert, sportlich, rassig, dem Schönen zugewandt. Das gilt vor allem für Afghanen, wie sich heute überhaupt ein Trend zur Langhaarigkeit erkennen läßt. Betrachtet man Bilder von Afghanen, Skye Terriern, Scotties oder Collies aus der Zeit vor 40 oder 50 Jahren, so waren sie alle damals erheblich kurzhaariger als heute. Das lange, dichte Fell hat in der Hundezucht die Funktion wie der Chrom bei den Autos: mehr schmückend als schützend.

Afghanen werden aber auch der Gruppe der ›Luxushunde‹ zugeordnet, deren Besitzer nicht gut wegkommen. Sie gelten als prestigesüchtig, materialistisch, als Snobs mit Potenzschwierigkeiten, Mannequins, Anbandler, Künstlertypen, kurz als Angehörige jener Klassen, die mit einer Mischung aus Neid, Abwertung und Wunschbild betrachtet werden. Es sind die Leute, die Windspiele, Afghanen, Pekinesen, Dalmatiner, Irische Setter und Bassets besitzen.

Beim Deutschen Schäferhund kommt es auf den rechten Blickwinkel an. Entweder gelten ihre Besitzer als kernig, gesund, naturverbunden und nationalbewußt oder als Militaristen, der NPD nahestehend, autoritär, mit kurzem Haarschnitt, Neigung zum Drill, komplexbeladen und mit Peitsche. Daneben taucht stark die Komponente Schutz und Sicherheit auf. Sie spielt auch bei Doggen die Hauptrolle, die zusätzlich aber auch extravaganten Frauen zugeordnet werden und als Manifestation von Reichtum und Besitzerstolz gelten. Das dekorative Element tritt dagegen beim Bernhardiner ganz in den Hintergrund. Hier macht sich die Barry-Legende immer noch bemerkbar. Er wird mit Hilfsbedürfnis, Schutzsuche, Tier- und Naturliebe assoziiert.

Erstaunlicherweise sind Jagdhunde überhaupt nicht mit deutschem Wald, Hermann Löns und anderen romantischen Vorstellungen verbunden, sie werden sachlich und praktisch ihrer Aufgabe der Jagd zugeschrieben. Ihre Besitzer gelten nur als sportlich. Ein ausgesprochen schlechtes Image hat der Spitz. Er gilt als der Hund alter Frauen (als ›Weiber‹ tituliert), kleinkarierter Leute, die aggressiv, zänkisch und böse sind. Er wird aber auch noch einsamen, sensiblen Männern zugeordnet.

Grundsätzliche Typisierungen gibt es für Besitzer von großen und kleinen Hunden. Groß = Schutz, Repräsentation, Haste-was-biste-was; klein = alt, Dame, Tantentyp.

Was ist das: ein Modehund?

Es muß nicht unbedingt die Rasse mit der größten Schnauzenzahl sein. Sie wird nach den gleichen unerfindlichen Gesetzen hochgespielt wie die Mode selbst. Das war schon früher so.

In den Tagen Ludwigs XVI. gab es fast soviel Pudel wie in unseren sechziger Jahren, in denen er zum Wohlstand gehörte wie Auslandsreise und Auto. So wie einst Pudelchen auf Schnupftabakdosen erschienen, in Goldbronze gegossene Uhren stützten, als Meißner Porzellan Kaminsimse zierten und im Directoire als Zuckerstreuer aus napoleonischem Silber fungierten, in gläsernen Paperweights Männchen machten und als süße Nippes aus den Manufakturen von Rockingham mit Blumenkörbchen und Fußkissen in die Wohnungen wanderten, so gab es sie in den sechziger Jahren unseres Jahrhunderts als Stofftier, in Porzellan, als Taschentuch- oder Kissenaufdruck, als Maskottchen oder Spezialkalender. Und selbst die Jahrmarkt-Steingutpudel, Nachahmungen der viktorianischen Staffordshire-Fayencen, erzielen seitdem Liebhaberpreise, obwohl sie vorher in den Regalen der Trödler verstaubten. Aber da waren die Pudel ja fast ausgestorben. Die vielen Pudelfrisiersalons, die man heute in jeder Stadt findet, hatten nur Anfang des 19. Jahrhunderts ihresgleichen, als in Paris allenthalben entlang der Seine Pudelschererinnen ihre Stände aufgeschlagen hatten.

Der Stolz, ein Modehund zu sein, überdauert meist nur wenige Jahre, nie eine ganze Generation.

Zitat aus der Mitte des vorigen Jahrhunderts: *›Alles hat seine Mode, so auch die Hunde. Jetzt sind es die King Charles, glänzend schwarz, aufgerecktes Stumpfnäschen, lang herabhängende Ohren. Man zahlt Extraschönheiten dieser Rasse in England mit 60 bis 80 Pfund Sterling. Seit zwei Jahrhunderten folgten die Hundemoden also aufeinander: Die spanischen Burgoskläffer (Zwergspaniels) unter Ludwig XIV., die Wolfshunde unter dem Regenten (= Herzog Philipp von Orléans), die Löwenhündchen der Marquise Pompadour, die Möpse der Gräfin Dubarry, die dänischen Hunde (= Doggen) des Herzogs von Lauzun, die Bullbeißer im Jahre 93, die Carlins (= Möpse) im Jahre 7 der Republik und die Pinscher von 1804. Während des Direktoriums spielten dann die Pudel ihre große Rolle. Es ist nicht nötig hinzuzufügen, daß das, was in Frankreich Mode war, es bald überall wurde.‹*

Bei den Hunden gab Frankreich seine Vorherrschaft gegen Ende des vorigen Jahrhunderts an England ab. Hier ein Zitat aus dieser Zeit: *Zu den Seltsamkeiten der vornehmen Gesellschaft Englands gehört es unter anderem, daß dort in jeder Saison eine andere Hundegattung als fashionable gilt. Im vorigen Jahr waren die irischen und schottischen Jagdhunde an der Reihe, diesmal sollen die norwegischen Hunde auf den Schild gehoben werden. Nur solche*

Um die Jahrhundertwende verspottete ›Münchner Bilderbogen‹-Maler Adolf Oberländer die Hundemoden. Da gab es alles: vom Reisekostüm für Möpse über den Jagdanzug für Vorstehhunde bis zum Traueranzug für Rehpinscher.

Hunde darf derjenige oder diejenige, die sich den Gesetzen des guten Tones fügen, mit sich führen, – bis auf weiteres, nämlich bis auch Norwegen abgetan ist. Die Königin Viktoria hat übrigens den Ausschlag für Norwegen gegeben, indem sie zwei Hunde der besagten Gattung zum Geschenk annahm.‹

Es ging munter weiter quer durch die Rassen. Um 1900 wurden in England für Collies bis 100 Goldpfund gezahlt, der Hund der feinen Damen war der Zwergspitz (= Pomeranian) oder der Pekinese, der bei uns Mitte der zwanziger Jahre en vogue war, als Klabunds Litaipe-Übersetzungen auf den Couchtischen lagen. In USA war der English Setter Trumpf, und in der Schweiz und in Deutschland schwärmte man für den Bernhardiner, der durch wilde Züchtungen (bekam man doch 2000 Franken für ein Exemplar) fast zugrunde gerichtet wurde. Wenig später war es der Leonberger, und wer einen Bernhardiner hatte, schämte sich und taufte ihn in Leonberger um.

Zur gleichen Zeit finden wir fast in jeder Nummer der ›Fliegenden Blätter‹ einen (negativen) Mops- und einen (positiven) Dackelwitz.

Die zwanziger Jahre standen unter dem Zeichen der Terrier. Mit den Rauhhaarfoxeln fing es an, es kamen die Airedales und Scotties dazu. In USA spielte in fast jedem Es-darf-gelacht-werden-Film ein Boston Terrier mit und als Bonzo war er Hauptfigur eines US-Karikaturisten, dessen Zeichnungen im Scherl-Magazin auch bei uns erschienen. Sie wurden übertroffen vom West Highland White Terrier (der Weiße bei Black & White-Whisky), dessen Sternstunde 1927 schlug. Hier ein Zitat: *Es hat eine Revolution gegeben und seine Hunde-Majestät (= Pekinese) mußte zugunsten einer intelligenteren Herrschaft, des klugen West Highland White und des eigenartigen Papillon abtreten. Dieser große Wandel mußte kommen, denn jedermann weiß, daß Frauen von jeher von Zeit zu Zeit ihren Geschmack geändert haben. Einen tatsächlichen Grund für den Sturz der Pekinesenherrschaft gibt es gar nicht, wenn man das nicht als Grund ansieht, daß die extravagante und supermoderne Frau glaubt, sie müsse ihr Hundespielzeug wechseln wie ihre Hüte und Kleider, ihren Lieblingsautor, ihren Bühnenschriftsteller und die Farben in ihrem Heim. Daher sieht man heute den kühnen, kleinen West Highland White an einer fadendünnen Leine oder auf dem Arm. Vielleicht wird er aber in wenigen Monaten schon verdrängt sein? Vielleicht von dem rauhhaarigen Dachshund, einer Rasse, die sich gerade in die Gunst mancher Kreise einzuschmeicheln scheint.*

Er wurde es nicht. Die Foxterrier blieben, die Cocker Spaniels kamen und hielten sich, als *American Cocker Spaniel* (neue Rasse mit kürzerem Fang und längerem Haar, vor allem an den Läufen – bei einem gut gepflegten Exemplar kann man vor lauter Haar keine Beine mehr sehen) am längsten von allen Hunden auf der Hit-Liste der Mode, nämlich von 1936 bis 1952.

Auch in Deutschland dominierten die Terrier, die Dackel schoben sich auf Platz zwei, und die Schäferhunde behaupteten den dritten. Zur Nazizeit wurden sie der deutsche Hund schlechthin, weil der Führer sie liebte und sich ständig mit ihnen fotografieren ließ. *Kabarett-Text von Martin Morlock über Adolf Hitler: Liebe als Funktion in waagerechter Lage wird von ihm nicht ungern ausgeübt. Als Empfindung aber tritt sie nur zutage, wenn sein Wolfshund ihm die Pfote gibt.* Schäferhund = Wolf = Wotans Tier.

Aber auch Amerika begann den Schäferhund zu schätzen, den man weiterhin, um sich vom Nazideutschland zu distanzieren und wie man es im Ersten Weltkrieg schon praktiziert hatte, *Alsatian* nannte. Einem ähnlichen nationalen Schwachsinn wurden im Krieg die Dackel in England ausgesetzt. Man schimpfte sie in Zeitungskampagnen als *bösartige, feige, verräterische deutsche Wursthunde, die sich der tapferen englischen Bulldogge entgegenzustellen wagten*, hetzte sie, trat sie, verfolgte sie und hielt ihre Halter für unpatriotische Deutschenfreunde. Man sieht: Hund und Emotionen gehören immer zusammen! In den USA galten die Dackel lange Zeit als Sinnbild deutscher Arroganz, jetzt werden sie immer beliebter. Die GI's haben sie in Deutschland kennengelernt, sie erwiesen sich als praktische Auto- und brauchbare Kinderhunde. Favorit: der kurzhaarige schwarze Dackel.

1960 begann in der ganzen Welt der Boom auf den Pudel, der auch heute noch Top-Hund in den USA ist, bei uns aber nicht mehr zu den ›in‹-Hunden gehört. Er ist so zahlreich vertreten, daß er als Modehund nicht mehr interessant erscheint.

Auch totalitäre Staaten haben ihre Modehunde. Während ich vor 12 Jahren weder in Leningrad noch in Moskau auch nur einen einzigen Hund zu Gesicht bekam, hat sich inzwischen in Sowjetrußland die Zucht vom reinen Gebrauchshund auf dem Land zum Dekorationshund in der Stadt entwickelt. Auf Hundeausstellungen in Leningrad, bei denen zum Beispiel 1959 nur 25 Hunde gezeigt wurden, sind es 1970 schon 420 geworden. In der Stadt selbst werden nach der Hundezählung vom Dezember 1969 2237 Dekorativ-Hunde gehalten. Die beliebtesten Rassen sind auch hier Pudel, Zwergpinscher, Spitze, Pekinesen, Scotch Terrier, Japan Chins, Bologneser und Skye Terrier.

Modehund zu werden, bedarf es oft nur eines äußeren Anlasses. Seitdem die Königin von England Corgis hält, steigt deren Zahl. Nach Disneys Film ›101 Dalmatiner‹ kamen die Schwarzgefleckten in Mode, Lassie-Sendungen im Fernsehen machten den Collie populär, Bobtails und Bassets wurden durch Anzeigen-Kampagnen bekannt, und die Yorkshire Terrier haben die Fotomodelle auf dem Gewissen. Denn es ist für viele Hunde-Individuen im einzelnen und für eine Rasse im ganzen schrecklich, Modehund zu sein.

Zwischenbemerkung über Bassets

Daran, daß der Bassethound zum Modehund wurde, habe ich mich mitschuldig gemacht. Wie so etwas passieren kann und was dann passiert, möchte ich hier als Modellfall schildern.

Der Basset war lange Zeit mein Traumhund. Ich hatte ihn bei Frau Mitzel Droemont in Bad Godesberg kennengelernt, die damals schon Bassets züchtete (als einzige in Deutschland) und viel verspottet wurde. Denn ein Basset sieht nicht so aus, wie sich der Null-acht-fünfzehn-Bürger einen Hund erträumt.

Dann erfand ich für die Schweizer Frauenzeitschrift Annabelle die Figur des ›Hieronymus Basset‹, die der Zeichner Sepp Arnemann ins Bild setzte, und ich betrachtete jahrelang in einer Kolumne menschliche Probleme aus der Basset-Hound-Perspektive.

Inzwischen hatte ich mir meinen Sir Henry bei Frau Droemont gekauft, er war einer der ersten Bassets in München, und ich beschrieb meine Erfahrungen im STERN so: *Ein Basset ist ein seltener Hund. Unter Deutschlands rund 2,3 Millionen Rassehunden dürfte es höchstens ein Schock (= fünfmal ein Dutzend) geben. Darum versetzt er auch vielen Menschen einen Schock, denn ein Basset sieht nicht gerade wie ein Hund von deutschem Schrot und Korn aus. Stellen Sie sich einen superlangen, überdimensionierten Dackel mit Säbelschwanz, Riesenpfoten und bodenlangen Schlappohren vor, in den Kaiserfarben Schwarz—Weiß—Rot und mit jenem lässig schlenkernden Gang, der Vorgesetzten seit je ein Dorn im Auge ist. Dazu einen ungemein faltigen Kopf mit meist müden, unoptimistischen Augen, das krasse Gegenteil eines wackeren Schäferhundes. Wenn es die Bassets nicht schon gäbe, Walt Disney könnte sie erfunden haben.*

Seitdem ich mit diesem Hund spazierengehe, verstehe ich die Außenseiter-Situation der Hippies, der kühnen Minirock-Trägerinnen, der Langhaarigen und der Wildbärtigen. Was hierzulande nicht dem unauffälligen Spießerdurchschnitt entspricht, wird begafft, verspottet und beschimpft.

Man wird stark mit einem solchen Hund. Man lacht über den Kommentar: ›Ein Bernhardiner, der beim Waschen eingelaufen ist‹, man lächelt über ›Auch Bastarde sind liebe Hunde‹, wenn die Erklärung Basset mit Bastard verwechselt wird, und man läßt hochnäsige Pudelherren, die Achthundert-Mark-apricotfarbene-Winzigkeit an der grasgrünen Leine führend und verächtlich lächelnd fragen: ›Haben Sie den selber gekreuzt?‹ prestigeerschüttert erblassen mit der Antwort: ›Nein, aus England eingeflogen!‹ Und man ist glücklich, wenn einer Porky ruft oder Hush Puppie, denn Lassies Begleiter ist auch ein Basset, und ein Basset ist das Markenzeichen für die bequemen Schuhe. Wenn aber ein Hundekenner oder ein Besitzer einer ebenso seltenen

Rasse stehenbleibt und man miteinander sachverständig plaudert, dann sind das Stern-Stunden, Hundssternstunden!

So schrieb ich damals, und dann kam mein Bassetbuch heraus, und ich nahm mir als Signet für meine Kochsendung im Fernsehen einen Bassetkopf auf meine Schürze. Und es gab immer mehr Bassets, und es mehrten sich bald die Anzeigen in den Zeitungen, daß 9 Monate alte oder einjährige Bassets in liebe Hände abzugeben seien. Denn Bassets eignen sich nun einmal gar nicht zum Modehund. Sie sind kein Spielzeug. Es sind starke, eigenwillige Hunde, die überhaupt nicht leicht zu halten sind. Durch falsche Presseveröffentlichungen ›Ich bin der Hund der feinen Leute!‹, durch falsche Preisangaben (in Jasmin kostete er gar 3000,– DM), durch Arndt von Bohlen und Halbach wurde er ›in‹, und man glaubte, sein Prestige und seine Kreditwürdigkeit durch einen solchen Hund zu heben. Nachfrage erzeugt Angebot. Da diese Hunde wegen ihrer breiten Schultern, die sie schon bei der Geburt haben, schwer zu züchten sind, wurden sie aus England importiert, schlechte Tiere, denn Englands Bassetzucht ist fast nur noch kommerziell (und das ist nie gut), die schlecht ernährt wurden, denn sie sollten ja Gewinn bringen. Und gerade ein Basset braucht viel gutes Futter, um sich richtig zu entfalten.

Frau Margerita Krasemann-Birks, deren Zwinger ›Northington‹ wohl zur Zeit die besten Basset-Hounds besitzt und hervorbringt, glaubt, daß der Basset viel zu stark ist, um sich durch eine Mode kaputtmachen zu lassen. Daß gute Züchter sorgfältig sieben sollen, ehe sie einen Hund abgeben, und daß die Schwierigkeit, einen Basset zu halten, die Massenproduktion bald im Sand verlaufen läßt. Das beste Mittel aber wäre, wenn einige Idealisten gute Hunde für 200 DM verkaufen würden. Dann ist es für alle Modesnobs uninteressant, einen Basset zu haben.

Deutschland – deine liebsten Hunde

Schaut man sich die Zahlen der Zuchtbucheintragungen an, steht der Schäferhund mit 400 000 Schnauzen an erster Stelle, der Dackel mit 260 000 folgt ihm. Das sind die Zahlen des Verbandes für das Deutsche Hundewesen. Da sehr viele Dackel durch den Tierhandel geliefert werden und da Gergweis sehr stark ist, sieht die echte Zahl den Dackel als Deuschlands Hund Nummer eins mit 20 Prozent an der Spitze. Es war also schon recht, statt eines Schäferhundes einen Dackel zum Olympiasymbol zu machen, obwohl er nicht so sportlich ist. Der Schäferhund behält den zweiten Platz, 3. kommen die Pudel in verschiedenen Größen und Farben, zusammen etwa 230 000, 4. der Boxer (etwa 180 000), 5. Schnauzer und Pinscher streiten sich mit den Spaniels um den nächsten Platz (etwa vier bis fünf Prozent), 6. die Terrier mit ihren rund 30 Rassen, von denen bei uns etwa 20 vorkommen, vom hochbeinigen

Airedale bis zum kurzläufigen Sealyham, vom winzigen Yorkshire bis zum biederen deutschen Jagdterrier. Der Bullterrier führt soviel Blut von doggenartigen Hunden, daß er eigentlich nicht hierher gehört – und einen eigenen Club hat er auch, 7. Collie und Sheltie (das ist die Klein-Ausgabe), 8. Spitze aller Größen und Farben, 9. Windhunde mit ihren wichtigsten 6 Rassen (= Barsoi, Afghane, Saluki, Greyhound, Whippet und Windspiel), 10. Deutsche Doggen (das sind etwa 50 000). Von den weiteren Rassen möchte ich die nennen, die zur Zeit im Interesse stehen: Möpse (Großvaterlook ist gefragt), Bernhardiner (seine Größe prägt das Image), tibetische Hunde (Ferner Osten ist so fein und geheimnisvoll), Rottweiler und Dobermann (starke, naturscharfe Hunde gegen Unsicherheit auf unseren Straßen und in unseren Nächten) und die schon genannten Bassets und Yorkshire Terrier.

Hunde als Souvenir

Noch ein Wort zu einer neuen Unsitte. Es ist besonders chic geworden – nachdem wir wie die Wanderratten die Welt durchstreifen –, sich von irgendwoher einen Hund mitzubringen. Einen Ibicengo aus Ibiza (windhundartig, gelbrot, mit großen Stehohren), einen Surveyor aus Uganda (schäferhundartiger Jagdhund aus Afrika), einen Basenji aus dem Sudan (stehohriger, ringelschwänziger, nicht bellender, foxterriergroßer Stöberhund) oder einen finnischen Spitz oder einen Spartiaten aus Griechenland, einen weißhaarigen Hirten- und Wachhund. Man trifft immer mehr solche seltenen Tiere (bei uns rar), und sie sind oft aus Mitleid mitgeschleppt worden, weil in vielen Ländern kein Schlaraffenland für Hunde ist. Zumindest nicht das, was sich der normale tierliebe Bürger unter Schlaraffenland vorstellt.
Frage: Ist ein Pariahund, ein herrenloser Kämpfer um das tägliche Überleben oder ein zwar spartanisch gehaltener, aber arbeiten dürfender, freier Hund in seiner Heimat nicht glücklicher als bei uns? In einer Großstadt mit ungewohntem Lärm, ungewohnten Dingen, fremder Sprache? Überlegen Sie es sich ganz genau, ehe Sie so einen Hund mitbringen! Seien Sie mit ihm – wenn es schon sein muß – sehr geduldig. Das Fressen ist anders, er braucht sich seine Nahrung nicht mehr zu nehmen (ein Hund stiehlt nie!), er muß sich an eine andere Sprachmelodie, an andere Bewegungen, an andere Gerüche, an einen anderen Tageslauf gewöhnen. Versetzen Sie sich einmal zu den Bambuti-Pygmäen oder zu den Eskimos, und überlegen Sie nur einmal 5 Minuten lang, ob Sie sich dort eingewöhnen könnten?

Bevor die Bassets Mode wurden: Kolumnen-Figur ›Hieronymus Basset‹ in einer Frauenzeitschrift, gezeichnet von Sepp Arnemann.

Hundekaufspiegel

Kleine Gebrauchsanweisung: Mit Absicht habe ich die Rassenübersicht im Stil der Autozeitschriften gehalten. Ich beschreibe die Hunde so wie jenes Ding, das uns allen wichtig ist, und um das sich ein großer Teil unseres Lebens dreht, und mit dem wir uns wirklich beschäftigen. Die Tatsachen über die einzelnen Rassen sind aus Gesprächen mit Züchtern und nach Korrespondenz mit Zuchtverbänden ermittelt. Das Image ist bewußt angegeben, man muß es nicht ernst nehmen. Zur Rubrik Wirtschaftlichkeit sind für Steuer, Arzt, Haftpflicht und Apotheke im Jahr etwa 150.– bis 200.– DM hinzuzuzählen. Bei den Futterkosten kommt es sehr auf Ihre Einkaufsquellen an. Ich habe das Mittel errechnet und ich bin davon ausgegangen, daß man dem Hund sein Futter gibt und ihn nicht von Essensresten ernährt. Zur Zuverlässigkeit ist zu sagen, daß es keinen Hund gibt, der nicht auf Wildfährten reagiert (es sei denn, er ist total degeneriert). Es gibt aber Rassen, die besonders gerne jagen, und andere, denen es nicht so viel Spaß macht. Die Jahresproduktion bedeutet die Zahl der Eintragungen in Zuchtbücher, wobei ich mich hauptsächlich auf die Angaben des VDH stütze. Die Preise sind ebenfalls geschätzt. Sie richten sich nach Angebot und Nachfrage, nach Alter des Hundes und nach seiner Qualität. Ein vielfach prämierter Zuchtrüde kostet ein Vielfaches, falls er überhaupt verkäuflich ist. Auf jeden Fall müssen Sie daran denken: Hunde sind Individualisten. Deshalb kann der hier beschriebene Rasse-Charakter nur verallgemeinernd sein.
Verstehen Sie den Kaufspiegel als eine erste Hilfe im Rassendschungel.

Die ganze Dackelei vom Rauhhaar über Glatt- und Langhaar sowie die drei als Zwerge.
Deutsche Schäferhunde sind immer aufmerksam und allzeit bereit.

Name	**Teckel, auch Dackel oder Dachshund**
Preis	Zwischen 150.— und 250.— DM.
Wirtschaftlichkeit	Pro Tag etwa 1.— DM.
Wartung	Pflegeleicht, Langhaar etwas schwieriger.
Karosserie	Langgestreckt und niedrig, aus guten Zuchten kräftig, sonst häufig mickrig. Manchmal gegen Schäden (Dackellähme) anfällig. Als Kurzhaar selten, Langhaar häufigst und Rauhaar.
Kraft	Auch von Oma zu bewältigen.
Handlichkeit	Bei konsequenter Erziehung einfacher, als man ihm nachsagt (Dackel-Dickkopf).
Zuverlässigkeit	Besserer Jagdhund als Wächter. An Wildfährten sehr interessiert.
Eigenschaften	Seelisch empfindlich, wird leicht Familientyrann. Leider gibt es heute viele pomadige, ängstliche und winzige Dackel. Vor allem der Langhaartyp wurde zum Schoßhund degradiert. Der gute Teckel alter Art ist ein harter, quicklebendiger Hund.
Image	Romantisch, gemütlich, konservativ.
Jahresproduktion	Etwa 40000 (50% Langhaar, 40% Rauhhaar).
Ursprungsland	Deutschland.
Auskunft bei	Deutscher Teckelklub, 41 Duisburg, Prinzenstr. 38.

Name	**Deutscher Schäferhund**
Preis	Von 200.— bis 500.— DM.
Wirtschaftlichkeit	Pro Tag zwischen 2.— und 3.— DM. Unbedingt Haftpflicht!
Wartung	Keine besondere. Braucht Arbeit auf Übungsplatz.
Karosserie	Leicht langgestreckt, kräftig und gut bemuskelt, Haarkleid wetterfest.
Kraft	Beachtlich, deshalb kein Frauenhund.
Handlichkeit	Bei konsequenter Erziehung gut.
Zuverlässigkeit	Außerordentlich gute Wachhundeigenschaften, nicht unbeaufsichtigt in Wildgebieten, neigt zum reißenden Wilderer.
Eigenschaften	Körperlich robust, seelisch sensibel. Gern Umgang mit Menschen. Bei falscher Erziehung Vorsicht anderen Hunden gegenüber, auch kleineren. Will beschäftigt werden (Mitgliedschaft in Verein erwünscht), braucht viel Bewegung.

Ein Pudel-Paar in Weiß und Silbergrau, modisch frisiert und richtig lieb.

Image	Sportlich, deutsch, Diensthund.
Jahresproduktion	Etwa 30 000.
Ursprungsland	Deutschland.
Auskunft bei	Verein für Deutsche Schäferhunde, 89 Augsburg 17, Postfach 63.

Name	**Pudel**
Preis	Zwischen 200.– und 500.– DM, für Sonderfarben entsprechend mehr.
Wirtschaftlichkeit	Pro Tag zwischen 1.– und 2.– DM. Dazu Friseurkosten von etwa 200.– DM pro Jahr.
Wartung	Kein Haarwechsel, dafür regelmäßige Schur.
Karosserie	Vom Zwergmodell bis zum Großpudel. Kastenform. Durch verschiedene Schur unterschiedliches Erscheinungsbild. Farbskala Schwarz, Weiß, Braun und Sondertönungen.
Kraft	Auch die kleinen Modelle entwickeln hohe Geschwindigkeiten, sehr lebhaft. In Miniausgaben echter Damenhund.
Handlichkeit	Sehr leicht zu erziehen, intelligent.
Zuverlässigkeit	Guter Wachhund, an Wildfährten nicht übermäßig interessiert. Zwergpudel können reine Nervenbündel sein. Durch Überzüchtung (Schilddrüsenüberfunktion) keifig und hysterisch.
Eigenschaften	Normalpudel körperlich nicht anfällig, nicht allzu sensibel. Liebenswürdig und umgänglich. Guter Etagenhund, selten bissig. Macht sich auch auf Kurzspaziergängen Bewegung (ohne Leine!).
Image	Je kleiner, je feiner. Prestigewert jedoch fallend.
Jahresproduktion	Etwa 5000.
Ursprungsland	Mitteleuropa (alte Rasse).
Auskunft bei	Deutscher Pudel-Klub, 2 Hamburg 26, Postfach 26 02 01 (VDH). Neuer Deutscher Pudelclub, 62 Wiesbaden, Kiedrichstr. 12 (VDRG).

Name	**Deutscher Boxer**
Preis	Von 250.– bis etwa 500.– DM.
Wirtschaftlichkeit	Pro Tag zwischen 1.50 und 2.50 DM.
Wartung	Pflegeleicht.
Karosserie	Wuchtig, trotzdem elegant. Mit abfallendem Fastback.

Us-Ranus, ein Prachtkerl von einem Boxer, errang viele internationale Titel. Die Deutsche Dogge ist auch in der Entspannung noch immer gespannt und von wacher Aufmerksamkeit (unten).

	Bretttharte Muskulatur. Kurzes, glattes Haar, gelb oder gestromt, weiße Abzeichen erlaubt.
Kraft	Beachtlich. Große Beschleunigung aus dem Stand.
Handlichkeit	Intelligent, gut lenkbar, falls konsequent erzogen. Braucht wegen Lebhaftigkeit Platz.
Zuverlässigkeit	Guter Wächter, treuer Familienhund. Weniger Interesse für Wildfährten. Hat Anlagen zum Raufer.
Eigenschaften	Robust (körperlich und seelisch), Neigung zum Dickkopf. Läuft gern. Bis ins Alter lustig, verspielt und temperamentvoll.
Image	Sportlich, kraftvoll, mit Mut zur Häßlichkeit.
Jahresproduktion	Etwa 4000.
Ursprungsland	Deutschland.
Auskunft bei	Boxer-Klub, 8 München 60, Veldener Str. 66 (VDH). Internationaler Boxer Club, 205 Hamburg 80, Süderquerweg 308 (VDRG).

Name	**Deutsche Dogge**
Preis	Um 800.– DM, auch teurer.
Wirtschaftlichkeit	Pro Tag durchschnittlich 5.– DM.
Wartung	Pflegeleicht.
Karosserie	Der Eindruck von Kraft und Größe ist überwältigend, trotzdem elegant und proportioniert. Ein Super-Wesen.
Kraft	Man kann von Pferdestärken sprechen.
Handlichkeit	Bei konsequenter Erziehung für Größe erstaunlich. Konsequent = liebevoll. Kein ›harter‹ Hund. Nichts für Omas.
Zuverlässigkeit	Ab 2. Lebensjahr (Spätentwickler) guter Wächter. Wirkt abschreckend, da Doggenfurcht allgemein verbreitet. Deshalb nicht ohne Leine laufen lassen. Verhalten zu Wild relativ neutral.
Eigenschaften	Als Welpe anfällig gegen Rachitis, erwachsen robust. Seelisch empfindlich. Freundlich, anhänglich, selbstbewußt. Mißtrauisch gegen Fremde. Braucht mehr als eine Etagenwohnung.
Image	Majestätisch oder sportlich.
Jahresproduktion	Etwa 2000.
Ursprungsland	Deutschland.

Ein lustiger Foxterrier, nicht ganz so eckig getrimmt wie es der heutige Standard vorschreibt.

Auskunft bei	Deutscher Doggen-Club, 51 Aachen, Templergraben 16 (VDH). Club für Deutsche Doggen, 41 Duisburg-Meiderich, Horststr. 75 (VDRG).

Name	**Foxterrier, rauh- und glatthaarig**
Preis	Ab 250.– DM aufwärts.
Wirtschaftlichkeit	Pro Tag 1.– bis 1.50 DM. Bei Rauhhaar Trimmkosten von etwa 100.– DM pro Jahr dazu.
Wartung	Pflegeleicht. Rauhhaar muß regelmäßig getrimmt werden.
Karosserie	Eckig, kräftig, keineswegs plump. Proportionen wie gut gebautes Jagdpferd. Farbe vorherrschend Weiß. Kurzhaar wirkt schnittiger, zeitloser.
Kraft	Für Größe überraschend. Hohe Geschwindigkeit.
Handlichkeit	Von großem Lerneifer. Konsequente Erziehung, sonst Neigung zur Schärfe. Mehr Leinen- als Freilaufhund.
Zuverlässigkeit	Guter Wächter. An Wildfährten sehr interessiert.
Eigenschaften	Je nach Zucht robust bis empfindlich-nervös. Läuft gern und viel. Sehr lebhaft und temperamentvoll. Braucht daher mehr Platz, als man bei seiner Größe annimmt.
Image	Sportlich. Kurzhaar leicht oldtimer-snobby.
Jahresproduktion	Etwa 2500.
Ursprungsland	England.
Auskunft bei	Deutscher Foxterrier-Verband, 46 Dortmund-Kley, Dorneystr. 65/67 (VDH). Deutscher Terrier-Klub, 3051 Kreuzriehe/Wunstorf (VDRG).

Name	**Scottish Terrier**
Preis	Zwischen 550.– und 650.– DM.
Wirtschaftlichkeit	Etwa 2.50 bis 3.– DM. Alle 8 Wochen trimmen etwa 100.– DM pro Jahr.
Wartung	Pflegeleicht, hartes und dichtes Haar. Muß regelmäßig getrimmt werden.
Karosserie	Kräftig, kurz, breit, starkknochig mit großem langem Schädel. Wirkt dadurch etwas kopflastig. Kurze Beine = abgebrochener Riese. Nicht nur schwarz, auch semmelblond, waschbärgrau oder gestromt. Nicht weiß, das ist sein Vetter, der West Highland White Terrier.
Kraft	Beachtlich. Unermüdlich im Freien. Nicht zu schnell.
Handlichkeit	Gut. Kein reiner Damenhund, sondern ein ganzer Kerl.

Ein Scottish Terrier aus Schottland: Champion Gosmore Eilburn Royal Lady. Der Afghane hat im kälteren Europa ein reicheres Haarkleid bekommen, das zum Rasse-Kennzeichen wurde (unteres Bild).

Zuverlässigkeit	Ruhig, anhänglich und wachsam. Interesse für Wildfährten.
Eigenschaften	Braucht reichlich Bewegung, sonst verkümmert er. Lernt im allgemeinen leicht und schnell. Guter Wohnungshund, der nicht so schlank gefüttert sein soll wie ein Dackel.
Image	Solid, englisch, etwas ausgefallen.
Jahresproduktion	170.
Ursprungsland	Schottland.
Auskunft bei	Klub für Terrier e. V., 6092 Kelsterbach, Postfach 46 (VDH). Deutscher Terrier-Klub e. V., 3051 Kreuzriehe/Wunstorf (VDRG).

Name	**Afghane**
Preis	Zwischen 600.— und 800.— DM.
Wirtschaftlichkeit	Pro Tag etwa 3.— DM. Dazu etwa 150.— DM für Clubgebühren, Rennen mit kleinen Anreisen.
Wartung	Sein Fell erfordert regelmäßige Pflege und gute Ernährung; sein Rennbedürfnis ständiges Training.
Karosserie	Edel und elegant beim erwachsenen Hund: erst beim Jährling erkennt man seine wahre Rasse. Ein klassisch-schöner, dekorativer Exote.
Kraft	Ungemein schnell, hohe Beschleunigung, dadurch starkes Anzugvermögen.
Handlichkeit	Urwüchsig und wenig domestiziert, deshalb viel Geduld und Liebe bei der Erziehung.
Zuverlässigkeit	In Haus und Garten sehr folgsam und wachsam. Draußen kommt immer seine Hetzhundnatur zum Vorschein. Vorsicht: jagt auf Sicht!
Eigenschaften	Körperlich robust, jedoch kein Zwingerhund. Seelisch feinfühlend. Schließt sich *einem* Familienmitglied ganz besonders an.
Image	Von sehr hohem dekorativem Prestigewert.
Jahresproduktion	217.
Ursprungsland	Afghanistan.
Auskunft bei	Deutscher Windhundzucht- und Rennverband, 2 Hamburg 71, Anderheitsallee 33.

Name	**Dalmatiner**
Preis	Von 350.— bis 600.— DM.
Wirtschaftlichkeit	Maximal 3.— DM pro Tag.

Der Internationale Champion Berricot Christopher Columbus ist der berühmteste Dalmatiner. Er hat 800 Kinder in der ganzen Welt.
Unten: Der einfarbig rote Irish Setter ist ein passionierter Jagdhund.

Wartung	Pflegeleicht. Sehr reinlichkeitsbedürftig.
Karosserie	Elegant, sportlich. Am auffallendsten die scharfumgrenzten Tupfen auf weißem Grund.
Kraft	Schnell, sehr laufbedürftig.
Handlichkeit	Mit Güte leicht erziehbar, früh stubenrein. Zwingt Vater auf das Fahrrad, stilechter jedoch aufs Pferd.
Zuverlässigkeit	Wachsam, aber nicht bissig, gut erzogen wildert er nicht. Kinderfreundlicher Familienhund.
Eigenschaften	Unkompliziert und fröhlich, neigt nicht zu Krankheiten. Nähe seines Herrn ist ihm Bedürfnis. Schließt sich aber auch mehreren an (in USA Feuerwehrhund). Insgesamt anspruchslos, außer laufen, laufen, laufen.
Image	Vornehm, nach Gutsherren Art.
Jahresproduktion	Etwa 500.
Ursprungsland	Italien, Spanien (alte Rasse).
Auskunft bei	Deutscher Dalmatiner-Club, 4352 Herten, Spanenkamp 25 E (VDH). Allgemeiner Dalmatiner-Club, 2 Hamburg 69, Bornwisch 11 (VDRG).

Name	**Irish Setter**
Preis	Zwischen 250.— und 500.— DM.
Wirtschaftlichkeit	Pro Tag etwa 3.— DM.
Wartung	Sorgfältige Fell- und Ohrenpflege.
Karosserie	Edel, trocken und harmonisch. Leicht zur Kruppe abfallend. Laufvermögen ersichtlich. Farbe: seidiges Mahagonirot.
Kraft	Ausdauernd, von enormem Tempo.
Handlichkeit	Lernwillig. Braucht wegen seines Temperaments konsequente Erziehung. Jagdhund, der in vielen Zuchten zum Luxushund wurde. Meist kein begeisterter Autofahrer.
Zuverlässigkeit	Mäßiger Wächter. Großes Laufbedürfnis, das man ihm gewähren muß. Vorsicht bei Wildfährten, wenn nicht als Jagdhund ausgebildet.
Eigenschaften	Je nach Zucht unempfindlich oder übersensibel bis ängstlich. Sehr anhänglich, von großem Kontaktbedürfnis zu seinem Herrn.
Image	Schönheit besticht, dekorativ, sportlich.
Jahresproduktion	Etwa 500.

Ursprungsland	Irland.
Auskunft bei	Verein für Pointer und Setter, 7 Stuttgart-Degerloch, Eibenweg 7.

Name	**Schnauzer, Riesenschnauzer, Zwergschnauzer**
Preis	Zwischen 300.– und 500.– DM (kleine an der unteren, Riesen an der oberen Grenze und darüber).
Wirtschaftlichkeit	Zwischen 0.50 und 3.50 DM pro Tag. Trimmkosten etwa 100.– DM im Jahr.
Wartung	Pflegeleicht. Muß regelmäßig geschoren und getrimmt werden.
Karosserie	Ob Mini- oder Maxi-Version, in den Proportionen wuchtig und elegant. Frontpartie durch harschen Bart und stachelige Brauen oldtimerig. Vom dunklen Eisen- bis hellen Silbergrau.
Kraft	Je nach Größe bis bärenstark. Tempo und Temperament beachtlich.
Handlichkeit	Leicht bis mittelschwer lenkbar.
Zuverlässigkeit	Alle Typen sind sehr gute Wächter. Interesse für Wildfährten. Riesen müssen arbeiten.
Eigenschaften	Körperlich robust. Seelisch zart. Minis sind kälteempfindlich. Alle sind schneidig. Laufen gern. Für Wohnverhältnisse aller Art wie nach Maß gearbeitet.
Image	Ein Hund für Tiefstapler.
Jahresproduktion	Etwa 4500.
Ursprungsland	Deutschland.
Auskunft bei	Pinscher-Schnauzer-Club 1895, 62 Wiesbaden, Gerichtsstr. 9.

Name	**Französische Bulldogge, Bully**
Preis	Zwischen 600.– und 800.– DM.
Wirtschaftlichkeit	Pro Tag etwa 1.50 bis 2.– DM.
Wartung	Pflegeleicht.
Karosserie	Gedrungen und breitachsig, mit gebogenen Linien. Erscheint vorderlastig. Erkennungsmerkmale: Fledermausohren. Nicht geräuscharm beim Atmen (schnieft und rasselt). Gestromt oder gescheckt.
Kraft	Stärker, als man denkt. Temperamentvoll.
Handlichkeit	Intelligent. Muß mit Liebe erzogen werden. Schätzt

	Bewegung, braucht sie aber nicht unbedingt. Damen-Hund.
Zuverlässigkeit	Unerschrockener und mutiger Wachhund. Guter Kinder- und Autoschützer. An Wildfährten nicht sonderlich interessiert.
Eigenschaften	Empfindlich gegen Hitze, seelisch liebebedürftig und empfindsam. Auf engen Kontakt mit Familie bedacht. Ein fröhlicher und lustiger Hund.
Image	Extravagant bis interessant-komisch.
Jahresproduktion	Etwa 100 (Tendenz steigend).
Ursprungsland	Frankreich.
Auskunft bei	Internationaler Klub für Französische Bulldoggen, 7417 Schloß Hochdorf bei Vaihingen.

Name	**Peking-Palasthund, Pekinese, Pekingese**
Preis	Von 500.– bis 1000.– DM.
Wirtschaftlichkeit	Pro Tag 0.50 bis 1.– DM.
Wartung	Das verschwenderische Haarkleid braucht sorgfältige Pflege. Die Ernährung muß hochwertig sein, da vollkommene ›soundness‹ (= Gesundheit und einwandfreier Knochenbau) unerläßlich.
Karosserie	Langes Rechteckformat, breite Brust, niedrig, würfelförmiger, fast senkrecht abgeflachter Fang. Verschwenderische Haarpracht in allen Farben und Zeichnungen.
Kraft	Für Miniformat beachtlich, langsames Tempo.
Handlichkeit	Sehr intelligent und selbstbewußt. Anlagen zum Tyrannen vorhanden. Läßt sich aber bei Widerstand auf dem Arm transportieren.
Zuverlässigkeit	Wachsam, furchtlos, manchmal Stöbertrieb (Wild) vorhanden.
Eigenschaften	Robuster forscher Draufgänger. Kein Verzärtel-Hund, kein Kinderhund. Sehr temperamentvoll, anhänglich bis zur Eifersucht.
Image	Luxuriös, geheimnisvoll bis drollig.
Jahresproduktion	Etwa 200.
Ursprungsland	China.
Auskunft bei	Internationaler Klub für Japan-Chin, Peking-Palasthunde und Toy Spaniels e. V., 4800 Bielefeld, Diebrokkerstr. 8 (VDH). Deutscher Peking Club, 1 Berlin 22, Kladower Damm 195 (VDRG).

Zwei Champions der Schnauzerfamilie nehmen Kontakt auf: Zwergschnauzer-Hündin ›Doris v. d. Stadtmusikanten‹ und Riesenschnauzer-Rüde ›Simbo v. d. Reusenburg‹.
Unten: Der erfolgreichste Ausstellungs- und Zuchtrüde unter den Französischen Bulldoggen.

Name	**Barsoi, Russischer Windhund**
Preis	Im Durchschnitt etwa 800.— DM.
Wirtschaftlichkeit	Pro Tag etwa 2.50 bis 3.— DM (gehaltvolles Fleischfutter), dazu Club, Rennverein und Meldegebühren für Rennen etwa 150.— bis 200.— DM pro Jahr.
Wartung	Das schöne Fell muß gut gepflegt werden.
Karosserie	Elegant und kraftvoll. Kopf lang, schmal und trocken. Leicht gebogene Linien mit tiefem Brustkorb. Farben: Weiß mit gelben, orangefarbenen, roten oder grauen Abzeichen.
Kraft	Ungemein schnell und ausdauernd.
Handlichkeit	Intelligent, leicht zu erziehen, anpassungsfähig. Feinfühlig, deshalb sanfte Erziehung.
Zuverlässigkeit	Kein besonderer Wachhund, doch aufmerksam und mißtrauisch. Bei Konfrontation mit Wild und Katzen bricht Hetztrieb hervor, dann alles zerreißend. Gute Orientierungsgabe.
Eigenschaften	Seelisch eher empfindlich, dem Herrn gegenüber liebevoll und zärtlich, sonst herrisch und stolz. Kein Wohnungs- und Etagenhund. Guter Charakter entfaltet sich nur bei Freiheit der Bewegung. Kälteunempfindlich, wärmeempfindlich.
Image	Dekorativ, sportlich, extraordinär.
Jahresproduktion	80—100.
Ursprungsland	Rußland.
Auskunft bei	Deutscher Windhundzucht- und Rennverband, Landesgruppe Bayern, 885 Donauwörth 2, Oldenaustr. 8.

Name	**Basset-Hound**
Preis	Zwischen 600.— und 700.— DM, verlangt wird auch viel mehr.
Wirtschaftlichkeit	Pro Tag zwischen 2.50 und 3.50 DM.
Wartung	Pflegeleicht, Ohren müssen häufig geputzt werden.
Karosserie	Niedrig, langgestreckt, breitachsig, wuchtig, läuft auf sehr breitem Profil. Farben: Weiß-Rot (stärker zu Rot als zu Lemon) und Schwarz-Weiß-Rot.
Kraft	Gewaltig (in Zugkraft der stärkste Hund), kann schneller sein, als man annimmt. Sehr ausdauernd.
Handlichkeit	Muß konsequent erzogen werden, da sehr starker Eigenwille. Kein Hund für Anfänger. Bellt gern, laut und sehr melodisch. (Nachbarn!)

Eine hochdekorierte Peking-Palasthundgruppe aus England. Ungemein dekorativ und vornehm wirken die beiden Barsois (unten).

Zuverlässigkeit	Kein guter Wächter. Passionierter Nasenhund, sucht sorgfältig jede Spur aus. Hetzt Wild. Sehr anhänglich, bleibt ungern allein.
Eigenschaften	Sehr robuster Hund. Braucht viel Ansprache. Seelisch ausgeglichen, von träger Lebendigkeit. Eignet sich nicht als Modehund oder Maskottchen!
Image	Britisch unterkühlt und exzentrisch.
Jahresproduktion	Etwa 470.
Ursprungsland	England. Als Basset Artesien Normand: Frankreich.
Auskunft bei	Basset-Hound-Club von Deutschland, Zuchtbuchstelle, 6602 Dudweiler, Hofweg 24.

Name	**Cocker Spaniel** (beliebtester von 8 Varietäten)
Preis	Zwischen 250.– und 500.– DM.
Wirtschaftlichkeit	Pro Tag etwa 2.– DM.
Wartung	Regelmäßiges Bürsten und Ohrenreinigen.
Karosserie	Kräftig, elegant, gut befedert (langhaarig). Mit abfallender Heckpartie. Kopf edel gemeißelt. Lange Ohren. Farbpalette reichhaltig: Schwarz, Braun bis Blond, Lohfarben, auch mit Weiß, oder als Schimmel oder dreifarbig.
Kraft	Sehr ausdauernd, braucht viel Bewegung.
Handlichkeit	Leicht erziehbar, leicht führig. Im Jagdrevier unermüdlich, sofern seine Instinkte zuchtmäßig bewahrt und fachgerecht geweckt und gefördert wurden.
Zuverlässigkeit	Kein sonderlicher Wachhund. Von Natur aus Jagdhund. Verhalten zu Wildfährten hängt von Erziehung ab.
Eigenschaften	Körperlich nicht empfindlich, seelisch sensibel, deshalb besonders anhänglich. Gute Nase. Verfressen, deshalb Vorsicht auf Spaziergängen.
Image	Lieb, freundlich und treu.
Jahresproduktion	Etwa 3500.
Ursprungsland	England.
Auskunft bei	Jagdspaniel-Klub, 6 Frankfurt 70, Mittlerer Hasenpfad 23.

Name	**Chow Chow**
Preis	Zwischen 500.– und 900.– DM.
Wirtschaftlichkeit	Pro Tag etwa 3.– bis 4.– DM.
Wartung	Sein Fell braucht regelmäßige und gründliche Pflege. Futter muß erstklassig sein.

Der englische Basset-Hound-Spezialist George Johnston nennt Sykemoor Patrick den Typ eines guten soliden Bassets (oben).
Der Cocker Spaniel ist sowohl passionierter Jagd- wie angenehmer Haushund.

Karosserie	Durch Pelz wuchtig, quadratisch, massig. Mit steilem Heck und stumpfer Schnauze. Typisch: der stelzende, lautlose Gang.
Kraft	Beachtlich, Geschwindigkeit gezügelt.
Handlichkeit	Eigenwillig. Muß richtig behandelt werden, sonst aufsässig. Idealer Autohund.
Zuverlässigkeit	Sehr aufmerksam. Zum Abrichten nicht geeignet. Reagiert auf Wildfährten. Wohl der individualistischste Hund.
Eigenschaften	Körperlich robust, unempfindlich, vor allem gegen Kälte, anfälliger gegen Hitze. Leicht eingeschnappt. Schließt sich *einem* Menschen ganz an. Angenehm ruhig, aber nicht träge. Nicht übermäßig viel Bewegung brauchend.
Image	Interessant, geheimnisvoll, etwas gefährlich.
Jahresproduktion	Etwa 300.
Ursprungsland	China.
Auskunft bei	Allgemeiner Chow-Chow-Club, 69 Heidelberg, Wielandstr. 30 (VDH). Deutscher Chow-Chow-Club, 2 Hamburg 73, Pogvischrund 1 h (VDRG).

Name	**Collie**
Preis	Von 300.– bis 400.– DM.
Wirtschaftlichkeit	Pro Tag zwischen 1.50 und 2.50 DM.
Wartung	Das lange Haar braucht ständige, sorgfältige Pflege, das Futter muß erstklassig sein (Super), damit Haar auch glänzt.
Karosserie	Edel und elegant. Gehobene Mittelklasse. Sehr beweglich, durch dichtes, langes Haarkleid mächtiger wirkend, schön gefärbt. Klein-Ausgabe heißt Sheltie und ist seltener.
Kraft	Der Größe entsprechend. Durchaus als Frauenhund geeignet.
Zuverlässigkeit	Ausgesprochener Haus- und Herdenhund. Wenig Wildderergelüste. Wachhund. Bei Überzüchtung jedoch ängstlich.
Handlichkeit	Leicht erziehbar.
Eigenschaften	Körperlich robust, seelisch sensibel, manchmal pomadig. Aus guten Zuchten Testergebnis: ›Äußerst empfehlenswert!‹

Dieser Chow Chow mit Namen Wan Kwong war 1958 Deutscher Bundessieger. Der Collie ist der bekannteste unter den britischen Hütehunden (unteres Bild).

Image	Dekorativer Damenbegleiter. Durch Lassie selbst Hunde-Doofen bekannt.
Jahresproduktion	Etwa 1500.
Ursprungsland	England (Schottland).
Auskunft bei	Club der britischen Hütehunde, 6831 Reilingen, Hokkenheimer Str. 76 (VDH). Club Englisch-Schottischer Schäferhundefreunde, 6452 Steinheim, Pfaffenbrunnenstr. 100 (RVD).

Name	**Neufundländer**
Preis	Zwischen 600.– und 800.– DM.
Wirtschaftlichkeit	Pro Tag etwa 3.– bis 4.– DM. Vorliebe für Fisch.
Wartung	Das dichte Fell muß regelmäßig gepflegt werden.
Karosserie	Wuchtig, trotzdem elegant. Zu groß ist nicht gut. Seitliches Schwanken beim Gehen ist rassetypisch. Schwarz. Schwarzweiß heißt er Landseer.
Kraft	Erstaunlich. Nicht schnell. Gut im Wasser.
Handlichkeit	Ohne Schwierigkeiten zu erziehen. Gehorcht am liebsten freiwillig. Geistig früh, körperlich spät entwickelt (3 Jahre).
Zuverlässigkeit	Nachts besonders guter Wächter. Gegen Wild passiv. Mehr Zwinger- als Wohnungshund, Sehr kinderlieb.
Eigenschaften	Robust, da nicht überzüchtet. Empfindsames Gemüt (Worte treffen ihn mehr als Schläge). Wenig Bewegungsdrang, trotzdem täglicher Spaziergang nötig. Wassersüchtig. Anlehnungsbedürftig.
Image	Sehr repräsentativ.
Jahresproduktion	Etwa 200.
Ursprungsland	Neufundland.
Auskunft bei	Deutscher Neufundländer-Klub, Zuchtbuchamt, 5253 Lindlar, Brungerstr. 19.

Name	**Bernhardiner**
Preis	Zwischen 300.– und 500.– DM.
Wirtschaftlichkeit	Pro Tag 5.– DM und mehr.
Wartung	Fell muß sorgfältig gepflegt werden.
Karosserie	Schwer und gewaltig, stumpfe Schnauze – mehr wie ein Lastwagen. Fell stockhaarig oder mittellang, weiß mit rot oder rot mit weiß.

Ein Neufundländer-Welpe beim sachgerechten Zerlegen eines Schuhes.
Ein Bernhardiner in der ihm gemäßen Schnee-Wald-Berge-Umgebung.

Kraft	Gewaltig. Kann auch schnell sein.
Handlichkeit	Lernt leicht, braucht aber viel Platz.
Zuverlässigkeit	Guter Wachhund. Unerschrockener Mut beim Angriff, sonst gutmütig.
Eigenschaften	Körperlich wenig empfindlich. Zwar phlegmatisch, braucht trotzdem Bewegung. Relativ wild-neutral. Kein Stadt- und Wohnungshund. Zur Beförderung Kombiwagen erforderlich.
Image	Sehr repräsentativ.
Jahresproduktion	Etwa 300.
Ursprungsland	Schweiz.
Auskunft bei	St. Bernhards-Klub, 3559 Haina, Kloster.

Name	**Hovawart**
Preis	Ab 600.– DM.
Wirtschaftlichkeit	Pro Tag etwa 4.– DM.
Wartung	Problemlose Fellpflege. Antiautoritäre Bändigung.
Karosserie	Kräftig und gestreckt, mäßig abfallend. Gefällig und schön. Farben: Schwarz, Schwarz mit Blond (= schwarzmarkenfarbig) und Blond.
Kraft	Geschmeidiger Start, guter Läufer und Springer (bergfreudig).
Handlichkeit	Sehr gute Auffassungsgabe, lernt gut und freudig. Kein Hund für Stubenhocker. Braucht seine Bestätigung und sein Training.
Zuverlässigkeit	Sprichwörtlich. Vorzüglicher Wach- und Schutzhund aus Veranlagung. Wildfährten gegenüber neutral (Erziehungsfrage).
Eigenschaften	Integriertes Familienmitglied, kann sensibel sein. Steht zu seinem ›Leithund‹ (wenn dieser sich als solcher bewährt). Sehr reaktionsfähig und schnell. Meist wesensfest (wenn nicht verzüchtet).
Image	In Treue fest. Repräsentativ.
Jahresproduktion	Etwa 400.
Ursprungsland	Deutschland (Neuform der Althirten-Hunde).
Auskunft bei	Zootechnisches Institut Kurt F. König, 213 Rotenburg (Hann.), Soltauer Str. 162 (Orig. Stammzucht). Internationaler Hovawartzucht-Verband, 3141 Luhmühlen, Waldring 92 (VDRG). Rassezuchtverein für Hovawarthunde, 2 Hamburg 33, Morgensternweg 8 (VDH).

Ein Hovawart wie er sein soll: Asko vom Brunnenhof aus der Stammzucht von K.F.König. Die Dobermann-Hündin ›Dona v. Eichenhain‹, Bundessieger und Internationaler Champion (unteres Bild).

Name	**Dobermann**
Preis	zwischen 300.– und 800.– DM.
Wirtschaftlichkeit	Pro Tag etwa 1.20 DM. Unbedingt Haftpflicht!
Wartung	Pflegeleicht, braucht Bewegung und Arbeit. Beitritt in Verein mit Übungsgelände erwünscht.
Karosserie	Rassig, schnittig, schnell, von feiner Modellierung. Mit leicht abfallender Rückenlinie. Farben: Schwarz, Dunkelbraun oder Blau/Rostrot.
Kraft	Temperamentvoll, ungemein schnell. Ziehkraft durchschnittlich.
Handlichkeit	Leicht erziehbar, sprudelndes Temperament, braucht zügelnde, meist männliche Hand.
Zuverlässigkeit	Groß! Guter Wächter, furchtlos (US-Name: Devils Dog), wesensfest, von natürlicher Schärfe. Verhältnis zum Wild: Frage der Erziehung.
Eigenschaften	Unempfindlich (auch Zwingerhund), seelisch empfindsam, vor allem gegen Launenhaftigkeit. Sehr lieb zu den Kindern seiner Familie.
Image	Sportlich, kameradschaftlich, gefährlich.
Jahresproduktion	Etwa 700.
Ursprungsland	Deutschland (Herr Dobermann aus Apolda).
Auskunft bei	Dobermann-Verein, 4705 Pelkum-Wiescherhöfen, Bahnhofstr. 116.

Name	**Bullterrier**
Preis	Zwischen 400.– und 600.– DM.
Wirtschaftlichkeit	Pro Tag zwischen 1.50 und 3.– DM. Während der ersten 1½ Jahre mehr, denn ›50% der Rassenstabilität geht durch den Fang‹.
Wartung	Pflegeleicht.
Karosserie	Kompakt und breit. Mit seinem Down-Face einem Rammbock ähnlich. Blitz-Starter.
Kraft	Wie eine zusammengedrückte Stahlfeder. Hohe Beschleunigung aus dem Stand.
Handlichkeit	Langes Erinnerungsvermögen. Willensstark bis zur Hartnäckigkeit. Braucht konsequente, liebevolle Hand. Kein Hund für jedermann.
Zuverlässigkeit	Absolut. Ein sicherer Beschützer und Wächter seiner Familie. Kein Zwingerhund. Verhältnis zu Wildfährten Erziehungsfrage.

Eigenschaften	Schmerzunempfindlich, seelisch empfindsam. Braucht viel Liebe, die er zurückgibt. Bewegung verschafft er sich. Kein Raufer, unschlagbar, wenn er angegriffen wird.
Image	Hund muß erklärt werden. Nur für Kenner.
Jahresproduktion	Knapp 100 mit Importen.
Ursprungsland	England.
Auskunft bei	Deutscher Club für Bullterrier, 85 Nürnberg, Erlenstegenstr. 33 a.

Name	**Englische Bulldogge**
Preis	Etwa 1200.– DM.
Wirtschaftlichkeit	Pro Tag etwa 3.– bis 4.– DM (viel Fleisch, bis zu 1 kg).
Wartung	Pflegeleicht.
Karosserie	Kompakt, birnenförmig, mit auffallend massivem und viereckigem Kopf. Tiefe Brust, stämmige, muskulöse Gliedmaßen. Hinterhand höher und leichter als Vorderkörper. Farben: Weiß, gestromt, Rot, Rotgelb, Fahlgelb, entweder einfarbig, buntscheckig oder gemischt. Nie Schwarz!
Kraft	Beachtlich, doch gezügelt. Aktiv im Rahmen seiner Bequemlichkeit. Braucht nicht viel Bewegung.
Handlichkeit	Mit Güte und Geduld zu erziehen, dann folgsam. Individualist. Wildfährten ohne Interesse. Mehr an seinen Menschen als an anderen Hunden interessiert.
Zuverlässigkeit	Kein ausgesprochener Wachhund. Paßt aber auf sein Haus auf. Sehr kinderlieb, richtiger Familienhund.
Eigenschaften	Sehr sensibel, sehr anhänglich. Körperlich robust, hitzeempfindlich. Lautes Schnaufgeräusch, an das man sich gewöhnen muß. Ein Hund, der seine Besitzer zu Bulldog-Fans macht.
Image	Exklusiv, anspruchsvoll, britisch.
Jahresproduktion	Etwa 15 (Tendenz steigend).
Ursprungsland	England.
Auskunft bei	Club für Englische Bulldogs, 5602 Langenberg, Gartenheimstr. 30.

Herzlichen Dank

allen, die mir mit Auskünften, ihren Erfahrungen und Untersuchungen geholfen haben.

Ein Dankeschön auch den Hunden, die ich beobachten konnte, besonders meinem Basset Sir Henry vom Herzogtum Jülich.

Der Boxer auf dem Titelbild straft meine Einstellung zum Kupieren keineswegs Lügen: Wir haben ihn ausgesucht, weil es das sprechendste Hundebild ist, das wir kennen. Gleiches Prinzip haben wir auch bei anderen Fotos angewandt. Die Schönheit des Fotos ging uns immer vor Perfektion nach Standard.

Familien-Idyll bei Bullterriers.
Drei der Welpen sind reinweiß, die häufigste Farbe dieser Rasse.
Englische Bulldogge mit Welpe. Ein berühmtes Foto der berühmten englischen Hundefotografin Sally Ann Thompson.

Hunde-Statistik der europäischen Staaten

mit besonderer Berücksichtigung der Bundesländer Westdeutschlands (zum Teil geschätzte Zahlen)

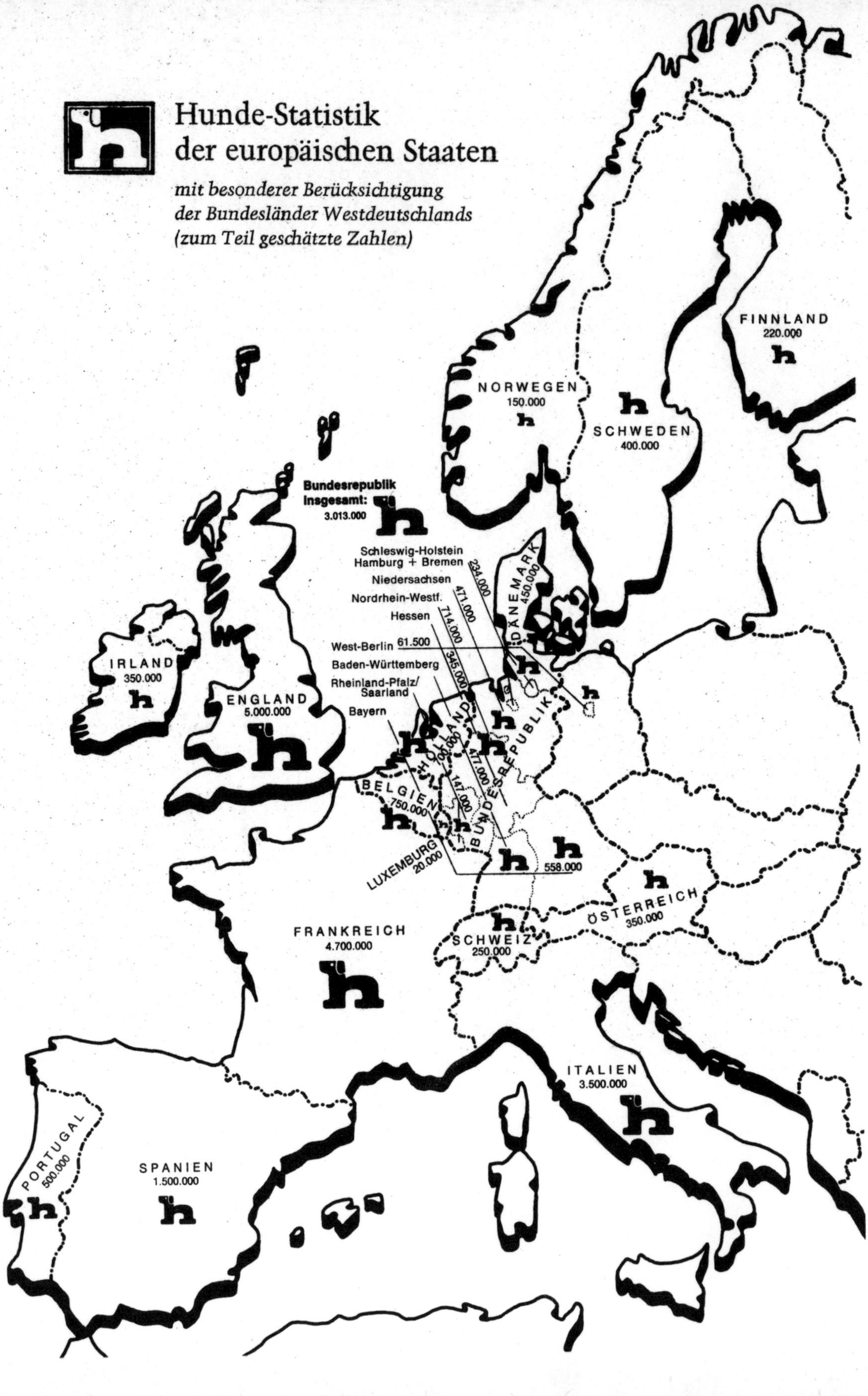

Register

Aberglauben 176
Ägypten 93, 103, 157
Afghane 142, 216, 232, 234
Aggression 18, 19, 68, 73
Airedale Terrier 86, 138, 219, 223
Alpha-Tiere 48, 64, 77
Analgesicht 12, 63
Anal-Kontrolle 63
Angstbeißer 71
Anubis 143, 148
Appenzeller Sennenhund 140, 213
Aschenhund 93
Augenmotiv 153
Ausbildung 195, 206
Ausstellungen 173
Autorität 20

Bärenhund(e) 105
  Karelischer 166, 169
Barry 130
Barsoi 88, 142, 240, 241
Basenji 100, 166, 168, 223
Basset 67, 109, 117, 163, 182, 195, 200, 216, 220, 221, 223, 240, 243
Beagle 112, 117, 213
Bearded Collie 140
Beckmann, Ludwig 104
Bedlington Terrier 174
Beinheben 77
Bellen 65
Berner Sennenhund 103, 213
Bernhardiner 106, 128, 129, 189, 213, 216, 219, 223, 246, 247
Berserker 156
Bismarck 43
Blindenhund 131, 132
Bloodhound (Bluthund) 106, 107, 117, 134, 166
Blutlinien 185
Bobtail 140, 158, 176, 213, 220
Bolk, L. 90
Bologneser 220
Border Collie 140
Border Terrier 211
Boston Terrier 219
Boxer 109, 138, 173, 185, 193, 213, 215, 222, 228, 229
Bracken 105
Brandt, Willy 44, 45
Briard 140
Briefträger 74
Bronzehund 93
Brüll, Heinz 131, 173

Brummer, Harald 18, 73
Brunner, Ferdinand 9, 10, 16, 196
Buffon 108
Bulldogge
  Englische 109, 213, 251, 252
  Französische 211, 237, 238
Bullterrier 176, 223, 250, 252

CACIB 168
Cairn Terrier 211
Cajus, Johannes 26, 106
Canaan Dog 99
Chihuahua 102
Chow Chow 156, 158, 209, 213, 242, 245
Clumber Spaniel 120
Cocker Spaniel 21, 44, 120, 173, 175, 198, 211, 219, 242, 243
  American 219
Colima 26, 102, 151
Collie 24, 105, 109, 136, 140, 180, 198, 213, 216, 219, 220, 223, 244, 245
  Bearded 140
  Border 140
Comforter 27, 107, 162
Comics 164
Coonhound 118
Corgi 39, 140, 220
Cruft Show 172
Curée 115, 123

Dachsbracke 118
Dackel 17–19, 21, 23, 25, 34, 44, 85, 108, 165, 170, 178, 185, 193, 198, 199, 211, 215, 219, 220, 222, 225, 226
– Dorf 199
Dalmatiner 103, 198, 216, 220, 234, 235
Deerhound 117
Delegierte Commission = D. C. 171
Demutsgesten 80
Demutsstellung 72
Deussen, Gerd 38
Deutsch
– Drahthaar 120
– Kurzhaar 120
– Langhaar 120
– Stichelhaar 120
Diensthundbewegung 181
Dingo 85, 98
Dobermann 138, 173, 175, 188, 195, 223, 249, 250
Dogge(n) 111, 216, 217
  Deutsche 138, 175, 223, 229, 230
  Tibet- 134, 158

Domestikation 14, 49, 65, 88
– Erscheinung 186
– Merkmal 176
Drahthaar, Deutsch- 120
Drohen 70

Edda 151
Eibl-Eibesfeldt, Irenäus 20
Einzelhund 82
Elchhunde 103, 105
English Setter 219
English Springer Spaniel 120
Entlebucher Sennenhund 176
Ernstkampf 72
Ersatzkindchen 25
Erziehung, antiautoritäre 19
Eskimohund 127
Essig, Heinrich 189

Familienhund 112
Felszeichnung 87
Fenriswolf 147
Fersenbiß 140
Fertignahrung 36
Feuerbringer 146
Field Spaniel 120
Fluchtbereitschaft 68
Fötalisation 90
Fo-Hunde 161
Foix, Gaston de 105, 116
Foxhound 115, 117, 123, 125
Foxterrier 21, 109, 164, 213, 219, 231, 233
Friedl, Ludwig 180
Futterhorten 78
Futterkosten 224

Gehorsamsprüfung 182
Gergweis 199
Geruchsgedächtnis 51
Gesichtsmimik 69
Gesner, Konrad 26, 106
Goldschakal 94, 98
Graf, Fred 104
Greyhound 105, 107, 141, 142
Griffon 120, 122
Groenendael 139
Grzimek, Bernhard 73

Harrier 117
Haschhund 134, 135
Haustierwerdung 100
Heim, Albert 103, 191
Hellwittern 60
Herre, Wolf 208
Heulkonzert 47
Himmelhunde 147
Hirtenhunde 111, 192
Hobby-Jäger 122

Hochspringen 80
Höhlenzeichnung 157
Hörfähigkeit 61
Horoskop 37
Hovawart 103, 105, 138, 180, 191, 192, 248, 249
Hündin, läufige 59
Hütehunde 180
Hunde
– Ausbildung 195, 206
– Ausstellungen 173
– Fleisch 156
– Friedhof 40, 41
– Gebell 49
– Halter 204, 210
– Handel 193, 197, 201
– Kauf 208
– Kochbücher 37
– Könige 153
– Lehrer 131, 196
– Menschen 154
– Mumien 148, 157
– Pension 206
– Pfeife 60
– Schutzgesetz 151
– Sport 109
– Sprache 47
– Stammbaum 185, 201
– Stammvater 143
– Steuer 40
– Vater 209
– Zeremoniell 64
– Zucht 201

Ibicengo 223
Imponieren 69
Imponier-Repertoire 84
Interessengemeinschaft Deutscher Hundehalter 213
Interzoo 30
Irish Setter 216, 234–236
Irish Water Spaniel 120

Jäger 122, 125, 157
Jagdhunde 111, 121, 216
Jagdterrier, deutscher 223
Jagdverein, hannoverscher 170
Japan Chin 211, 220

Käse 36
Kalorien 37
Karakul-Pudel 177
Kaspar-Hauser-Komplex 64
Katzensprache 69
Kennel-Boß 115
Kennel Club 170
Kerberos 147, 148
Kerry Blue Terrier 166, 194
Kettenhund 23

Kind(er) 76, 211
— Ersatz 23
— Freundlichkeit 212
Kindchenschema 25, 203
King Charles 217
Kleinspitz 211
Klub 187
König, Kurt F. 78, 91, 103, 121, 187, 191, 192
Koenig, Otto 12
Kojote 98, 144, 147
Komondor 140, 213
Kopfhund 115, 118, 128
Kreisdrehen 77
Kriegshunde 134, 181
Kromfohrländer 190
Kronacher, C. 109
Kultur-Heros 146
Kupieren 68, 172
Kurzhaar, Deutsch- 120
Kuvasz 45, 139, 213

Labrador Retriever 131
Laika 105, 183
Lakeland Terrier 168
Lakenois 139
Landseer 213, 246
Langhaardackel 85, 198
Langhaar, Deutsch- 120
Lassie 24, 76, 165
Lawinensuchhunde 128, 129
Leithund 118
Leonberger 189, 219
Lhasa Apso 211
Löns, Rudolf 170, 176
Lorenz, Konrad 20, 22, 25, 29, 69, 90, 94, 209
Luftwitterung 58
Lykanthropie 155

Malinois 139
Malteser 107, 211
Mami-Papi-Komplex 12
Markieren 58, 77
Master of Hounds 116
Mastiff 105, 134, 158
Meet 115
Menschenbindung 81
Meute 115, 123, 124
Miacinen 91
Mienenspiel 65
Mietvertrag 206
Milchtritt 80
Mode-Schnitt-Pudel 177
Mörderhunde 73
Molosser 134
Molossus 106
Mops 27, 28, 32, 88, 217, 219, 223
Mudi 140

Münsterländer
  Großer 120
  Kleiner 120, 122, 175

Nackthund 26, 100, 101, 111
Nasen-Kontakt 57
Nasenspiegel 52, 56
Neotenie 14, 90
Neufundländer 189, 211, 213, 246, 247
Neurosen 15
Nixon, Richard 44, 46
Nordlandhunde 111, 124

Ohren 68
Olympiadackel 165, 178
Omega-Tier 85

Parainfantil 91
Parforce-Jagd 117, 119
Pariahund(e) 99, 223
Paullini, Christian Franz 108
Peanuts 164
Peary, Robert 127
Pekinese (Peking-Palasthund) 211, 215, 216, 219, 220, 239, 241
Pfötchengeben 80
Picard 140
Pinscher 111, 217
  Zwerg- 220
Pointer 109
Polizeihund 136, 182
Prägung 81
Pudel 14, 21, 23, 31, 111, 141, 173, 176, 185, 193, 214, 217, 220, 222, 227, 228
  Karakul- 177
— Schur 35
  Zwerg- 34, 198
Pudelpointer 120
Puli 140, 213
Pumi 140
Puscha 96
Puwo 95—97

Radfahrer-Reaktion 73
Räber, Hans 168
Rangkampf 64, 116, 197
Rangordnung 48, 49, 83
Rasse 108
Rasseloser 201
Rauhhaardackel 198
Rauhhaarfox 219
Rehpinscher 215
Reinrassigkeit 185
Reizschwelle 125
Rennen, Schlittenhund- 128
Retriever, Labrador 131
Revier 16, 74
Rhodesian Ridgeback 112, 113, 126
Ridinger, Johann Elias 108

Riechbilder 50
Riechfläche 52, 57
Riechvermögen 129
Riesenhund 188
Riesenschnauzer 138, 237, 238
Ringelschwänzigkeit 91
Rin-Tin-Tin 164
Rottweiler 138, 176, 223
Rotwolf 98
Rudelführer 22, 25

Saluki 142, 158
Samojedenspitz 158
Schabrackenschakal 98
Schäferhund(e) 111, 139, 175
  Belgische 139
  Deutscher 17, 18, 21, 50, 81, 109, 128, 129, 131, 134—138, 171, 174, 178, 193, 209, 214, 220, 222, 225, 226
Schäferpudel 139
Schäferspitz 166
Schakal 94, 95
  Gold- 94, 98
  Schabracken- 98
  Streifen- 98
Scharren 71
Schensi-Hunde 100
Schlaf 59, 60
– Haltung 78
Schlittenhund(e) 124, 125, 127
– Rennen 128
Schnauzer 109, 111, 173, 222, 237
  Riesen- 138, 237, 238
  Zwerg- 211, 237, 238
Schneider-Leyer, Erich 169
Schoßhund 26
Schutzhundprüfung 133
Schwanz 65
Schweißarbeit 118
Schweißhunde 170
Scotch Terrier 193, 194, 211, 220, 232, 233
Sealyham Terrier 223
Sennenhund(e), Schweizer 103, 191, 213
  Appenzeller 140, 213
  Berner 103, 213
  Entlebucher 176, 213
Setter 107, 163
  English 219
  Irish 216, 234—236
Sheltie 140, 213, 223, 244
Skye Terrier 106, 220
Sozialisierungsprägung 209
Spaniel 103, 105, 107
  Clumber 120
  Cocker 21, 44, 120, 173, 175, 198, 211, 219, 242, 243
  American 219
  English Springer 120
  Field 120
  Irish Water 120
  King Charles 217
  Sussex 120
  Tibet 211
  Toy 211
  Welsh Springer 120
Spartiate 223
Spazierengehen 62
Spiele 82
Spitz(e) 111, 216, 220, 223
  Finnischer 223
  Klein- oder Zwerg- 211, 219
  Torf- 103
Stammbaum 185, 201
Stammbuch 171
Standard 110, 166, 186, 194
Stephanitz, Max von 136, 180
Stichelhaar, Deutsch- 120
Streifenschakal 98
Surveyor 223
Sussex Spaniel 120
Szasz, Kathleen 28

Techichis 102
Teckel s. Dackel
Teirich, Hildebrand 210
Telegonie 185
Terrier 107, 109, 111, 222
  Airedale 86, 138, 219, 223
  Bedlington 174
  Border 211
  Boston 219
  Bull- 176, 223, 250, 252
  Cairn 211
  Fox- 21, 109, 164, 213, 219, 231, 233
  Jagd- 223
  Kerry Blue 166, 194
  Lakeland 168
  Scotch 193, 194, 211, 220, 232, 233
  Sealyham 223
  Skye 106, 220
  Tibet- 211
  Welsh 168
  West Highland White 211, 219
  Yorkshire 33, 34, 109, 182—184, 211, 220, 223
Tervueren 139
Theberge, John B. 48
Thum, Hans 176
Tibetdogge 134, 158
Tibet-Spaniel 211
Tibet-Terrier 211
Tier
– Heim 196
– Magie 154
– Friedhof 40, 41
– Psychiatrie 10
– Schutz 44

Tomarctos 91
Torfhund 93
Torfspitz 103
Totem 143, 146, 158
Toy Spaniel 211
Toxoplasmose 213
Treibehunde 111
Trumler, Eberhard 22, 64, 72, 85, 86, 98, 196, 209

Ullrich, Konrad 14, 205
Umweltverschmutzung 38
Unterwerfung 179, 209
Urhund 87
Urlaub 38, 205

Versandhaus 197
Vieräugler 152
Vietnam 136
Vorstehhund(e) 111
  Deutsche(r) 109, 120, 170

Wachhund 204
Wachtelhund, Deutscher 120, 122
Wälzen 12
Wappen 146
Warn-Nießen 51
Weimaraner 120
Welsh Springer Spaniel 120
Welsh Terrier 168
Werkschutz 133, 135
Werwolf 155
Wesensfest 122
West Highland White Terrier 211, 219
Whippet 142
Wildhund, Afrikanischer 89
Windhund(e) 103, 111, 140, 141, 158, 215, 216, 223, 232, 241
Windspiel 216
Wolf 47, 94, 95, 112, 144, 149, 154, 179, 220
  Abessinischer 98
  – Hunde 217
  – Mythos 144
  Rot- 98
  – Rudel 48, 77, 96

Yorkshire Terrier 33, 34, 109, 182–184, 211, 220, 223

Zimen, Erik 47, 48, 72, 77, 99
Zivilisationsschäden 37
Zoll-Hunde 134, 135
Zuchtgesetze 183
Zuchtgruppe 110
Zwerghahn-Komplex 72
Zwergpinscher 220
Zwergpudel 34, 198
Zwergschnauzer 211, 237, 238
Zwergspitz 211, 219

Bücher für Leute, die noch mehr wissen wollen

Dieses Literatur-Verzeichnis ist eine Auswahl von lieferbaren Büchern, die die in diesem Buch behandelten Probleme vertiefen, ergänzen oder nur Gestreiftes ausführlich darlegen.

Irenäus Eibl-Eibesfeldt, Grundriß der vergleichenden Verhaltens-Forschung. Piper, München 1969

Irenäus Eibl-Eibesfeldt, Liebe und Haß. Piper, München 1971

Leni Fiedelmeier, Rassehunde (Belser Bücherei). Belser, Stuttgart 1972

International Encyclopedia of Dogs. Herausgeber St. Dangerfield und E. Howell. Pelham Books, London 1971

Konrad Lorenz, So kam der Mensch auf den Hund. Borotha-Schoeler, Wien 1969

L. und M. Milne, Die Sinneswelt der Tiere und Menschen. Parey, Hamburg 1963

Hans Räber, Brevier neuzeitlicher Hundezucht. Haupt, Bern und Stuttgart 1968

Hans Räber, Die Schweizer Hunderassen. Albert Müller, Rüschlikon 1971

E. Schneider-Leyer, Die Hunde der Welt. Albert Müller, Rüschlikon 1960

Kathleen Szasz, Wie man einem Tierfreund das Fell über die Ohren zieht. Kindler, München 1970

Eberhard Trumler, Mit dem Hund auf du. Piper, München 1971

Erik Zimen, Wölfe und Königspudel. Piper, München 1971

Erstes Schweizer Hundenamen-Verzeichnis (3000 Namen von Aabi bis Zyta) Felix-Bonzo, Bern 1972

Foto-Nachweis

Verlag und Autor danken allen, die für die Illustrierung dieses Buches Bilder zur Verfügung stellten: Fotografen, Bild-Agenturen, Hunde-Klubs und Hunde-Züchter. Unser besonderer Dank gilt den Mitarbeitern des ›stern‹.

Angermayer 66, 70 – APN 50, 112, 183 – Associated Newspaper 39 – Associated Press 46, 59, 129, 141 – Bavaria 107, 114, 119, 126 – Black star 124 u. – Coleman/Withers 232 – Conti-Press 137, 141 – dpa 53, 139, 167 – Frisch 99 – Galerie H. Terry-Engell, London 160 o. – Graf 191, 249 – Herrlich 177, 227, 229 u. – Hirmer 147 – Holder 78 – Jesse 184 – Kegel-Konietzko 145 u. – Leclerc 247 – L'Express 124 o. – Linden-Museum Stuttgart 145 – Metro-Goldwyn Mayer 24 – Moses 160 u., Umschlag-Rückseite – E. Müller 27, 225 – Müller, Rüschlikon 130, 191 – Münch 245 – Okapia 29, 89, 149 – Paysan 94 – W. Schmidt 247 – Schumacher 177 – Schuster 175, 231, 235, 245 – Stark-Otto 41 – Stern-Bildarchiv 11, 13, 30, 35, 45, 47, 54/55, 56, 71, 74, 75, 85, 101, 123, 132, 135, 173 – Süddeutscher Verlag 165 – Thompson 113, 168, 169, 225 o., 232, 241, 252 – Ullmann 61, 166, 174, 243, Umschlag-Vorderseite – Ullstein-Bilderdienst 43, 143 – Zimen 97.

Nicht aufgeführte Bilder stammen vom Autor.